KB264219

학교 특성과 교사 헌신의 구조적 관계

학교 특성과 교사 헌신의 구조적 관계

홍창남 지음

한국학술정보㈜

오늘날 교육만큼 사람들의 기대와 비난을 한꺼번에 받는 분야도 드물 것이다. 지식과 기술이 빠른 속도로 변하고 경쟁의 무대가 세계로 넓어지는 현실 속에서 교육은 개인적 차원에서건 국가적 차원에서건 성공의 문을 여는 열쇠로 인식되고 있다. 그러나 교육에 대해 사람들이 거는 기대의 수준만큼이나 정반대의 방향에서 교육에 대한 비난의 강도도 높아지고 있다. 공교육이 무너졌다. 입시산업이 번창한다. 사교육비가 늘어난다. 교육 이민이 줄을 잇는다. 교육 격차가 커지고 있다 등등 언론에 자주 등장하는 이러한 문구들은 우리 교육의 심각성을 대변하고 있다.

그래서 교육을 바꿔보겠다는 움직임이 한창이다. 학교의 자율성을 대폭 강화하고 그 대신 책임을 지게 하자, 학생들에게 학교를 선택할 수 있게 하자, 교원 평가나 성과급제를 도입하자, 다양한 학교를 만들어 교육 수요자의 요구에 부응하게 하자 등등 교육 개혁을 위한 시도들이 가히 봇물을 이루고 있다. 문제는 이러한 시도들이 과연 교육의 질을 높이는 데 기여하는가이다.

교육 개혁 방안들의 성패를 가늠해볼 수 있는 중요한 지표 가운데 하나는 그것이 교사의 헌신을 끌어내는가 하는 것이다. 교육은 본질상 그것에 대한 교사의 열의와 헌신을 요구하기 때문이다. 교육의 주체인 교사의 참여와 헌신이 없다면 대부분의 개혁 방안들은 집행 과정에서 왜곡되거나 형식화되기 십상이다. 특히, 교육의 성과가 비가시적이고 장기적으로 나타나며 그 성과를 얻어낼 교육 방법이 불확실하다는, 교육 특유의 현상을 고려할 때 교사의 헌신은 그 자체로 대단히 중요한 덕목이 된다.

　　교사 헌신에 영향을 주는 요인은 무엇인가? 본 연구는 이 질문에 대해 답하고 있다. 비록 앞에서 언급한 개혁 방안들을 직접 다루지는 않았지만, 학교 조직의 다양한 정책적, 행정적 노력들이 교사 헌신을 끌어내는 데 어느 정도 효과가 있는지를 실증 자료를 통해 검증하였다. 이 책은 본인의 박사학위논문인 '학교 특성과 교사 헌신의 구조적 관계'(2005)를 재출간한 것이다. 연구방법이 전문적이어서 일반 독자들이 읽기에 다소 부담스러울 것 같아 출판을 망설였지만, 연구 주제가 교육정책이나 교육행정에 관심이 있는 독자들에게 흥미를 줄 수 있다는 판단에 용기를 냈다. 상식과 개인적 신념에 근거하여 교육정책을 개발하고 추진해 온 그동안의 관행에서 벗어나 치밀한 연구에 기반을 두고 그 효과를 검증한 뒤 점진적으로 정책을 시행하는 문화가 정착되기를 기대하며, 거기에 이 책이 조금이라도 기여한다면 더 이상 바랄 것이 없다.

2007년 10월

홍 창 남

목 차

Ⅰ. 서 론 ··· 9
  1. 연구의 필요성과 목적 ·························· 9
  2. 연구문제 ·· 18

Ⅱ. 이론적 배경 ·· 21
  1. 헌신의 개념 ······································ 21
  2. 교사 헌신의 재개념화 ······················· 35
  3. 교사 헌신의 관련 변인 탐색 ················ 57

Ⅲ. 연구방법 ·· 83
  1. 연구 모형 ·· 83
  2. 측정 도구의 개발 ····························· 85
  3. 표집 및 조사 과정 ··························· 100
  4. 분석 방법 ······································ 104

Ⅳ. 분석 결과 ·· 111
  1. 분석 자료의 기초 통계 값 ················· 111
  2. 교사 헌신의 학교 간 변량 비율 ··········· 114
  3. 교사 헌신의 학교 차이에 대한 가산적 효과 분석 ······· 120
  4. 교사 수준 변인과 학교 수준 변인의
     상호작용 효과 분석 ························· 134

Ⅴ. 종합 논의 ··143
　1. 교사 헌신의 특징 ·· 143
　2. 학교 특성과 교사 헌신의 구조적 관계 ······················· 148
　3. 학교를 통한 교사 헌신 제고의 가능성과 한계 ············ 169

Ⅵ. 요약 및 결론 ··175
　1. 요　약 ·· 175
　2. 결론 및 제언 ··· 181

참고문헌 ··187

부　록 ···205
　〈부록 Ⅰ〉설문지 ·· 205
　〈부록 Ⅱ〉설문지 분석 결과 ································ 216

I. 서 론

1. 연구의 필요성과 목적

교사가 교육 활동에 얼마나 헌신하며 그 헌신에 영향을 주는 요인이 무엇인가 하는 것은 교육행정 이론가와 실무자 모두의 관심을 끄는 주제이다. 학교의 주요 구성원인 교사가 학교 교육의 목표와 가치를 자신의 것으로 내면화하여 그것을 성취하는 데 혼신의 힘을 기울이느냐의 여부는 교사 개인의 삶의 질이나 학교 조직의 효과성에 결정적인 영향을 주기 때문이다. 그럼에도 불구하고, 교사 헌신이 교육행정의 연구 주제로 부각된 것은 비교적 최근의 일이다. 일반 조직을 대상으로 하는 헌신 연구가 70년대 이전부터 이미 활발하게 전개된 것과 달리, 학교 조직을 대상으로 하는 헌신 연구는 80년대 중반 이후에야 비로소 주목받기 시작하였다. 그동안 교사 헌신이 주목받지 못한 것은 교사가 높은 수준의 헌신을 가지고 있을 것이라는 신념이 보편적으로 받아들여지고 있었기 때문이다(McPherson *et al*, 1986). 그러나 최근 들어 나타난 교직 사회 안팎의 몇 가지 변화는 교사 헌신 연구의 필요성을 강하게 제기하고 있다.

우선, 교사들의 교직 입문 동기가 다양하다는 사실이 밝혀지면서 교사 헌신은 중요한 쟁점으로 부각되었다. 오늘날 교사들은 다른 조직의 구성원들과 마찬가지로 다양한 이유에서 교직을 선택하는 것으로 알려져 있다. 어떤 사람들은 근무 조건에 관계없이 봉사하려는 내적 동기를 가지고 있고, 어떤 사람들은 다른 직업적 대안을 찾지 못해 교직에 들어오며, 어떤 사람들은 가르치는 일을 지위 상승을 위한 디딤돌로 간주하기도 하고, 또 어떤 사람들은 시간적 여유 등 교직이 제공하는 부수적인 매력 때문에 교직을 선택하기도 한다(Robertson, Keith, & Page, 1983). 교사가 교직에 입문하는 다양한 동기 가운데 어떤 것들은 학교 조직의 목적 달성을 저해하거나 그것과 무관한 것들도 포함되어 있다(Reyes, 1990). 이에 따라 교사 헌신은 교육행정가의 중요한 관심사가 되었으며, 자연스럽게 교육행정학의 중요한 연구 주제로 주목받게 되었다.

교사 헌신이 중요한 연구 주제로 부각된 또 다른 이유로, 학교 조직의 독특한 성격을 들 수 있다(Firestone & Pennell, 1993). 학교 조직은 이른바 '느슨하게 결합된 조직'으로서, 조직이 어떤 성과를 달성해야 하는가에 대하여 그 구성원들의 견해가 일치되기 힘들 뿐만 아니라, 그 주요 구성원인 교사들의 교육 활동을 확인하거나 통제하는 데에도 큰 어려움을 겪고 있다(Bidwell, 1965; Weick, 1976). 물론 이러한 조직적 난점을 해소할 목적으로 학교 조직의 목표를, 가령, '일정 수준의 학업 성취도 향상'으로 명확히 규정하고 학교로 하여금 그러한 목표를 충족하게 만들려는 다양한 개혁 방안들이 시도되고 있으나, 이러한 시도의 대부분은 오히려 교사 헌신을 감소시킬 가능성이 높은 것으로 나타나고 있다(Firestone, Fuhrman, & Kirst, 1991). 요컨대, 구조적으로 느슨하게 결합되어 있는 학교 조직의 특성으로 인해 교사에 대한 지도와 통제가 어려운 상황 속에서 교사의 자발적 헌신은 학교 교육의 질을 확보하는 데 핵심적 관건이 된다.

교사 헌신에 관한 연구는 교육 개혁의 성패가 교사의 자발적이고 적극적인 참여와 헌신에 달려 있다는 인식이 확산되면서 그 중요성이 더욱 강조되고 있다. 주지하다시피, 세계화, 정보화, 지식사회화 등으로 대표되는 시대적 변화 속에서 교육 개혁은 개인뿐만 아니라 국가의 흥망을 좌우하는 중대한 과제로 인식되고 있으며, 그 개혁의 핵심은 학교를 변화하는 사회적 요구에 부응할 수 있는 체제로 만들겠다는 것이다(진동섭, 2003). 그러나 교육 관료의 주도로 이루어진 제도와 정책 위주의 개혁은 교사들의 적극적인 참여를 이끌어내지 못하였으며, 그들을 개혁의 방관자로 만들었다(정범모, 2000). 개혁에 대한 교사들의 회의적 태도는, 한편으로 교사 집단에 대한 비판을 불러일으키는 원인이 되기도 하지만, 다른 한편으로 교사들이 무엇을 중시하며 그들의 헌신을 어떻게 유발할 것인지에 대한 관심과 연구의 필요성을 제기하고 있다.

교사 헌신의 중요성에 대한 규범적 논의는 그것의 실제적 성과를 확인하는 경험적 연구로 이어졌다. 교사 헌신이 학교 조직의 성과에 긍정적으로 기여한다는 연구 결과들이 발표되면서 교사 헌신에 대한 관심은 더 크게 부각되고 있다. 교사의 헌신과 열의는 학생들의 학업 성취도를 높이는 반면, 교사의 결근율 및 이직률을 낮추는 것으로 확인되었다(Kushman, 1992; Reyes & Fuller, 1995; Rosenholtz, 1989; 성기선, 1997). 또한 헌신은 교사가 교직생활에 만족하는지의 여부와 밀접하게 관련되어 있는 것으로 보고되었다(Fresko, Kfir, & Nasser, 1997; Singh & Billinsgley, 1998). 이와 같이 헌신이 교사의 개인적 차원에서나 학교의 조직적 차원에서 중요한 역할을 한다는 사실이 경험적으로 밝혀지면서, 교사 헌신 수준을 어떻게 제고할 것인가 하는 문제가 교육행정의 중요한 연구 과제로 제기되고 있다.

이러한 흐름 속에서, 교사 헌신과 관련된 대다수의 연구들은 헌신에 영향을 주는 요인이 무엇인지를 규명하는 데 초점을 두고 있다. 선행 연구들에 의하면, 교사 헌신은 교사 개인 특성, 직무 또는 역할 특성, 학교 조직 특성과 같은 다양한 요인들의 영향을 받는다. 이들 요인 가운데 교육행정의 입장에서 주목해야 할 것은 학교 조직 특성들이 교사 헌신에 미치는 효과이다.

교사는 학교라는 조직을 통하여 교육 활동을 수행한다는 점에서 다른 분야의 전문가들과 차이가 있다. 다른 전문직 종사자들 역시 일정한 조직에 소속되어 일하는 경우도 있지만, 개개인의 독자적인 활동이 보편적으로 허용된다. 가령, 의사는 종합 병원에서 근무할 수도 있지만, 독자적으로 개업하는 경우도 허다하다. 이에 비해, 교사는 오직 학교 조직 내에서만 가르치는 활동이 허용되어 있으며, 학교 조직 이외의 상황에서 가르치는 일에 종사하는 사람들과는 그 직업적 위상을 달리한다. 따라서 조직적 특성과 헌신의 관계를 파악하는 것은 다른 전문직에 비해 교직의 경우 그 중요성이 훨씬 더 크다고 할 수 있다.

학교 조직 특성들의 효과에 주목하는 또 다른 이유는, 그것들이 정책적 노력과 지원 여하에 따라 변화될 가능성이 높기 때문이다. 교사들의 개인 배경이나 성향 등은 직접적인 통제가 불가능한 경우가 대부분이며, 교사들이 수행하는 직무나 역할도 커다란 변화를 기대하기 어려운 반면, 학교 조직의 특성들은 교육행정기관 또는 단위학교의 정책적 노력과 경영 개선을 통해서 변화가 가능하다. 교사 헌신 연구가 궁극적으로 교사 헌신 수준을 향상시킬 실천적 방안과 연결되기 위해서는 교사 헌신에 영향을 주는 요인들 가운데 교육행정 차원에서 통제가 가능한 것에 주목할 필요가 있다.

이 점을 고려하여 교사 헌신의 영향 요인을 규명하고자 한 대부분의 연구들은 학교 조직 특성들을 분석의 대상에 포함시키고 있으며 이에 대한 연구 결과도 상당히 축적되어 있다. 그럼에도 불구하고 이들 선행 연구들은 두 가지 점에서 한계를 보이고 있다. 하나는 선행 연구들이 일관된 연구 결과를 보여주지 못하고 있다는 것이다. 후술되는 바와 같이, 교사 헌신에 영향을 미치는 요인이 무엇이며 그 영향력이 어느 정도인지에 관한 연구들은, 서로 상이한, 때로는 모순되는 연구 결과를 제시하고 있다. 다른 하나는 선행 연구들 대부분이 분석의 초점을 교사 개인에 두고 있으며, 그 결과 학교 조직의 특성이 교사 헌신에 미치는 효과를 온전하게 규명하지

못하고 있다는 것이다. 이 두 가지 한계에 대한 인식이 본 연구의 출발점
이며, 이하에서는 이 문제의식에 대해 구체적으로 언급한다.

우선, 교사 헌신 관련 요인에 대한 연구 결과가 상이하게 나타나는 예는
쉽게 찾아볼 수 있다. 이를 테면, 학교장의 지도성이 교사 헌신에 미치는
영향력의 크기는 연구자에 따라 상당한 차이를 보이고 있다(Riehl &
Sipple, 1996; Singh & Billingsley, 1998; Sheppard, 1996; 손소빈, 2001).
또한 일반적으로 교사들 사이의 협력성은 교사 헌신에 정적인 영향을 주
는 것으로 보고되지만(Graham, 1996; Reyes, 1992; Reyes & Fuller, 1995;
Singh & Billingsley, 1998), 그 관련성이 약하거나(Rutter & Jacobson, 1986),
아예 유의미한 관련이 없다(Rosenholtz, 1989)는 연구 결과도 제시되고 있
다. 이와 같이 일관적이지 않은 연구 결과들은 헌신과 교사 개인 특성의
관계에서도 동일하게 발견된다. 가령, 교직경력과 교사 헌신의 관계에 있
어서, Fresko 등(1997)은 상호 부적인 관련을 가진다고 밝히고 있으나,
Riehl과 Sipple(1996)은 양자 사이에 유의미한 관련이 없다고 보고하고 있
으며, Rosenholtz와 Simpson(1990)은 두 변인이 곡선적 관계를 맺고 있다
고 설명한다. 성별에 있어서도 대부분의 연구들은 여교사가 남교사보다 더
헌신적이라고 밝히고 있으나(Angle & Perry, 1983; Hrebiniak & Aluto,
1972), 남교사가 여교사보다 더 헌신적이거나(정우진, 1994), 성별이 교사
의 헌신과는 무관하다(Fresko, Kfir, & Nasser, 1997)는 연구 결과도 제시
되고 있다.

위와 같이 교사 헌신에 대한 선행 변인들의 효과가 연구자에 따라 일관
적이지 않은 것은 두 가지 측면에서 그 원인을 찾을 수 있다. 하나는 헌신
의 개념과 관련된 것이며, 다른 하나는 연구방법론과 관련된 것이다.

첫째, '헌신'1)의 개념을 어떻게 규정하느냐에 따라 그것에 영향을 주는

---

1) 헌신과 유사한 의미로 연구자에 따라 몰입, 관여, 개입 등 다양한 용어들이 사용
되고 있다. 이러한 용어상의 혼란은 영어의 경우에도 마찬가지이어서 comm-

변인들의 효과가 달라진다는 것은 자명하다. 일반 조직을 대상으로 하는 연구에서 헌신은, '조직에 대한 동일시와 자발적 관여의 상대적 정도'로 정의되기도 하고(Mowday, Steers, & Porter, 1979), '개인과 조직 간의 거래와 시간의 경과에 따라 발생하는 구조적 현상'으로 정의되기도 한다(Hrebiniak & Alutto, 1972). 또 연구자에 따라 '조직에 대한 심리적 애착과 조직을 떠나지 않으려는 성향 그리고 조직의 목표와 이해에 상응하려는 규범적 신념 등이 복합적으로 작용하는 다차원적인 개념'으로 정의되기도 한다(Allen & Meyer, 1990). 문제는 헌신에 대한 이러한 다양한 정의들이 교사 헌신을 정의하는 데에도 그대로 적용되고 있어서, 어떤 학자의 정의를 인용하느냐에 따라서 교사 헌신은 서로 다른 의미를 갖게 된다는 것이다. 이러한 교사 헌신 개념의 다양성은 교사 헌신의 연구 결과가 연구자에 따라 달라지는 현상의 한 가지 원인으로 작용했다고 할 수 있다.

헌신의 개념과 관련하여 그 대상이 무엇인가 하는 것도 중요한 쟁점이다. 대부분의 헌신 관련 연구들은 조직구성원들의 '조직'에 대한 헌신에 관심을 두고 있으며, 따라서 헌신은 '조직 헌신(organizational commitment)'과 동의어로 인식되어 온 것이 일반적이었다. 그러나 Morrow(1983)가 잘 지적한 바와 같이, 헌신의 대상은 가치, 경력, 직무, 조직, 노동조합 등 다양할 수 있다. 특히 전문 직업에 종사하면서 특정 조직에 속해 있는 사람들의 경우, 전문직에 대한 헌신과 조직에 대한 헌신 사이에서 갈등을 경험하거나(Gouldner, 1957; Hall, 1968), 양자 간의 조화를 도모할 수 있다(Morrow & Wirth, 1989; Wallace, 1993)는 연구 결과들은, 그 주장의 사실 여부를 떠나서, 헌신의 대상이 상이할 수 있다는 것을 말해준다. 이 점은 학교 조직에서 헌신을 논의할 경우 더욱 활발하게 제기될 수 있다. 실

---

itment, involvement, allegiance, loyalty, attachment 등이 혼용되고 있다(Meyer & Allen, 1997). 본 연구에서는 교육 분야의 연구 전통에 따라 '헌신'이라는 용어를 사용한다. 그러나 선행 연구를 인용할 경우에는 연구자들이 사용한 용어를 가급적 그대로 사용한다.

지로 일반 조직에서 적용되고 있는 헌신의 개념을 학교 조직에 그대로 적용해 온 기존의 연구들에 대해서 문제가 있다고 판단하고 교사 헌신의 개념 자체를 새롭게 규정하려는 노력이 일부 학자들에 의해 시도되었다. Kushman(1992)은 교사 헌신을 '조직 헌신'과 '학생 학습에 대한 헌신'으로 구분하였고, Firestone과 Rosenblum(1988)은 '학생에 대한 헌신', '교수 활동에 대한 헌신', '학교 조직에 대한 헌신'으로 나누어 고찰하였다. 노종희 (2004)는 기존 연구들이 주로 교사의 조직 헌신에 초점을 두고 있다는 문제의식에서 출발하여 '교직 헌신'이라는 새로운 개념을 제안한 바 있다. 당연히 예상할 수 있는 바와 같이, 헌신의 대상을 어떻게 규정하느냐 하는 문제는 각 연구자들의 분석 모형에 결정적인 영향을 주었고, 그에 따른 분석 모형의 차이는 교사 헌신에 관한 연구들이 서로 상이하거나 모순되는 결과를 내놓은 원인이 되었다고 할 수 있다.

둘째, 교사 헌신의 결정 요인에 관한 연구 결과들이 일관적이지 않은 또 다른 측면의 원인은 연구방법상의 문제이다. 교사 헌신에 관한 연구들은 대부분 분산분석이나 다중회귀분석 또는 구조방정식과 같은 전통적인 통계 기법을 이용하여 헌신에 영향을 미치는 변인들을 탐색 또는 확인해 왔다. 문제는 이러한 전통적인 통계 기법들이 수집된 자료의 구조적인 특성을 반영하지 못한다는 것이다. 교사 헌신에 관한 연구에서, 자료 수집의 대상인 교사들은 특정한 학교에 속해 있다. 따라서 대다수의 연구에서 자료 표집 단위는 교사가 아닌 학교이다. 다시 말하여, 일단 연구자가 학교를 표집하면 그 학교에 소속된 교사들의 일부 또는 전부는 집단적으로 표본에 포함된다. 이 경우 표본 자료는 두 가지 특성을 갖는다(강상진, 1995). 첫째, 교사들은 각 학교에 속하는 위계적 구조를 갖는다. 둘째, 같은 학교 내 교사들의 행동은 상호 종속적인 반면에 다른 학교의 교사들과는 독립적이다. 그런데, 최소자승법(ordinary least square)을 통해 자료를 분석하는 전통적인 통계 모형들은 이러한 자료의 위계적 속성을 반영할 수 없으며, 따라서 연구 결과의 타당성을 잃게 된다(Bryk & Raudenbush, 1992; Raudenbush & Bryk, 2002; 강상진, 1995). 사정이 이러함에도 불구하고 교사 헌신에 관한 대부분의 연구들은 전통적인 통계 기법들을 사용해 왔으며, 이는 연구 결과가 연구자에 따라 상이하게 나타나게 된 또 다른 원인이 되었다고 볼 수 있다.

선행 연구들의 또 다른 한계는 그들 대부분이 분석의 초점을 학교 조직이 아닌 교사 개인에 두고 있다는 것이다. 사실 선행 연구들이 교사 개인을 분석 단위로 선택한 것은 전통적인 통계 기법들의 한계와 밀접한 관련이 있다. 앞에서 언급한 바와 같이, 교사 헌신에 관한 연구에서 수집되는 자료는 교사 개인 수준과 학교 조직 수준의 이중 구조로 되어 있다. 그런데, 분산분석이나 다중회귀분석과 같은 통계 기법들은 단층 구조의 자료분석을 위하여 고안된 것이다(강상진, 1995). 따라서 이 기법들을 사용하려는 연구자는 필연적으로 어느 한 수준을 분석 단위로 선택해야만 하며, 이러한 상황에서 대다수의 연구자들은 학교 조직 수준보다 교사 개인 수준을 분석 단위로 선택한 것으로 보인다. 다시 말하여, 교사 개인 자료들을 학교별로 통합하여 이른바 '작은 표본'의 문제를 야기하거나 개별 교사들의 정보를 사장시키기보다는, 비록 독립성의 가정에 위배되더라도 교사 개인 자료들을 그대로 사용하는 차선책을 선택한 것이다(강상진, 1995). 그런데, 분석 단위를 개인 수준으로 선택할 경우에는 독립성의 가정에 위배된다는 점을 논외로 하더라도 적어도 다음과 같은 두 가지 문제가 발생한다.

첫째, 교사 개인을 분석 단위로 삼을 경우 교사 헌신의 학교 차이와 그 원인을 규명하는 연구는 원천적으로 차단된다. 이는 헌신의 개인차에 초점을 둔 연구에서 헌신의 학교차는 존재하지 않는 것으로 전제되기 때문이다.[2] 그러나 교사 헌신의 학교 차이가 존재할 경우, 그 차이가 어느 정도

---

2) 회귀분석을 비롯한 전통적인 통계 기법에서 절편(헌신의 학교평균)이나 기울기 (회귀계수)는 학교에 따라 상이한 값을 갖는 것이 아니라 하나의 고정된 값을 갖

이며 그러한 차이를 유발하는 원인이 무엇인가 하는 것은 교육행정의 이론과 실제에서 매우 중요한 연구 과제가 될 수 있다. 왜냐하면 그것은 교사의 헌신이 단위학교 차원의 정책과 노력에 의해 변화될 수 있다는 것을 의미하기 때문이다.

둘째, 교사 개인을 분석 단위로 삼는 대부분의 연구에서, 학교 조직 특성으로 분류되는 변인들은, 그 명칭과 달리, 순수한 의미의 학교 조직 특성이라고 보기 어렵다. 가령, 교장 지도성과 교사 헌신의 관계를 분석한 연구에서 분석 단위를 개인으로 삼게 되면, 그 교장 지도성 변인의 값은 교사 개인에 따라 상이한 값을 갖도록 설계되기 마련이며, 이 경우 교장 지도성은 엄밀하게 말하여 '실제 교장 지도성'이라기보다 '교장 지도성에 대한 개별 교사들의 인식 수준'이라고 할 수 있다. 그런데, 교장 지도성에 대한 교사들의 인식에는 교장의 실제 지도성이 영향을 줄 수도 있지만, 교사 개인의 성향이나 태도 또는 과거 경험 등이 복합적으로 작용할 수도 있다. 요컨대, 분석 단위를 개인으로 선택한 연구에서 학교 조직 특성이 교사 헌신에 미치는 효과라는 것은 학교 조직 효과와 교사 개인 효과가 혼재된 복합적인 것이라고 할 수 있다. 교사 헌신에 미치는 학교 효과를 정확하게 드러내기 위해서는 분석 단위를 고려한, 보다 엄밀한 연구 모형의 설계와 연구방법이 사용될 필요가 있다.

이러한 분석 단위의 문제는 위계적 선형 모형(hierarchical linear model)의 개발로 그 해결의 실마리를 찾을 수 있게 되었다(Bryk & Raudenbush, 1992; Raudenbush & Bryk, 2002; 강상진, 1995; 김경성, 1991). 80년대 이후 등장한 위계적 선형 모형은 그동안 지속적으로 문제시되었던 방법론상의 문제점들을 해결함으로써 기존 연구 결과의 타당성을 검증할 수 있게 해주었을 뿐만 아니라, 그동안 밝혀낼 수 없었던 연구 과제, 예컨대, 교사 헌신 수준이 학교별로 차이가 나는지, 차이가 난다면 어떠한 학교 특성

게 되며, 이는 헌신의 학교 간 차이가 존재하지 않는다는 것을 의미한다.

들과 관련되는지, 또는 교사의 개인적 특성들이 학교의 조직적 특성들과 어떻게 상호작용하는지 등에 대해서 보다 분석적으로 접근함으로써 교사 헌신에 대한 학교 효과를 종합적으로 파악할 수 있는 길을 열어 주었다.

본 연구의 문제의식을 정리하면 다음과 같다. 교사 헌신은 학교 교육의 질을 좌우하는 중요한 요소이기 때문에 이에 관한 연구가 활발하게 수행되어 왔으며, 그 핵심적인 질문은 교사 헌신에 영향을 주는 요인이 무엇인가 하는 것이었다. 이에 대해 선행 연구들은 서로 상이하거나 모순되는 연구 결과를 제시하고 있을 뿐만 아니라, 분석 단위를 교사 개인에 둠으로써 학교 특성이 교사 헌신에 미치는 효과를 온전하게 드러내지 못하는 한계를 보이고 있다. 선행 연구의 이러한 한계는 교사 헌신의 개념에 대한 혼란과 연구방법론상의 제약에 기인한 것이다. 이에 본 연구는 헌신의 개념에 대한 심층 분석을 통하여 교직 사회에 적합한 교사 헌신 개념을 도출하고, 이를 바탕으로 교사 헌신에 대한 학교 조직 특성들의 효과를 밝힘으로써 교사 헌신 제고의 정책적 가능성과 한계를 확인하고자 하였다.

2. 연구문제

본 연구의 목적을 달성하기 위하여 설정한 연구문제를 구체적으로 제시하면 다음과 같다.

〈연구문제1〉 학교 조직의 특성에 적합한 교사 헌신의 개념은 무엇인가?
본 연구는 교사 헌신이 일반적인 조직 헌신과 그 개념을 달리해야 한다는 가정에서 출발하였다. 이론적 배경에서 논의되겠지만, 개념적으로 볼 때 교사 헌신은 수업에 대한 헌신, 학생에 대한 헌신, 그리고 학교 조직에 대한 헌신으로 구분될 수 있다. 이와 같이 교사 헌신을 그 대상에 따라 구분하는 것은 특히 교원의 순환근무를 특징으로 하는 우리나라 학고 조직을 염두에 둘 때 그 의미가 더욱 크다고 할 수 있다. 첫 번째 연구문제는 교사 헌신의 개념을 수업, 학생, 학교 조직의 세 가지 차원으로 규정할 수 있는 이론적 근거를 탐색하고 그 측정 도구를 개발한 뒤, 실증적인 자료를 통하여 교원 교사 헌신이 세 가지 차원으로 구분될 수 있는지를 확인하는 것이다.

〈연구문제 2〉 교사 헌신 수준은 학교에 따라 어느 정도 차이가 있는가?
방법론적으로 이 문제는 교사 헌신도를 설명하는 총변량에서 교사 수준 변량과 학교 수준 변량을 분리하여 구한 후, 총변량에서 학교 수준 변량이 차지하는 비율이 어느 정도인지를 규명하는 것이다. 이를 통해 개별 교사들의 헌신도 차이에서 학교 간 차이로 설명할 수 있는 비율이 어느 정도인지 탐색할 수 있다. 그러나 엄밀한 의미에서 교사 헌신의 학교 간 차이를 파악하기 위해서는 교사의 개인적 배경과 성향이 교사 헌신에 미치는 영향력을 통제한 후 학교 간 변량이 줄어드는 크기를 고려해야 한다. 본 연구에서는 교사 개인 변인을 통제한 이후 교사 헌신 수준이 학교에 따라 어느 정도 차이가 나는지를 규명하였다.

〈연구문제 3〉 교사 개인 변인의 영향력을 통제한 후 교사 헌신 수준이 학교별로 의미 있게 차이 난다면, 이러한 차이는 어떠한 학교 특성들로 설명될 수 있는가?
이 문제는 교사 헌신의 학교 차이를 유발하는 학교 수준 변인들이 무엇이며, 이들 변인들의 효과의 크기가 어느 정도인지를 확인하는 것이다. 이를 테면, 학교 설립 유형이나 학생 구성 특성 또는 교장의 지도성을 비롯한 학교 풍토가 교사 헌신의 학교 차이에 어떤 영향을 미치는지를 규명해 볼 수 있다. 방법론적으로, 이 문제는 동일한 개인적 특성을 지닌 교사들이 조직적 환경이 서로 상이한 학교에 근무한다고 가정할 때 그들의 헌신 수준이 어떻게 달라지는지를 규명하는 것이다. 본 연구에서는 5개의 학교 배경 변인과 6개의 학교 과정 변인 등 총 11개의 학교 수준 변인을 설정하고, 그 변인들이 교사 헌신의 학교 차이에 어떤 영향을 미치는지 탐색하였다.

〈연구문제 4〉 교사들의 배경에 따른 교사 헌신 수준이 학교 특성에 따라 달라지는가?

앞의 세 번째 연구문제는 동일한 학교에 근무하는 모든 교사는 그 학교의 조직적 특성으로부터 동일한 효과를 받는다는 가정하에 교사 헌신 수준을 추정하게 된다. 그러나 동일한 학교에 근무하는 교사라 할지라도 학교 조직의 영향은 교사 개인의 특성에 따라 다르게 나타날 수 있으며, 이것은 세 번째 연구문제에서는 드러나지 않는다. 네 번째 연구문제는 교사 수준 변인에 따라 차별적인 효과를 보이는 학교 수준 변인들을 밝혀내고 그 효과가 어느 정도인지를 탐색하는 것이다.

Ⅱ. 이론적 배경

　본 연구는 학교 조직의 특성에 적합한 교사 헌신의 개념을 규정하고, 그것을 바탕으로 하여 교사 헌신이 학교별로 어느 정도 차이가 나며 그 차이가 학교 조직의 특성과 어떻게 관련되어 있는가를 탐구하고자 한다. 따라서 본 장에서는 이러한 두 가지 이론적 관심사와 관련된 선행 연구물을 고찰한다. 먼저 헌신의 개념에 관한 연구들을 비판적으로 검토하고, 이를 토대로 교사 헌신의 개념을 드출한다. 이어서 헌신에 영향을 미치는 교사 개인 수준과 학교 조직 수준의 변인들을 탐색하기 위해 관련 연구물을 검토함으로써 본 연구 모형의 설정에 시사점을 얻고자 한다.

1. 헌신의 개념

　헌신의 개념에 대한 접근은 크게 두 가지 방향에서 이루어져 왔다. 하나는 헌신의 본질을 밝히려는 노력이고, 다른 하나는 헌신의 대상을 구분하려는 노력이다. 전자에 관심이 있는 연구자들은 헌신의 개념적 속성 자체에 주목하여 그것이 어떻게 구성되어 있는지를 밝히고자 한다. 이에 비해 후자에 관심이 있는 연구자들은 헌신에 대한 정의가 어떻게 내려지든지 간에 그 대상이 다양할 수 있다는 점에 주목한다.

가. 헌신의 본질

헌신에 대한 정의는 매우 다양하여 그들 간에 합의점을 찾기가 쉽지 않다. Mowday 등(1982)에 의하면, "다양한 학문분야의 연구자들이 (헌신) 개념에 대해서 각자 고유한 의미를 부여하고 있으며, 그 결과 그 개념을 이해하는 데 있어서 어려움이 가중되고 있다"(p.20). 이러한 개념적 혼란에도 불구하고, 헌신의 본질에 대한 연구자들의 접근 방식은 그것을 단일한 속성으로 간주하는 입장과 그것이 다차원적인 속성으로 구성되어 있다는 입장으로 대별할 수 있다. 전자의 입장은 다시 행위적 접근(behavioral approach)과 태도적 접근(attitudinal approach)으로 구분되는 것이 일반적이며(Mowday, Porter, & Steers, 1982; Reichers, 1985; Salancik, 1977; Scholl, 1981; Staw, 1977),[3] 후자의 입장은 헌신이 복합적인 속성을 갖고 있다고 보고 행위적 접근과 태도적 접근을 통합하는 방향으로 논의가 진행되고 있다.

헌신에 대한 개념적 고찰은 행위적 접근으로부터 시작되었다.[4] 사실 조직 헌신에 대한 관심은 그것이 조직구성원의 이직(離職)과 역상관의 관계를 가진다는 믿음에서 출발하였다(Meyer & Allen, 1997). 조직의 입장에서 이직과 관련된 비용을 고려할 때, 조직구성원의 헌신을 높일 수 있는 방법을 발견하는 것은 매우 중요한 과제이었던 것이다. 이와 같이 헌신에

---

3) 행위적 접근과 태도적 접근은 각각 교환적 접근(exchange approach)과 심리학적 접근(psychological approach)으로 지칭되기도 한다(Stevens, Beyer, & Trice, 1978).
4) 여기에서 '행위'이라는 용어는 그 해석에 주의를 요한다. 그것은 '구체적인 행동'을 의미하는 것이 아니라 '조직에 계속 머물러 있으려는 행위의지'를 의미한다. 다시 말하여, 헌신은 가시적인 구체적 행동을 가리키는 것이 아니라 비가시적인 심리적 속성을 의미한다. 이하의 논의에서 드러나겠지만, 일부 연구들은 헌신이 구체적인 행동을 가리키는 것으로 규정하고 있어 개념적 혼란을 가중시키고 있다.

대한 행위적 접근은 조직이 당면한 실제적인 문제를 해결하는 과정에서 제기되었다. 이 접근 방식의 핵심적 질문은 '왜 조직구성원이 조직에 잔류하고자 하는가' 하는 것이다. 다시 말하여, 행위적 접근의 기본적인 연구 목적은 개인이 조직에 계속 머물겠다고 의사결정을 할 경우, 그 의사결정 행위에 영향을 미치는 조건들이 무엇인지를 밝히는 것이다.

행위적 접근에 있어서의 헌신은 특정 대상에 대한 정서적 몰입 상태를 의미한다기보다는 특정 행위를 지속하고자 하는 의지를 의미한다. 조직 구성원들이 고용관계를 유지하는 행위에 집착하는 것이 그 대표적인 예이다. 이러한 입장에 따르면, 태도적 접근에서 강조하는 '개인이 조직에 대해서 갖는 심리적 상태'는 특정 행위에 대한 헌신의 결과일 따름이다. 이를 테면, 조직에 남아 있겠다고 결정한 조직구성원은 그 결정 행위에 부응하여 조직에 대하여 보다 긍정적인 관점을 형성하거나 조직과의 심리적 유대를 강화할 가능성이 높은데, 이는 그렇게 하는 것이 인지적인 부조화를 벗어나거나 긍정적인 자아관념을 유지하기 위한 방법이 되기 때문이라는 것이다(Meyer & Allen, 1997).

이와 같이 헌신을 조직 잔류 의사로 보는 입장에서 헌신을 정의한 대표적인 연구자로는 Becker(1960)를 들 수 있다. 그에 의하면, "헌신은 개인이 (조직에 근무하면서) 부수적인 투자5)를 행함으로써 일정한 행위 경향을 갖게 될 때 발생한다"(p.32). 다시 말하여, 개인은 조직에 근무하면서 여러 가지 부수적 투자를 하게 되며 동시에 그 투자에 대한 보상을 기대

---

5) 부수적 투자(side bets)란 본래 카드놀이에서 본 판에 대한 걸기 외에 부차적으로 하는 개인 간의 걸기를 가리키는 용어이다. Becker(1960)는 이 용어를 개인으로 하여금 조직에 계속 남아 있게 하는 영향 요인으로써 사용하였다. 그에 의하면, 개인이 조직에 들어 와서 어떤 행동을 하게 되면 그것은 이해관계가 걸리는 투자(side bets)가 되어 결국 그 개인은 조직을 떠나려고 해도 이미 행한 투자가 상실되기 때문에 조직에 계속 머무르게 된다. 조직에 대한 이러한 집착, 즉 조직 헌신은 개인이 조직에 오래 머무르면서 투자를 많이 할수록 더 강화된다고 그는 주장했다.

하는데, 바로 그 기대감이 개인과 조직의 유대를 강화한다는 것이다. Hrebiniak과 Alutto(1972)도 역시 Becker의 논의를 수용하여 헌신을 "시간의 흐름에 따라 부수적 투자 측면에서 개인과 조직 간의 거래의 결과로 발생하는 구조적 현상"(p.556)으로 정의하였다. Salancik(1977)는 헌신을 "조직구성원이 자신의 이전 행위로 인하여 조직에 구속되어 있는 상태"(p.62)로 정의하고, 특정한 행위가 헌신을 유발시키기 위해서는 그것이 공식적이고, 명시적이며, 돌이킬 수 없고, 자발적이어야 한다고 주장했다. Reichers(1985)도 헌신을 "조직구성원이 조직을 떠나지 않으려는 성향"(p.465)이라고 정의하고, 이러한 성향은 조직에 머물러 있는 것이 떠나는 것보다 더 많은 이득이 있기 때문에 일어난다고 말했다.

위 연구자들의 헌신에 대한 정의에서 공통적으로 발견할 수 있는 것은 '헌신이란 조직에 계속 머무르려는 행동 의지인데, 그것은 개인과 조직 간의 상호 교환의 결과로서 일어나는 현상'이라는 것이다. 이 점에서 헌신의 본질에 대한 행위적 접근은 흔히 교환적 접근 또는 경제학적 접근으로 불리기도 한다. 조직구성원은 조직으로부터 받는 보상이 호의적일수록, 조직에 투자한 비용에 비하여 교환되는 보상이 클수록, 조직 이외의 다른 직업적 대안이 없을수록 조직에 대한 헌신도가 높아진다고 보는 것이 이 입장의 기본 논리이다. 그러나 이 접근 방식은 몇 가지 점에서 비판을 받고 있다. 무엇보다도 이 관점에서는 헌신 개념의 조작화 과정에서 헌신이 행위 의지만을 의미하는지, 아니면 구체적인 행동까지를 포함하는지에 관하여 혼란을 불러일으키고 있다는 것이다(Meyer & Allen, 1984). 또한 헌신을 개인과 조직 간의 거래라는 경제적 측면으로만 설명하는 것은 지나치게 좁은 관점이며, 조직구성원의 보다 적극적이고 강도 높은 조직 참여 행위를 제대로 설명해주지 못하는 문제점을 안고 있다는 비판이 제기되어 왔다(Morris & Sherman, 1981).

헌신에 대한 태도적 접근은 행위적 접근의 문제점들을 극복할 가능성을 보여준다. 조직구성원들이 조직에 계속 머물 것인지의 여부도 중요한 문제이지만 그들이 자신에게 주어진 직무를 어떻게 수행하느냐 하는 문제도 그에 못지않게 중요하다는 것이 이 입장에 서 있는 연구자들의 생각이다 (Meyer & Allen, 1991). 따라서 이들은 조직에 잔류하겠다는 구성원들의 행위 의지보다는, 그들이 조직의 목표와 가치를 어느 정도 수용하며 그것의 실현을 위해 어느 정도 열의를 보이는가 하는 관점에서 헌신을 정의하려고 시도한다. 한마디로 말하여, 태도적 접근은 헌신의 본질이 조직에 기여하려는 개인의 심리적 속성에 있다고 보는 입장이다. 이와 관련하여 Mowday 등(1982)은 다음과 같이 설명하고 있다.

> 태도적 헌신은 개인이 조직과의 관계에 대해서 생각하는 과정에 초점을 둔다. 여러 가지 측면에서 그것은 일종의 심리적 상태라고 할 수 있는데, 그 심리적 상태 안에서 각 개인은 자신의 가치와 목표가 조직의 그것들과 일치하는 정도를 고려하게 된다(p.26).

이러한 입장은 헌신의 개념에 관한 논의에서 주류를 형성하고 있다. Kanter(1968)는 헌신을 "특정 집단에 대한 개인의 정서적, 감정적 애착"(p.507)으로 정의하였고, Sheldon(1971)은 "개인의 정체성을 조직에 연결 또는 귀속시키려는 조직에 대한 태도 또는 지향"(p.143)으로 정의하였다. Hall 등(1970)은 "조직의 목표와 개인의 목표가 점차 통합 또는 일치되어 가는 과정"(pp.176-177)으로 정의하였으며, Buchanan(1974)은 헌신을 "조직의 목표와 가치, 그것들과 관련하여 개인에게 부여되는 역할, 그리고 조직 그 자체에 대한 맹목적이고 정서적인 애착"(p.533)으로 정의하였다. 또한 Mowday 등(1982)은 헌신을 "특정 조직에 대한 동일시 또는 그것에 관여하는 힘의 상대적 강도"(p.27)로 정의하고, 그 구성요소로서 조직목표에 대한 강한 신뢰와 수용, 조직을 위하여 열심히 노력하려는 자발적인 의지, 그리고 조직구성원의 자격을 유지하려는 강한 욕구 등 세 가지 심리적 속성을 제시하였다.

헌신을 심리적 태도로 규정하는 연구자들이 관심을 갖고 있는 연구 목적은 두 가지이다(Meyer & Allen, 1997). 하나는 헌신이 바람직한 조직성과 변인들과 밀접한 관련이 있다는 것을 밝히는 것이다. 이를 테면, 조직구성원의 헌신은 이직률 또는 결근율을 낮추거나 생산성을 높인다는 것이다. 다른 하나는 헌신 수준을 높이는 데 기여하는 개인적 특성과 상황적 조건들을 규명하는 것이다. 이와 관련하여 많은 연구 성과가 산출되었으나 이들 연구물에서도 몇 가지 한계가 지적되고 있다. 우선 앞에 제시된 연구목적을 달성하기 위해서는 헌신과 다른 변인들과의 인과관계가 확립되어야하지만, 이 입장에 서 있는 대부분의 연구들은 횡단적 연구 설계를 택해왔으며, 그 결과 관련 변인들의 상관관계가 부분적으로 드러났을 뿐, 그 인과관계가 명료하게 밝혀진 것은 아니다(Meyer & Allen, 1997). 또한 연구물들에서 발견된 변인들의 외적 타당성에 대해서도 많은 의문이 제기되고있다. 왜냐하면 연구자들이 선택한 연구 대상의 직종이나 조직, 또는 같은조직 내에서도 계층적 지위나 담당 업무에 따라 선행 변인들의 내용이나그것들의 헌신에 대한 상대적 영향력이 다르게 나타나고 있기 때문이다(Chelte & Tausky, 1986). 이것은 각기 다른 목표와 가치를 지닌 조직들을 대상으로 하여 밝혀낸 헌신의 선행 변인들의 효과를 모든 조직에 일반화시키는 것이 어렵다는 것을 말해주는 것이다. 이 점은 일반 조직을 대상으로 한 헌신 연구가 충분히 이루어졌다 하더라도 학교 조직을 대상으로하는 헌신 연구가 여전히 필요하다는 것을 입증해주는 것이기도 하다.

헌신의 본질에 대한 행위적 접근과 태도적 접근은 관련 연구자들 사이에서 오래된 쟁점이었으며, 대부분의 연구자들은 어느 한 관점을 취하여헌신을 정의한 뒤 그것을 토대로 연구를 수행하는 것이 일반적이었다. 그러나 최근 들어 많은 연구자들은 두 접근 방식이 양립 불가능한 것이 아니며, 오히려 양자를 통합하여 헌신을 설명하는 것이 헌신의 본질에 더 적합하다는 입장을 취하고 있다. 헌신은 다차원적인 구성 개념이라는 데 관련 연구자들의 합의가 형성되어 가고 있는 것이다(Meyer & Allen, 1997).

헌신의 복합적 성격을 본격적으로 주장한 연구자들은 O'Reilly와 그의 동료들이다(Caldwell, Chatman, & O'Reilly, 1990; O'Reilly & Chatman, 1986; O'Reilly, Chatman, & Caldwell, 1991). 그들에 의하면, 헌신은 조직과 조직구성원 사이의 심리적 유대를 반영하지만 그 결합의 본질은 다양하다. 그들은 태도와 행동의 변화에 관한 Kelman(1958)의 논의를 수용하여, 조직과 조직구성원 사이의 심리적 유대를 순응, 동일시, 그리고 내면화라는 세 가지 다른 형태로 구분한다.

> 순응(compliance)은 어떤 태도나 행동이, 공유된 믿음 때문이 아니라 특정한 보상을 얻기 위하여 선택될 때 발생한다. 이 경우 (다른 사람들에게 보이는) 공적인 태도와 (개인에게 숨겨진) 사적인 태도는 서로 다를 수 있다. 동일시(identification)는 개인이 (조직과의) 만족스러운 관계를 확립하거나 유지하기 위하여 (조직의) 영향력을 수용할 때 발생한다. 이 경우 개인은 그 조직의 일원이 된 것에 대해 긍지를 가지며 그 조직의 가치와 업적을 존중하게 되지만, 아직 그것들을 자신의 것으로 수용하지는 않는다. 내면화(internalization)는 (조직의) 영향력에 따라 나타나는 태도나 행동이 자신의 가치와 일치하기 때문에 그 (조직의) 영향력을 수용하는 경우 발생한다. 이 경우 개인과 집단 또는 조직의 가치는 동일하다 (O'Reilly & Chatman, 1986, p.493).

이들의 주장을 요약하면, 조직구성원들의 조직에 대한 심리적 애착은 그 깊이에 따라 순응, 동일시, 내면화라는 세 가지 단계로 구분할 수 있다는 것이다. O'Reilly와 그의 동료들의 연구 결과는 헌신의 다차원적인 성격을 드러내는 데 기여하였음에도 불구하고, 그들의 분류 방식에 대해서는 몇 가지 한계가 지적되고 있다. 가장 큰 난점은 '동일시'와 '내면화'라는 두 속성을 구분하는 것이 어렵다는 것이다(Becker et al, 1996). 양자의 상관관계가 매우 높은 것으로 밝혀짐에 따라, O'Reilly 등(1991)은 후속 연구를 통해 동일시와 내면화를 결합하여 '규범적 헌신'으로 칭하고, 또 다른 속성으로 제시했었던 순응을 '수단적 헌신'으로 칭하여 이 두 가지 차원을 헌신의 구성요소로 설명하였다. 그러나 이에 대해서도 또 다른 비판이 제기되고 있다. 헌신이란 본래 별도의 보상 없이도 특정한 행위를 유지하는 데 기여하는 심리적 태도인데, 수단적 헌신을 헌신의 구성요소로 보는 것은 개념적으로 모순된다는 것이다(Meyer & Allen, 1997; Scholl, 1981). 사실 이러한 비판은 O'Reilly와 그의 동료들의 초기 연구에서도 이미 그 가능성이 나타나 있었다고 할 수 있다. O'Reilly와 Chatman(1986)은 순응이 조직 구성원들의 이직과 정(+)적인 관계를 갖는다는 연구 결과를 제시한 바 있는데, 이는 헌신이 이직과 부(-)적인 상관을 갖는다는 일반적인 연구(Mowday, Porter, & Steers, 1982)와 상반된다. 이러한 사실은 O'Reilly와 그의 동료들의 헌신에 대한 개념 정의에 문제가 있다는 것을 말해준다.

헌신 개념의 다차원성을 역설한 또 다른 연구자들로 Meyer와 Allen을 들 수 있다(Allen & Meyer, 1990; Meyer & Allen, 1991; 1996; 1997). 그들은 헌신의 개념에 관한 선행연구들을 검토한 뒤, 그 공통된 속성을 도출하여 헌신을 "조직구성원과 조직의 관계를 특징짓는 것으로서, 조직의 구성원 자격을 유지하려는 의사결정과 관련된 종업원의 심리적 상태"(Meyer & Allen, 1991, p.67)로 규정하였다. 그들에 의하면, 헌신 개념이 연구자에 따라 어떻게 정의되건, 헌신된 종업원은 그렇지 않은 종업원에 비해 조직에 남아 있을 가능성이 크다. 그러나 조직에 남아 있고자 하는 심리적 상태의 본질에 대해서는 연구자에 따라 견해가 다르다. 그들은 헌신의 본질을 정서적 헌신, 근속적 헌신, 규범적 헌신[6]의 세 가지 요소로

---

6) Meyer와 Allen의 규범적 헌신과 O'Reilly 등(1991)의 규범적 헌신은 용어가 동일하지만 전혀 다른 의미를 지니고 있다는 점에 유의해야 한다. 후자의 규범적 헌신은 Meyer와 Allen의 정서적 헌신에 해당한다. Meyer와 Allen(1997) 역시 이러한 용어상의 혼란이 시정되어야 한다고 강조하고 있다.

구분하고 각각에 대해서 다음과 같이 설명하고 있다.

> 정서적 헌신(affective commitment)은 조직구성원의 조직에 대한 감정
> 적 애착과 동일시 그리고 관여를 의미한다. 정서적 헌신이 강한 조직구성
> 원이 조직과의 관계를 계속 유지하는 것은 그들이 그러한 관계를 **원하기**
> **때문**이다. 근속적 헌신(continuance commitment)은 조직을 떠나는 경우
> 발생하게 될 비용의 인식과 관련되어 있다. 근속적 헌신에 근거하여 조직
> 과 연계되어 있는 조직구성원은 그 관계가 **필요하기 때문**에 조직에 남아
> 있다. 마지막으로 규범적 헌신(normative commitment)은 고용관계를 지
> 속해야 한다는 일종의 의무감을 반영하고 있다. 높은 수준의 규범적 헌신
> 을 보유한 조직구성원은 조직에 **남아 있어야 한다**고 느낀다.[7] (p.67)

쉽게 짐작할 수 있는 바와 같이, Meyer와 Allen이 제시한 헌신의 세 가
지 요소 가운데, 정서적 헌신은 기존 연구의 태도적 헌신에, 근속적 헌신은
행위적 헌신에 각각 상응한다.[8] 규범적 헌신은 Wiener와 Gechman(1977)
그리고 Wiener(1982) 등의 논의를 발전시킨 것이다. Wiener(1982)에 의
하면, 헌신은 "조직의 목표와 이익을 충족시키는 방식으로 행동하게 하는
내면화된 규범적 압력의 총체"(p.421)이다. Meyer와 Allen이 보기에, 규범
적 헌신은 정서적 헌신이나 근속적 헌신과는 그 본질에 있어서 뚜렷한 차
이가 있는 개념이다.

---

7) 고딕체는 저자들이 강조한 것임.
8) Meyer와 Allen은 행위적 헌신과 근속적 헌신 간에 유사성이 있음을 인정하면
   서도 양자 사이에는 차이가 있음을 강조한다. 그들에 의하면, 행위적 헌신은
   개인이 조직에 대하여 부수적 투자를 얼마나 많이 했는가 하는 것과 현재 소
   속된 조직 이외에 다른 직업적 대안을 얼마나 보유하고 있는가 하는 두 가지
   조건에 의해서 결정되는 데 비해, 근속적 헌신은 그 두 가지 조건에 대해서 개
   인이 어느 정도 인식하고 있는가 하는 점을 그 세 번째 조건으로 포함한다. 헌
   신이 심리적 태도이며, 따라서 그것에 대한 영향은 객관적인 조건보다 그것에
   대한 인식 여부가 더 결정적이라는 점에서 볼 때, Meyer와 Allen의 주장은 진
   일보한 것으로 판단된다.

헌신의 개념에 대한 Meyer와 Allen의 제안은 많은 연구자들의 공감을 얻고 있으며 그것에 터해 많은 실증 연구가 수행되어 왔다(Jaros *et al*, 1993; Meyer *et al*, 2002; 김정주, 1999; 마상진, 2004). 그러나 이들의 헌신 개념은 O'Reilly와 그의 동료들의 헌신 개념이 직면한 것과 유사한 문제에 봉착하고 있다. 무엇보다도 정서적 헌신과 규범적 헌신의 구분이 개념적으로는 가능하지만 실제적으로는 양자를 분리하기가 어렵다는 것이 문제점으로 지적되고 있다. Ko 등(1997)의 연구에 의하면, 두 변수 간의 상관관계는 .74로 파악되었으며, 이러한 높은 상관관계는 개념적 혼란과 측정의 문제를 제기하고 있다. 이러한 비판에 동조하는 연구자들은 일반적으로 헌신이 정서적 헌신과 근속적 헌신의 두 가지 요소로 구성되어 있다는 입장을 취한다(김남현, 김종우, 이지우, 2003).

헌신의 본질에 관한 이상의 논의를 요약하면 다음과 같다. 헌신에 대한 접근은 크게 행위적 헌신과 태도적 헌신으로 구분된다. 행위적 헌신은 조직구성원이 조직에 잔류하려는 의지를 가리키며, 그것은 개인이 조직에 대하여 부수적 투자를 얼마나 했는가, 현재 소속된 조직 이외에 다른 대안이 얼마나 있는가, 그리고 이러한 조건들에 대하여 조직구성원이 얼마나 인식하고 있는가 등에 따라 달라진다. 이에 비해 태도적 헌신은 조직구성원이 조직에 대해서 갖는 심리적 유대를 의미하며, 조직구성원이 조직의 목표와 가치를 어느 정도 수용하며 그것의 실현을 위해 어느 정도 열의를 보이는가 하는 데 초점을 둔다. 최근의 흐름은 이 두 가지 접근 방식을 통합하고 있으며, 이 경우 태도적 헌신과 행위적 헌신은 헌신을 구성하는 하위 요소로 간주된다. 이와 같이 태도적 헌신과 행위적 헌신을 헌신의 하위 요소로 보는 최근의 흐름은, 이하의 논의에서 밝혀지겠지만, 그 개념적 속성 자체가 서로 다른 두 개념을 하나의 개념 체계로 묶으려는 시도라고 할 수 있다.

나. 헌신의 대상

헌신은 '무엇에 대한' 헌신을 의미한다. 다시 말하여, 헌신은 그것이 부여될 특정한 초점, 즉 대상을 갖기 마련이다. 헌신에 관한 기존 연구들은 조직과 조직구성원의 관계에 주목해 왔으며, 이 경우 헌신의 대상은 조직 그 자체로 상정되는 것이 일반적이다. 그러나 Morrow(1983)가 잘 지적한 바와 같이, 조직구성원의 헌신 대상은 다양할 수 있다. 이를 테면, 조직구성원들은 가치, 직업(경력), 직무, 조직, 노동조합 등 다양한 대상에 대하여 헌신할 수 있다. 헌신 대상의 다양성은 크게 두 가지 방향에서 논의되고 있다. 하나는 헌신의 대상이 조직 내에 국한된 경우이고, 다른 하나는 헌신의 대상이 조직 외부에까지 확장되는 경우이다.

조직 내에서 구성원의 헌신 대상이 다양할 수 있다는 것을 본격적으로 논의한 학자는 Reichers(1985)이다. 그는 조직 헌신에 관한 선행 연구들이 조직을 하나의 단일한 통일체로 가정하고 있으나 실제 조직은 소유자, 경영자, 일선 종업원, 고객 등 다양한 수준의 성원과 집단들로 구성되어 있다고 주장하였다. 그에 의하면, 조직을 구성하고 있는 다양한 성원과 집단은 각기 서로 다른 가치와 목표를 지닐 수 있으며, 그것들은 조직의 도표와 상충될 수도 있다. 그는 정신보건 전문가들을 대상으로 하는 후속 연구를 통해 자신의 주장을 입증하였다(Reichers, 1986). 조직에 소속되어 있는 정신보건 전문가들의 헌신 대상을 최고 경영자, 재정 지원 기관, 고객 및 일반 대중, 그리고 전문적 목표 및 표준 등 네 가지로 구분한 이 연구에서, 그는 조직 헌신이 최고 경영자의 목표와 가치에 대한 헌신에 대해서 관 유의미한 상관관계를 가진다는 사실을 밝혀냈다. 정신보건 전문가들은 그들의 헌신 대상이 최고 경영자의 헌신 대상과 다르다고 인식할 때 조직에 덜 헌신하게 된다고 그는 결론지었다.

Becker(1992) 역시 헌신의 대상이 다양하다는 점에 주목하고 있다. 그

32

는 헌신 대상을 최고 경영자, 상급 감독자, 작업 집단 등으로 구분하였는데, 이와 같이 헌신의 대상을 구분하여 분석하는 것이 그것을 하나로 통합하여 분석하는 것보다 관련 변인들, 예컨대 직무 만족이나 이직의도 또는 우호적인 조직 행위 등을 설명하는 데 있어서 더 유익하다고 주장하였다. 한편 Becker와 Billings(1993)는 Becker(1992)의 연구에서 제시된 세 가지 헌신 대상 가운데 상급 감독자와 작업 집단을 하나로 묶은 후 이를 최고 경영자와 대비하여 군집분석을 실시하였으며, 그 결과 조직구성원을 국지적 헌신자, 전체적 헌신자, 헌신자, 비헌신자[9]로 구분한 바 있다.

헌신 대상의 다양성에 주목하고 있는 앞의 연구들에 대해서 비판적인 시각도 없지 않다. 이를 테면, Hunt와 Morgan(1994)은, 다양한 대상에 대한 헌신은 결국 일반적인 조직 헌신에 기여한다고 주장하면서 헌신 대상으로서의 조직 전체의 중요성을 여전히 강조한다. Lawler(1992) 역시 조직이 다양한 하위 집단들로 구성되어 있으며 조직구성원의 헌신의 대상 역시 다양하다는 사실을 인정하면서도, 그 다양한 하위 집단들이 중첩될 수 있다는 점에 주목하여 하위 집단에 대한 헌신과 조직 전체에 대한 헌신이 긴밀한 관계에 있음을 강조하고 있다. 이러한 지적에도 불구하고, 조직 내에서 헌신 대상이 다양하게 존재한다는 연구 결과들은 조직을 하나의 총체로서 간주해 왔던 연구 관행에 제동을 걸었으며, 헌신의 구체적인 대상이 무엇인지 분명히 밝히는 것이 연구의 첫 단계에서 이루어져야 한다는 것을 연구자들에게 인식시켰다.

헌신 대상의 다양성에 대한 관심은 이른바 전문직에 종사하는 사람들의 헌신에 대한 연구가 활발하게 진행되면서 더욱 고조되었다.[10] 전문가들은

---

9) 국지적 헌신자(the locally committed)는 감독과 작업 집단에 헌신하는 종업원을 가리키고, 전체적 헌신자(the globally committed)는 최고경영자와 조직에 헌신하는 종업원을 가리킨다. 헌신자(the committed)는 국지적 헌신과 전체적 헌신을 모두 보이는 종업원을 말하며, 비헌신자는 어느 것에도 헌신하지 않는 종업원을 말한다.

자신의 전문 분야에 대한 애착이 강하기 때문에 자신이 소속된 조직에 대해서 그다지 헌신하지 않는 성향을 지닌 것으로 알려져 있다. 이 점에 대해서는 논란의 여지가 있지만, 여기에서 주목할 것은 전문가들의 헌신의 대상이 조직 외부의 준거집단이나 전문 분야의 일 그 자체가 될 수 있다는 점이다. 이것은 헌신의 대상이 한층 더 다양한 폭을 가지고 있다는 것을 의미한다. 전문직 종사자들의 헌신에 관한 연구의 초점은 전문 분야에 대한 헌신과 조직에 대한 헌신이 어떤 관련을 갖는가에 있다. 다시 말하여, 양자를 갈등관계로 보느냐 아니면 양립가능한 관계로 보느냐 하는 것이 논의의 핵심이다.

양자를 갈등관계로 보는 견해는 Gouldner(1957, 1958)가 전문가들의 관심사를 탈조직지향성(cosmopolitan)과 조직지향성(local)으로 구분한 데서 비롯되었다고 할 수 있다. 탈조직지향성은 전문가가 조직에 고용되어 있지만 조직구성원으로서보다는 전문 분야의 일원으로서 자신의 전문 분야에서의 성공을 중시하는 정도를 나타낸다. 조직지향성은 자신의 전문 분야보다는 승진과 같은 조직 내에서의 성공을 중시하는 정도를 나타낸다. Gouldner(1957)에 의하면, 탈조직지향적인 전문가는 전문 분야에 대한 헌신 수준이 높고 조직에 대한 충성 수준이 낮으며 외부의 준거집단을 가지는 반면, 조직지향적 전문가는 전문 분야에 대한 헌신 수준이 낮고 조직에 대한 충성 수준이 높으며 내부의 준거집단을 가진다. 그는 이 두 지향성이 단일 차원에 존재하는 것으로 가정하였기 때문에 조직에 고용된 전문가들

---

10) 전문직 종사자들의 헌신에 대해서는 전문직 몰입(professional commitment)과 경력 몰입(career commitment)이라는 용어가 연구자에 따라 선택적으로 사용되고 있다. 일반적으로 과학자, 회계사 등과 같은 전문직 종사자를 대상으로 할 경우에는 전문직업 몰입이라는 용어가 많이 사용되고 있으나, 최근에는 전문가의 범위가 확대되고 있으며 전문가 이외의 사람들도 자신의 직업 또는 경력에 헌신할 수 있다는 점 때문에 경력 몰입이라는 용어의 사용이 확산되고 있다(이기은, 2003).

에게 있어서 전문적 가치 및 목표가 조직의 그것들과 일치하지 않을 경우 갈등이 야기될 수밖에 없으며, 이러한 갈등을 해소하기 위해서 전문가는 두 가지 지향 가운데 어느 하나를 선택하게 된다고 주장하였다.

전문가들의 지향이 단일 차원이라는 가정은 후속 연구들을 통해 반박되었다(Miller & Wagner, 1971; Wallace, 1993). Miller와 Wagner(1971)는 두 지향성이 상호 독립적이라는 2차원 모형을 제시하였다. 그들의 모형에 따르면, 전문 분야에 대한 헌신과 조직에 대한 충성이라는 두 차원의 조합에 의해 1) 탈조직지향-조직지향 양립, 2) 순수 탈조직지향, 3) 순수 조직지향, 4) 무관심의 네 가지 전문가 유형이 가능하다. Wallace(1993)도 같은 맥락에서 전문직에 대한 헌신과 조직에 대한 헌신이 정적으로 관련될 수 있다는 점을 메타 분석을 통해 제시한 바 있다.

물론 이러한 연구 결과들이 전문직에 대한 헌신과 조직에 대한 헌신 양자 간의 갈등 가능성을 완전히 배제하는 것은 아니다. 조직적 가치와 전문적 가치가 항상 일치하는 것은 아니며(Raelin, 1989), 이러한 헌신 대상들 사이의 갈등은 헌신이 개인적 정체성 형성과 밀접한 관련이 있다는 점에서 조직구성원들에게 심각한 고통을 가져다줄 수 있다(Reichers, 1985). 사정이 이러함에도 불구하고, 헌신 대상들 사이의 갈등에 관한 연구는 거의 이루어지지 않고 있으며(Meyer & Allen, 1997), 이러한 사정은 교사를 대상으로 하는 헌신 연구에서도 마찬가지인 것으로 보인다.

헌신의 대상에 관한 이상의 논의를 요약하면 다음과 같다. 헌신의 대상과 관련하여 대부분의 연구들은 조직을 하나의 통일체로 간주하여 조직에 대한 헌신을 다루었으나, 최근 들어 그 대상이 다양할 수 있다는 사실에 주목하는 연구들이 등장하고 있다. 헌신의 대상은 조직 내에서 최고 경영자가 될 수도 있고 직속 상관이나 작업 집단이 될 수 있다. 또한 전문직 종사자들의 경우에는 자신의 전문 분야에 대한 헌신과 조직에 대한 헌신 사이에서 갈등을 경험할 수도 있다. 이러한 헌신 대상의 다양성은 전문직

으로서의 교직 사회를 연구 대상으로 하는 경우 반드시 고려해야 할 요소
라고 할 수 있다.

2. 교사 헌신의 재개념화

일반 조직 분야에서 이루어지고 있는 헌신의 개념에 관한 논의가 본 연
구의 관심사인 교사 헌신을 정의하는 데 시사하는 바는 무엇인가? 특히
우리나라 학교 조직의 특성을 고려할 때, 교사 헌신의 개념은 어떻게 규정
되어야 하는가? 앞의 논의의 틀에 따라 이하에서는 교사 헌신의 개념적
속성은 어떻게 구성되어야 하는가, 그리고 교사 헌신의 대상은 어떻게 규
정되어야 하는가 하는 문제를 학교 조직의 실제를 고려하여 논의한다. 이
에 앞서 교사 헌신을 연구한 선행 문헌들에서는 그 개념이 어떻게 정의되
고 있는지 살펴본다.

가. 교사 헌신의 개념에 대한 선행 연구 검토

교사 헌신은 교사가 학교 조직 내에서 직무를 수행하면서 형성하게 되는
조직 행위 가운데 하나이다. 일찍이 Getzels 등(1968)은 학교 조직을 대상
으로 그 구성원들의 조직 행위를 본격적으로 분석한 바 있다. 그들에 의하
면, 조직에 대한 태도는 소속감(belongingness), 합리성(rationality), 동일시
(identification)라는 세 가지 속성에 의해 결정된다. 이 세 가지 속성은 개
인의 욕구성향(need-disposition), 조직의 역할기대(role expectation), 그리
고 조직 목표의 세 가지 요소들이 어떻게 결합되느냐와 밀접하게 관련되어
있다. 소속감은 개인의 욕구성향과 조직의 역할기대가 일치할 경우에 발생
한다. 소속감이 없으면 조직구성원은 조직의 역할체계 속어서 만족을 얻을

수 없다. 합리성은 역할기대가 조직 목표를 성취하는 데 논리적으로 적합하다고 느끼는 정도를 나타낸다. 소속감이 높다 하더라도 합리성이 부족하면 자신에게 부여된 역할이 조직 전체가 수행하는 일과 괴리되어 있다고 느끼게 되어 헌신 수준이 낮아진다. 동일시는 조직 목표가 개인의 욕구성향 내지 가치체계에 통합되어 있는 정도를 나타낸다. 동일시가 결여되면 조직 목표가 개인의 동기를 유발하지 못하기 때문에 조직구성원은 주어진 역할에 몰입하지 않게 된다. 요컨대, 교사의 태도는 소속감, 합리성, 동일시의 함수라는 것이 그들의 주장이다.

교사 헌신은 Getzels 등(1968)의 조직 행위 모형에 제시된 요소들 가운데 '동일시'와 관련되어 있다. 교사 개인의 가치체계와 학교 조직의 가치체계가 어느 정도로 일치하는가에 따라 학교 조직에 대한 교사의 태도가 결정된다는 그들의 설명이 이후 '헌신'이라는 개념으로 논의되기까지는 상당한 기간이 소요되었다. 이하에서는 교직 사회에서 헌신의 개념이 어떻게 규정되고 있는지 국내외 선행 연구들을 중심으로 살펴본다.

Reyes(1992)는 교사 헌신을 "학교 목표 및 가치에 대한 개별 교사의 심리적 동일시와 조직구성원의 신분을 유지하고 개인적인 이해를 뛰어넘어 직무에 전념하고자 하는 교사의 의지"(pp.153-154)라고 정의하고 있다. 그의 이 정의는 조직 헌신에 대한 Porter와 그의 동료들(Mowday, Steers, & Porter, 1982; Porter et at, 1974)의 정의를 교직 사회에 적용한 것이라고 할 수 있다. 한마디로 말하여 Reyes의 교사 헌신은 '교사의 조직 헌신'이다.

Ingersoll 등(1997)은 교사 헌신을 "교사와 학교 사이의 긍정적, 심리적 유대의 정도"(p.11)로 정의하고 있다. 그의 정의에서 주목할 만한 것은 주어진 직무를 계속 수행하고 있기는 하지만 그 일에 몰두하지 않는 수동적인 의미의 충성을 교사 헌신의 개념에서 배제하고 있다는 것이다. 그에 의하면, 교사 헌신은 교사들이 가르치는 활동으로부터 얻는 내적 동기, 열정, 만족 등의 정도와, 그들이 직무 수행을 통해서 성취하는 효능감과 효과성의 정도를 포함해야 한다. 요컨대, Ingersoll의 교사 헌신은 교사와 학교 사이의 유대에 초점을 두고 있다는 점에서 Reyes의 그것과 마찬가지로 교사의 조직 헌신이라고 할 수 있지만, 직무 수행에 대한 열정이 결여된 채 이해관계에 따라 조직에 잔류하고자 하는 의지를 그 개념적 속성에서 제외하고 있다는 점에서 기존의 조직 헌신 개념과 차이가 있다.

Reyes와 Ingersoll의 교사 헌신 개념은 그들 사이에 중요한 차이가 있음에도 불구하고 여전히 조직 헌신이라는 개념적 틀에 제한되어 있다고 할 수 있다. 이들과 달리, 교직 사회의 경우 헌신의 대상이 다양할 수 있다는 점에 주목하여 교사 헌신의 개념을 재규정하려는 시도가 있었다. Kushman (1992)은 교사 헌신이 조직 헌신(organizational commitment)과 학생 학습 헌신(commitment to student learning)의 두 가지 유형으로 구성되어 있다고 보고 각각에 대해서 정의하는 방식을 택하였다. 그는 교사의 조직 헌신에 대해서는 Mowday 등(1982)의 논의를 수용하여 "학교에 대한 교사의 충성심과 학교의 가치와 목표에 대한 동일시"(p.6)로 정의하는 한편, 학생 학습 헌신에 대해서는 "학생의 사회적 배경이나 학문적 성취 수준에 관계없이 학생들의 학습을 돕는 데 전념하는 교사의 태도"(p.6)로 정의하였다. 그가 새롭게 제안한 학생 학습 헌신은 교사의 효능감, 학생 학습에 대한 기대, 그리고 학생의 학습이 일어나는 데 필요한 교사의 자발적 노력 등 세 가지 요소로 구성되었다. Kushman이 교사 헌신의 개념을 그 대상에 주목하여 정의한 것은 본 연구와 관련하여 시사하는 바가 크다. 다만, 학생 학습 헌신을 정의하면서 그 개념적 속성으로 효능감이나 기대, 자발적 노력 등을 포함시킨 것은 개념적 혼란과 중첩을 야기할 뿐만 아니라 그것과 대비되고 있는 교사의 조직 헌신의 개념적 속성과 거의 무관하다는 점에서 재고의 여지가 있다.

Firestone과 Rosenblum(1988)은 심층면담을 통해 교사의 헌신 대상이 다차원적임을 확인하였다. 그들은 헌신을 "개인이 자기에게 특별한 의미와 중요성을 갖는 대상에 대하여 갖게 되는 심리적 유대 또는 동일시"(p.288)라고 규정하면서, 교사 헌신은 그 대상이 무엇인가에 따라 달리 정의되어야 한다고 주장하였다. 그들에 의하면, 교사 헌신에는 수업에 대한 헌신, 학생에 대한 헌신, 그리고 학교에 대한 헌신의 세 가지 유형이 있으며, 교사의 행동은 그가 어떤 유형의 헌신을 강조하느냐에 따라 달라진다. 이들의 논의 속에서 발견하게 되는 중요한 점은, 헌신은 그 대상이 무엇이든지 간에 그 개념적 속성이 동일하다는 것이다. 헌신은 특정 대상에 대한 심리적 유대를 그 개념적 속성으로 하며, 교사 헌신의 경우 그 대상은 수업, 학생, 학교라는 것이 그들의 제안이다. 다만, 그들의 연구에서 제시된 교사 헌신은 심층면담을 바탕으로 한 일종의 가설적 개념이며, 따라서 교사 헌신의 개념적 속성을 조작적 수준까지 정의하고 그 측정 도구를 개발하는 일은 후속 연구 과제로 남겨 두었다고 할 수 있다.

Louis(1995)는 교사 헌신의 차원을 네 가지로 구분하고 있다.[11] 그가 언급한 교사 헌신의 네 가지 유형은 1) 사회적 단위로서 학교에 대한 헌신, 2) 학생에 대한 헌신, 3) 학문적 성취에 대한 헌신, 4) 지식체계에 대한 헌신 등이다. Louis에 의하면, 학교와 학생에 대한 헌신은 인간관계에 초점을 둔 정서적 특성을 지닌 반면, 학문적 성취와 지식체계에 대한 헌신은 교육의 목표를 실현하는 데 초점을 둔 수단적 성격을 지닌다. Louis의 분류에서 학문적 성취와 지식체계에 대한 헌신을 가르치는 일에 대한 헌신으로 묶을 수 있다면, 그의 분류는 Firestone과 Rosenblum의 그것과 큰 차이가 없다.

한편, 우리나라에서도 교사 헌신에 관한 연구는 교육 개혁에 대한 논의가 활발하게 전개되면서 지속적으로 확산되고 있다. 교사 헌신의 개념과

---

11) Louis(1995)의 연구에서는 teacher engagement와 teacher commitment가 혼용되고 있으나, 맥락에 따라 사용하는 용어가 다를 뿐 그것들이 지시하는 내용은 동일하다.

관련하여 우리나라의 연구물에서 발견되는 한 가지 공통점은 교사 헌신의 개념을 새롭게 규정하기보다는 일반 조직 분야에서 논의되고 있는 헌신 개념을 그대로 수용하고 있다는 것이다. 이것은 우리나라에서 논의되고 있는 교사 헌신의 개념을 이해하기 위해서는 연구자가 누구의 견해를 수용하고 있느냐 하는 것을 중심으로 고찰하는 것이 더 타당하다는 것을 말해 준다. 우리나라의 교사 헌신 관련 연구물들이 채택하고 있는 헌신의 개념은 Porter와 그의 동료들(1974)의 것,[12] 이들의 정의를 수정하여 만든 Angle과 Perry(1981)의 것, 그리고 Meyer와 Allen(1991)의 것 등 세 가지가 주종을 이룬다.

앞에서 언급한 바와 같이, Porter와 그의 동료들은 헌신을 "특정 조직에 대한 동일시 또는 그것에 관여하는 힘의 상대적 강도"로 정의하면서, 그 구성요소로 1) 조직목표에 대한 강한 신뢰 및 수용, 2) 조직을 위하여 열심히 노력하려는 자발적인 의지, 그리고 3) 조직구성원의 자격을 유지하려는 강한 욕구 등 세 가지 심리적 속성을 제시하였다. 이 개념 정의는 우리나라의 교사 헌신 관련 연구들에서 가장 많이 채택되고 있다. 유현숙(1981)은 국내에서 처음으로 교사 헌신에 관한 연구를 시작하면서 Porter 등(1974)의 정의와 그들이 제작한 조직 헌신 질문지(Organizational Commitment Questionnaire)를 사용하여 교사들의 헌신 수준을 파악하였다. 노민구 (1995)는 교사의 학교 조직 헌신을 "자신이 재직하고 있는 학교의 목표나 가치의 수용, 학교 목표달성을 위해 노력을 기울이려는 자발적 의지, 현 학교에 계속 근무하려는 강력한 희망을 포함하는 정의적 특성"(p.231)으로 정의하고 있다. 신현석과 가신현(1997)도 헌신을 "조직의 목표와 가치에 다한

---

12) Mowday 등(1982)의 조직 헌신에 대한 정의는 Porter 등(1974)의 그것과 용어상의 차이를 제외하면 기본적인 내용에 있어서 차이가 없다. 따라서 여기에서는 헌신에 대한 Porter 등(1974)의 정의와 Mowday 등(1982)의 정의를 동일한 것으로 간주하며, 이 두 연구의 정의를 수용한 국내 연구들은 교사 헌신에 대해서 동일하게 접근하고 있는 것으로 본다.

강한 신념과 수용, 조직을 위해 상당한 노력을 기꺼이 바치고자 하는 헌신과 희생 의사, 조직생활에 대한 강한 애착심” 등 세 가지 측면을 지니는 개념으로 정의하고 있다. 교사들의 조직 몰입이 조직시민행동에 미치는 효과를 연구한 이병직(1999)도 Porter 등이 개발한 헌신 척도를 활용하고 있다.

Angle과 Perry(1981)는 Porter 등(1974)의 정의를 수정하여 가치헌신(value commitment)과 근속헌신(commitment to stay)의 두 가지로 제시한 바가 있다. 가치헌신은 구성원이 조직에 대하여 자부심을 느끼고 조직의 목표를 수용하며 조직을 위해 노력하려는 의사를 가진 상태의 헌신을 의미하는데, 이는 Porter와 그의 동료들이 제시한 세 가지 개념적 요소 가운데 처음 두 요소를 통합한 것이다. 근속헌신은 구성원이 조직에 남아 있으려는 의사와 관계된 헌신을 가리킨다. 이들의 정의를 수용한 연구로는 정우진(1994)과 오영식(2000)의 연구를 들 수 있다. 오영식(2000)의 경우, 조직 몰입을 애정적 몰입과 지속적 몰입으로 구분하고 있는데, 비록 그가 Angle과 Perry의 정의를 직접 수용한 것은 아니라고 하더라도 용어상의 차이를 제외하면 그 본질적인 내용이 그들의 정의와 차이가 없다는 점에서 이 유형으로 분류될 수 있다.

한편, Meyer와 Allen(1991)은 헌신을 심리적 상태로 규정하면서 그것은 정서적 헌신, 근속적 헌신, 규범적 헌신의 세 가지 요소로 구성되어 있다고 보았다. 헌신에 관한 이들의 접근 방식을 수용하는 국내 연구들은 최근 들어 급속히 증가하고 있으며, 김형균(1999), 마상진(2004), 손소빈(2001), 양관석(2001), 이일권(2003) 등의 연구들이 여기에 속한다.

교사 헌신에 관한 국내 연구들에서 발견할 수 있는 한 가지 공통점은 교사 헌신의 개념을 교직 사회의 특성에 적합하게 규정하고 그것에 터해 연구를 수행하기보다는 일반 조직 분야에서 논의되고 있는 조직 헌신의 개념들 가운데 연구자가 적절하다고 판단한 것을 선택하여 그것을 교사 헌신 연구에 적용하고 있다는 것이다. 예외적으로, 노종희(2004)는 교사의 헌신에 대한 기존 연구들이 전문적 조직으로서의 학교에 대한 특별한 고려 없이 일반 조직을 대상으로 하여 규정된 '조직 헌신' 개념과 그 측정 도구를 그대로 수용해 온 점을 비판하고, 새롭게 '교직 헌신'의 개념을 사용할 것을 제안하였다. 그에 의하면, '교사들이 학교에 대해서 나타내는 심리적 애착'을 의미하는 조직 헌신은 교사의 헌신을 제대로 반영할 수 없다. 그는 '교직 헌신'을 새롭게 제안하면서 그것을 '교사들이 교과목과 학생 그리고 교직 자체에 대해서 나타내는 심리적 애착'으로 정의하고, 그 기본 요인으로 전문의식, 교육애, 열정 등 3개 요인을 제시하였다. 이 연구는 학교 조직의 특성을 고려하여 교사 헌신의 개념에 접근하고 있다는 점에서 기존 연구와의 차별성을 보여주고 있다. 다만, 개념 정의 측면에서 볼 때, 교직 헌신과 조직 헌신은 그 대상에 차이가 있을 뿐 양자 모두 '심리적 애착의 강도'로 규정되고 있음에도 불구하고, 두 개념의 구성 요소를 상이하게 제시하고 있는 것은 양자의 비교를 어렵게 하는 요인이 되고 있다.

나. 교사 헌신의 본질

본 연구는 교직 사회의 고유한 특성이 교사 헌신의 개념에 반영되어야 한다는 입장에 서 있다. 이러한 입장은 국내외 관련 연구자들을 중심으로 이미 상당한 정도로 논의가 진척되고 있으며, 여기에서는 그러한 논의를 좀 더 발전시켜 교사 헌신의 개념을 규정하고자 한다. 이러한 작업을 진행하고자 할 때, 앞에서 헌신의 의미를 규정하면서 사용한 바 있는 분석 틀, 즉 헌신의 본질과 헌신의 대상을 구분하는 방식은 큰 도움이 된다. 다시 말하여, 교사 헌신의 개념을 정의하기 위해서는 다음의 두 가지 질문에 대한 대답을 먼저 모색해야 한다. '교사 헌신의 개념적 속성은 무엇인가'라는 질문과 '교사 헌신의 대상은 무엇인가'라는 질문이 그것이다.

1) 헌신의 본질에 대한 접근 방식

헌신의 본질에 대한 최근의 논의는 태도적 헌신과 행위적 헌신을 통합하려는 시도가 주종을 이루고 있다. 통합의 방식은 두 가지 양상으로 나타나고 있다. 하나는 Mowday 등(1982)의 논의에서 시도된 바와 같이, 태도적 헌신을 중심으로 하고 행위적 헌신을 그 하위 요인으로 규정하는 방식이다. 다른 하나는 Meyer와 Allen(1991; 1996; 1997)의 논의에서 제시된 바와 같이, 행위적 헌신을 중심으로 하고 태도적 헌신을 그 하위 요인으로 규정하는 방식이다.

앞에서 언급한 바와 같이, Mowday 등(1982)은 조직 헌신을 "특정 조직에 대한 동일시 또는 그것에 관여하는 힘의 상대적 강도"로 정의하고, 그 개념적 요소로서 1) 조직목표에 대한 강한 신뢰와 수용, 2) 조직을 위하여 열심히 노력하려는 자발적인 의지, 3) 그리고 조직구성원의 자격을 유지하려는 강한 욕구 등 세 가지 심리적 속성을 제시하고 있다. 그들에 의하면, 조직 헌신은 위 세 가지 속성들이 복합적으로 작용하여 나타나는 심리적 태도이다. 그들의 정의에서 주목해야 할 것은 헌신의 세 번째 개념적 요소이다. 그들이 말한 '조직구성원의 자격을 유지하려는 강한 욕구'는 행위적 헌신, 즉 조직에 잔류하려는 의지와 다르지 않다. 이 부분은 행위적 헌신을 태도적 헌신의 하위 요인들 가운데 하나로 포함시키려는 연구자들의 의도가 엿보이는 대목이다. 그들은 행위적 헌신을 포함한 세 가지 개념적 요소들이 조직 헌신이라는 단일 개념에 포함된다는 관점하에, 조직 헌신 척도를 개발하였다. 문제는 그들이 제시한 조직 헌신 척도가 그들의 제안대로 단일 요인을 구성하지 않는 것이다(Angle & Perry, 1981; Tetrick & Farkas, 1988). 이는 속성이 상이한 헌신의 두 측면을 하나의 개념망에 포함시키면서, 그것들이 단일 요인을 구성할 것으로 기대했던 연구자들의 헌신 개념 통합 방식에 문제가 있다는 것을 의미한다.

한편, Meyer와 Allen(Allen & Meyer, 1990; Meyer & Allen, 1991;

1996; 1997)은 이른바 '헌신의 3요인 모형(three-component model of commitment)'을 제안하면서, Mowday 등과 다른 각도에서 헌신 개념의 통합을 시도하고 있다. 그들의 통합 방식은 행위적 헌신을 근간으로 하고 태도적 헌신을 그 하위 요인으로 포함시키는 것이다. 다시 말하여, 헌신은 행위적 헌신, 즉 조직에 남아 있겠다는 의지를 가리키는 개념으로 한정되며, 태도적 헌신은 행위적 헌신을 형성하는 다양한 원천 가운데 하나라는 것이다. Meyer와 Allen이 보기에, 조직구성원이 조직에 남아 있고자 하는 것은 그가 조직과 동일시하기 때문이거나(정서적 헌신), 조직을 떠날 경우 발생할 비용이 크다고 인식했기 때문이거나(근속적 헌신), 아니면 조직에 남아 있는 것이 옳다고 믿기 때문이다(규범적 헌신). 요컨대, 그들에 있어서 태도적 헌신(그들의 용어로, 정서적 헌신)은 행위적 헌신을 유발하는 한 요인에 불과하다.13)

　Meyer와 Allen이 헌신의 다차원 모형을 제기한 이후, 헌신의 개념에 관한 후속 논의는 그 모형의 타당성을 확인하는 연구들을 제외하면 거의 찾아보기 어렵다. 그렇다면 헌신의 본질과 관련된 개념적 혼란은 이제 극복

---

13) 사실, 헌신 개념에 대한 Meyer와 Allen의 통합 방식은 Scholl(1981)의 논문에 이미 그 단서가 제시되어 있다. Scholl에 의하면, 헌신이라는 개념이 분석적 유용성을 가지려면 그것이 '기대'라는 기존의 개념과 차별화되어야 한다. 다시 말하여, 헌신을 미래의 보상에 대한 기대나 긍정적인 교환관계로부터 파생되는 행동의도로 간주하는 것은 행동의 원인을 설명하는 데 있어서 기존의 기대 이론이나 공정성 이론의 설명력을 증가시키지 못한다는 것이다. 그의 논문에서 헌신은 "기대가 충족되지 못하거나 기능하지 못하는 상황에서도 행동 방향이 안정적으로 유지되도록 작용하는 힘"(p.593)으로 정의된다. '기대'라는 개념 속에 담긴 핵심적인 명제는, 구성원은 조직이 제공하는 보상이나 유인에 상응하여 직무를 수행하거나 기여한다는 것이다. 즉, 조직과 구성원의 관계는 유인-기여의 교환적, 타산적 관계라는 것이다. 이에 비해, 헌신은 이러한 타산적 이해관계가 충족되지 못함에도 불구하고 구성원이 조직에 기여하는 행위를 계속하는 것을 의미한다. 이러한 의미의 헌신을 형성하는 기제로서 그는 부수적 투자, 호혜성, 대안 부재, 그리고 동일시 등 네 가지를 제시한 바 있다.

된 것인가? Meyer와 Allen이 제시한 헌신의 다차원 모형은 여전히 논란의 소지를 내포하고 있다는 것이 본 연구의 입장이다.

무엇보다도, 헌신 개념의 다차원 모형을 적용한 연구들은 애초에 헌신 연구들이 공유하고 있었던 문제의식과 상반된 연구 결과를 보고하고 있다는 데 주목할 필요가 있다. 헌신에 대한 연구는 그것이 조직의 성과와 밀접한 관련이 있다는 가정하에 출발되었다(Meyer & Allen, 1997; Muchinsky, 2003). 헌신도가 높은 조직구성원은 그렇지 않은 사람에 비해 조직에 대해 강한 애착을 가지고 그 조직의 목표와 가치를 실현하는 데 열심히 노력한다는 것이 헌신 연구의 기본 가정이다. 문제는 헌신의 다차원 모형의 경우, 특정 종류의 헌신, 이를 테면 근속적 헌신은 조직의 성과와 전혀 무관하거나 경우에 따라서 부정적인 영향을 미치고 있다는 것이다. 예를 들어, 근속적 헌신은 직무성과나 조직시민행동과 부적인 관계를 갖거나 무관하고(Meyer & Allen, 1991; Meyer et al, 1989; 김남현, 김종우, 이지우, 2003), 전반적인 조직성과와도 부적인 관계를 가지며(Meyer et al, 1989; 심원술, 1998), 이타주의 행동 및 순응과도 각각 부적인 상관관계를 갖는 것으로 확인되었다(Shore & Wayne, 1993).

물론 헌신의 다차원 모형이 이론적 측면이나 실제적 측면에서 시사하는 바는 결코 적은 것이 아니다. 가령, 조직구성원이 조직에 대해 갖는 심리적 유대가 어떻게 형성되는지를 분석적으로 고찰하고 있다는 점이나, 조직의 경영자의 입장에서는 근속적 헌신보다는 정서적 헌신을 유도하기 위한 노력을 기울여야 한다는 점 등은 위 연구들에서 발견할 수 있는 중요한 시사점들이다. 그럼에도 불구하고 헌신이, 그것이 어떤 원천에 의한 것이든, 조직의 성과와 아무런 관련이 없다거나 오히려 부정적인 영향을 준다는 것은 그 자체로 헌신의 개념에 대한 접근 방식에 문제가 있다는 것을 말해준다.

헌신의 다차원 모형이 갖고 있는 내적 모순은 서로 상이한 별개의 개념들을 하나의 개념망에 의해 포섭하려는 데에서 비롯된 것이라고 할 수 있다. 태도적 헌신과 행위적 헌신은 그 개념적 속성 자체가 다른 상이한 개념이다. 태도적 헌신은 조직의 가치와 목적을 자신의 것으로 수용하고 그 가치와 목적을 실현하기 위하 적극적으로 노력하려는 의지를 가리키는 반면, 행위적 헌신은 어떤 이유에서건 조직에 잔류하고자 하는 의지를 의미한다. Meyer와 Allen은 신념 진술이 서로 다른 두 개념, 즉 헌신의 본질에 대한 두 가지 상이한 접근을 통합하고자 시도한 것이라고 할 수 있다. 특히, 태도적 헌신을 행위적 헌신의 한 가지 원천으로 규정하는 것은 태도적 헌신 개념이 내포하고 있는 고유한 아이디어를 훼손하는 결과를 가져온다. 태도적 헌신 개념에는, 행위적 헌신에 내재해 있는 소극적 의미의 조직 기여 행위, 즉 조직을 떠나지 않겠다는 행위 의지를 넘어서서, 보다 적극적으로 조직에 기여하고자 하는 의지를 헌신의 핵심적 속성으로 보아야 한다는 사고방식이 들어 있다.

본 연구는 태도적 헌신과 행위적 헌신이 상이한 관점에서 상이한 신념 진술로 표현되는 별개의 개념이라는 전제 아래, 학교 조직에 근무하는 고사의 헌신을 개념화하는 데에는 태도적 접근이 유용하다는 입장을 취하고 있다. 조직 행위로서 헌신의 개념을 규정할 때, '조직에서 부여된 역할 또는 역할 외 행동에 충실하려는 적극적 태도'가 포함되어야 비로소 온전한 의미의 헌신이라고 할 수 있다는 것이다. 본 연구의 이러한 입장은 Ingersoll 등(1997)의 연구에 의해서도 뒷받침된다. 앞에서 언급한 바와 같이, 그들은 교사 헌신을 "교사와 학교 사이의 긍정적, 심리적 유대의 정도"로 정의하였다. 그들에 의하면, 수동적 또는 '부정적인 의미의 헌신, 즉 학교에 계속 머무르면서 주어진 직무를 수행하고 있지만 그 일에 몰두하지 않는 형태의 헌신은 헌신의 개념에서 배제되어야 한다.

교사 헌신의 개념을 정의하는 데 있어서 태도적 접근이 행위적 접근크다 유용하다는 일차적 근거는 두 접근 방식이 조직의 성과에 미치는 효과가 상이하다는 점이다. 대부분의 연구들은 태도적 헌신이 이직률이나 결근율 또는 직무 성과 등에 긍정적인 영향을 준다는 점을 밝히고 있다(Meyer & Allen, 1997; Muchinsky, 2003). 이에 비해 행위적 헌신 내지 근속적 헌신은, 앞에서 언급한 바와 같이, 조직의 성과와 전혀 무관하거나 경우에 따라서 부정적인 영향을 미치는 것으로 나타나고 있다(Meyer & Allen, 1991; Meyer *et al*, 1989; Shore & Wayne, 1993; 김남현, 김종우, 이지우, 2003; 심원술, 1998).

태도적 접근은 특히 교원의 순환근무를 특징으로 하는 우리나라 공립학교 교원인사제도를 고려할 때 그 유용성이 더욱 크다고 할 수 있다. 근무해야 할 학교가 지속적으로 바뀌는 상황 속에서는, 특정 학교에 얼마나 오래 근무하고자 하는가 하는 것보다 그 학교의 가치와 목표를 실현하는 데 얼마나 기여하고자 하는가 하는 것이 보다 더 의미 있는 태도 지표라고 할 수 있다.

직업 세계의 변화 역시 헌신 개념에 대한 태도적 접근의 필요성을 부각시킨다. 전 지구적 경쟁의 가속화, 정보 기술의 급속한 발전, 직업 기술의 재편, 직무(jobs)에서 역할(role)로의 대체 등으로 대표되는 오늘날 직업 세계의 변화는 조직의 구조에 대한 새로운 접근을 요구하고 있다(Meyer & Allen, 1997). 이러한 흐름 속에서 가장 강조되는 것은 유동성과 효율성이다. 조직이 경쟁력을 갖기 위해서는 환경의 변화에 적응해야 하며 비용을 절감해야 한다. 이러한 목적을 달성하기 위해 신기술의 개발, 업무의 통합, 외주 계약 등과 같은 많은 전략들이 사용되며, 그러한 전략들은 대부분 조직 내 직무의 축소를 함의하고 있다. 당연한 결과로서, 종업원들은 고용주에게 지나친 애착을 갖는 대신, 자신을 위하여 눈을 외부로 돌려 해고된 상황에서도 언제든 재고용될 수 있는 가능성을 확보하도록 권고받는다(Hirsch, 1987, Meyer & Allen, 1997, 재인용). 이러한 직업 세계의 변화 속에서는 조직에 계속 잔류하고자 하는 행위적 헌신보다 조직의 가치 실현에 적극적으로 기여하고자 하는 태도적 헌신이 보다 더 적절한 접근이라고 할 수 있다.

2) 교사 헌신의 개념적 속성

그렇다면 태도적 헌신은 어떤 개념적 속성으로 구성되어야 하는가? 이에 대한 본격적인 논의는 Buchanan(1974)에 의해 제기되었다. 그는 조직헌신을 "자신의 이해와 무관하게, 조직의 목표와 가치, 그것들과 관련하여 개인에게 부여되는 역할, 그리고 조직 그 자체에 대한 맹목적이고 정서적인 애착"(p.533)으로 정의하면서, 그 개념적 속성으로 1) 조직의 목표와 가치를 자신의 것으로 수용하는 동일시, 2) 자신의 역할 행동에의 관여, 3) 조직에 대한 애정과 애착을 의미하는 충성심 등 세 가지를 제시하였다. 이 세 가지 속성은 소극적인 의미의 조직 잔류 의지를 배제하고 있다는 점에서 태도적 헌신의 개념적 속성을 나타내고 있다고 할 수 있다. 문제는, 그가 제시한 헌신의 개념적 속성들은 조직구성원이 조직에 대해 가질 수 있는 여러 가지 긍정적 태도들 가운데 일부를 열거한 것으로서, 그것들이 상호 배타성을 지니고 있다고 보기도 어려울 뿐만 아니라 헌신의 속성을 대표한다고 보기도 어렵다는 것이다.

헌신의 개념적 요소를 포괄적으로 규정하는 데 있어서, Saleh와 Hosek(1976)의 논의는 주목할 만하다. 비록 그들의 연구 주제는 조직 헌신이 아닌 직무 관여(job involvement)[14]이었으나, 그들의 논의 방식은 조직 헌신의 개념을 정립하는 데에도 그대로 적용될 수 있다. Saleh와 Hosek(1976)은 직무 관여의 개념에 대한 선행 연구 검토와 실증적 분석을 바탕으로, 직무 관여가 세 가지 요인으로 구성되어 있음을 발견하였다. 그

---

14) 이하에서 논의되겠지만, 본 연구에서와 같이 헌신을 태도적 헌신으로 규정할 경우, 조직 헌신과 직무 관여는 그 대상에 차이가 있을 뿐, 그것들이 지시하는 의미는 별개의 용어를 사용하여 별도의 연구 주제로 다루어야 할 만큼 개념적 차별성을 보이지 않는다. 본 연구는 이제까지 전혀 다른 연구 주제로 취급되어 온 직무 관여와 조직 헌신이 개념적 통합을 모색할 시점에 이르렀으며, 이러한 통합 노력은 교직 사회를 연구 대상으로 하는 경우 더욱더 강조되어야 한다고 본다.

들은 직무 관여의 공통적인 요소로서 '자아'를 상정하고, 그 세 가지 요인을 '자아'의 세 가지 요소로 설명하였다. 그들에 의하면, 직무 관여는 "자아가 직무에 반영되어 있는 정도"를 의미하며, 그 자아는 정체성 자아, 활동성 자아, 평가성 자아의 세 측면을 갖고 있다. 다시 말하여, 직무 관여는 "개인이 그의 직무와 동일시하고, 그 직무에 적극적으로 관여하며, 자신의 직무 수행이 자신의 가치에 중요하다고 여기는 정도"를 의미한다.

Saleh와 Hosek(1976)이 언급한 직무 관여의 세 가지 요소는 각각 직무 관여의 인지적 측면, 정의적 측면, 행위적 측면을 나타내고 있으며, 이 점에서 그들의 개념적 요소들은 상호 배타성과 포괄성을 동시에 충족시키고 있다고 할 수 있다. 이러한 논의에 따라 본 연구는 헌신(태도적 헌신)의 개념적 요소로서 인지적 측면의 가치인식, 정의적 측면의 동일시, 그리고 행위적 측면의 관여의 세 가지를 설정하고자 한다. 가치인식은 개인이 헌신 대상을 중요하다고 인식하는 정도를 의미한다. 동일시는 개인이 헌신 대상과 정서적으로 일체감을 느끼는 정도를 의미한다. 관여는 개인이 헌신 대상의 가치 실현을 위해 적극적으로 노력하는 의지를 의미한다. 부언해 둘 것은, 헌신이 이들 세 가지 요소로 구성되어 있다는 것은 그것들이 개념적으로 구분되는 것이지 사실적으로 분리되는 것이 아니라는 것이다. 이것은 세 요소 가운데 어느 하나가 결핍되면 그 만큼 헌신의 수준이 낮아진다는 것을 의미한다.

헌신의 개념적 요소에 관한 본 연구의 입장에 대해서 반론이 있을 수 있다. 무엇보다도 Saleh과 Hosek(1976)의 세 가지 개념적 요소에 대하여 직접적인 비판을 가한 Kanungo(1979, 1982)의 주장은 경청할 필요가 있다. 그 비판의 핵심은, Saleh과 Hosek의 직무 관여 개념에는 직무 관여의 선행 조건, 직무 관여의 결과, 그리고 직무 관여의 상태 등이 뒤섞여 있다는 것이다. 예를 들어, Saleh과 Hosek의 측정 도구에서 "직무를 자기 방식대로 수행할 수 있는 기회가 얼마나 부여되는가"라는 진술 문항은 '자율성'의 수준을 파악하는 것으로서, 직무 관여를 측정한다기보다 그것의 선행 조건을 확인하는 문항이라고 Kanungo는 비판하고 있으며, 그의 이러한 비판은 타당하다. 사실 Saleh과 Hosek은 직무 관여의 측정 문항을 구성하는 데 있어서 기존 연구자들의 측정 도구들을 종합하는 방식을 취하였다. 그 과정에서 그가 새롭게 제시한 측정 도구에는, Kanungo가 비판한 대로, 직무 관여의 선행 요인과 결과들이 혼재되어 나타나게 된 것이다.

Kanungo의 Saleh과 Hosek에 대한 비판은 측정 도구의 세부 진술 문항들에 대한 것이지, 그 개념적 요소의 구분 방식에 대한 것이 아니라는 점에 유의할 필요가 있다. 이 점은 Kanungo(1979)가 새롭게 제시한 직무 관여의 개념과 그 척도를 면밀하게 검토해보면 쉽게 이해할 수 있다. 그는 직무 관여를 "심리적 동일시에 대한 인지적 또는 신념 상태"로 규정하고, 이를 측정할 수 있는 진술 문항들을 제시한 바 있다. 그런데, 그의 진술 문항에는 본 연구에서 제기한 헌신의 세 가지 요소들, 즉 정의적 측면의 동일시와 행위적 측면의 관여 그리고 인지적 측면의 가치인식이 모두 포함되어 있다. 예를 들어, "직구가 나라는 존재에게 있어서 매우 중요하다고 생각한다"라는 문항은 가치인식에 해당하고, "직무는 나의 삶이며 양식이며 호흡이다"라는 문항은 동일시에 해당하며, "나는 개인적으로 직무에 매우 관여되어 있다"라는 문항은 관여에 해당한다. 요컨대, Kanungo는 Saleh과 Hosek의 측정 도구가 안고 있던 개념적 과잉 상태를 비판한 것이지, 그들이 제안한 개념적 요소의 구분 방식 자체를 부정한 것은 아니다. 결과적으로 보면, Kanungo의 논의는 Saleh과 Hosek이 제안한 직무 관여의 세 가지 개념적 요소들을 보다 타당한 것으로 만든 셈이다.

본 연구가 설정하고 있는 헌신의 세 가지 개념적 요소에 대한 또 다른 반론으로는 Fishbein과 Ajzen(1975)의 논의가 유력하다. 그들은 '태도'라는 개념을 분석적으로 고찰하면서, 그것을 정의적 특성으로만 규정하는 것이 바람직하다고 주장하였다. 다시 말하여, 태도의 하위 요소로 거론되어 온

인지적 신념, 정서, 행동의도 등 세 가지 요소 가운데, 정서만을 태도로 간주하는 것이 타당하다는 입장이다. 그들은 인지적 신념을 태도(정서)의 선행요인으로 간주하고, 행동의도를 태도(정서)의 결과로 간주하면 태도의 개념이 더 명료해진다고 주장한다.

Fishbein과 Ajzen의 주장은, 비록 그들이 헌신을 직접적인 논의의 대상으로 삼은 것은 아니지만, 헌신의 개념적 요소를 규정하는 데 있어서 인지적, 정의적, 행위적 측면을 포괄적으로 고려하고자 하는 본 연구에 대한 심각한 비판이 될 수 있다. 그들의 주장에는 엄밀한 개념 정의를 연구의 기초로 삼는 심리학 특유의 과학적, 분석적 사고가 반영되어 있다. 문제는 그들의 엄밀한 개념 정의가 현실을 설명하는 데 얼마나 적절한가 하는 것이다. 그들의 주장대로, 개념적 측면에서 볼 때 인지적 신념, 정의적 반응, 행위의도의 세 가지는 서로 무관하다. 다시 말하여, 특정 사상(事象)에 대한 인지로서의 신념은 그 신념을 갖고 있는 사람이 그 사상(事象)을 좋아한다든가 또는 싫어한다는 등의 정보를 반드시 전하는 것은 아니며, 정의적 반응 역시 반드시 행위의도로 나타나는 것은 아니다. 그러나 개념적 차원의 논의와 사실적 차원의 논의는 별개의 것이다. 다시 말하여, 개념적 측면에서 서로 구분되는 신념, 정서, 그리고 행위의도가 현실적으로도 구분되어 나타나는지는 검증되어야 한다는 것이다. 본 연구는 헌신의 개념적 요소로서 인지적 가치인식과 정서적 동일시 그리고 행위적 관여의 세 가지를 설정한 후, 그것들이 하나의 요인으로 나타나는지의 여부를 실증적 자료를 통해 검증할 것이다.

본 연구가 위 세 요소를 헌신 개념 속에 포함하고자 하는 것은 그것이 간명성(parsimony)의 원리에 비추어 볼 때 적절하다고 판단하기 때문이다. 인지적 측면, 정의적 측면, 행위적 측면을 별개의 것으로 구분하고 그 가운데 오직 정의적 측면만을 헌신의 개념으로 규정하는 것은 조직 현실을 설명하는 데 있어서 지나치게 많은 개념이 동원되어야 한다는 것을 의미한다. 이러한 접근 방식은 연구 대상을 보다 치밀하게 분석할 가능성을 높여준다는 점에서 그 의의가 작지 않다. 그럼에도 불구하고 그러한 접근은 연구 대상을 보다 쉽게 이해할 수 있는 가능성을 현저하게 낮춘다는 점에서 한계를 지닌다.

교사 헌신의 본질에 관한 논의를 요약하면 다음과 같다. 헌신은 개인과 그 개인이 가치 있다고 여기는 특정한 대상 사이의 심리적 유대로 정의될 수 있다. 문제는 그 심리적 유대를 구성하는 개념적 속성이 무엇인가 하는 것이다. 이에 대한 선행 연구들의 입장은 태도적 헌신을 중심으로 하고 행위적 헌신을 그 하위 요인으로 포함시키는 입장과, 그와 정반대로 행위적 헌신을 중심으로 하고 태도적 헌신을 그 하위 요인으로 포함시키는 입장으로 나뉜다. 본 연구는 두 입장 모두에 대하여 비판적 입장을 취한다. 태도적 헌신과 행위적 헌신은 그것을 제기하게 된 문제의식이 서로 상이하다고 보기 때문이다. 본 연구는 헌신의 실제적 성과 측면이나 우리나라 교원인사제도의 특성과 직업 세계의 변화의 측면 모두를 고려할 때 교사 헌신의 개념을 규정하는 데에는 태도적 접근이 타당하다는 입장을 취하고 있다. 그리고 이 태도적 헌신은 인지적 측면의 가치인식, 정의적 측면의 동일시, 행위적 측면의 관여의 세 가지 개념적 요소로 구성되어 있다고 가정한다.

다. 교사 헌신의 대상

교사 헌신의 개념을 정립하는 과정에서 두 번째 해결해야 할 질문은 '교사 헌신의 대상은 무엇인가' 하는 것이다. 앞에서 언급한 바와 같이, 학교 조직 이외의 분야에서 논의되는 헌신은 주로 조직 헌신이며, 이 경우 헌신의 대상은 조직이다. 그러나 최근 들어 일반 조직 분야에서도 헌신의 대상이 다양하다는 점에 주목한 연구들이 속속 등장하고 있다(Becker, 1992; Becker & Billings, 1993; Morrow, 1983; Reichers, 1985, 1986; Wallace, 1993; 이기은, 2003; 장재윤, 1996). 헌신의 대상은 같은 조직 내에서도 최고 경영자, 직속 상관, 작업 집단 등 다양할 수 있으며, 특히 전문직의 경우에는 그 초점이 조직의 경계를 벗어난 전문 분야의 규범이나 전문직 공동체 등에 두어질 수 있어서 헌신 대상들 사이의 갈등이 야기될 수도 있다는 점이 밝혀지고 있다.

헌신의 대상과 관련된 논의에서 발견되는 특이한 점은, 조직 내외의 수많은 사상(事象)들이 헌신의 대상으로서 거론되고 있음에도 불구하고, 직무(job)를 헌신 대상으로 논의하는 경우가 드물다는 것이다. 그것은, 앞에서 언급한 바와 같이, 직무에 대한 헌신이 직무 관여라는 별도의 개념으로 상정되어 전혀 다른 연구 주제로 다루어져 왔기 때문이다. 관여(involvement)와 헌신(commitment)은 그 대상에 차이가 있을 뿐 그 개념적 속성이 거의 동일하여 별도의 연구 주제로 취급될 성질의 것이 아니라는 것이 본 연구의 입장이다. 이 점은 직무 관여의 개념과 조직 헌신의 개념을 비교해보면 쉽게 납득할 수 있다.

직무 관여에 관한 연구에서 선구적 역할을 한 Lodahl과 Kejner(1965)는 직무 관여를 "개인의 직무 수행이 그의 자존감에 영향을 주는 정도"(p.25)로 규정하면서, 직무에 관여된 사람은 직무가 그의 삶의 매우 중요한 부분이 된다고 주장하였다. Lawler와 Hall(1970)은 직무 관여를 "직무에 대한 심리적 동일시로서, 직무 상황이 한 개인과 그의 정체성에 있어서 중요한 정도"(pp.310-311)로 정의한다. 이와 유사하게, Kanungo(1982)도 직무 관여를 "심리적 동일시에 대한 인지적 신념 상태"(p.342)로 정의하고 있다. 이들을 종합하여 Muchinsky(2003)는 직무 관여를 "한 개인이 자신의 일에 대하여 심리적으로 일체감을 가지고 있고 자아상(self-image)에서 자신의 일이 차지하는 중요도"(p.415)라고 규정한다. 직무 관여의 다양한 정의에서 공통적으로 발견되는 '직무에 대한 심리적 동일시'는 조직 헌신 개념의 정서적 동일시와 차이가 없다. 다시 말하여, 직무 관여와 조직 헌신은 그 대상이 각각 '직무'와 '조직'이라는 차이를 제외하면, 특정 대상에 대한 심리적 유대 또는 동일시라는 점에서는 동일하다.

직무 관여와 조직 헌신의 개념적 유사성에 주목하여 그것들을 통합하려는 노력이 일부 학자에 의해 시도되었다. Mowday 등(1982)은 직무 관여와 조직 헌신을 포괄하는 새로운 범주로서 작업 헌신(work commitment)이라는 개념을 제안한 바 있다. 이들의 시도는 Morrow(1983)의 연구로 이어졌으며, 이 연구는 헌신 개념에 대한 포괄적인 이해의 틀을 제시한 것으로 평가되고 있다. 그는 헌신 또는 관여와 관련된 개념과 그 측정 도구들이 개념적 과잉 상태를 보일 뿐만 아니라, 직무나 조직 또는 가치 등과 관련하여 연구자들이 논리적으로 구분한 개념들에 대해서 설문 응답자들이 동일하게 구분하고 있는지에 대하여 논란의 여지가 있다고 비판하면서, 작업 헌신의 여러 하위 개념에 대한 경험적 비교가 필요하다고 주장하였다. Morrow(1993)는 개인이 일을 할 때 자신의 직무, 조직, 직업과 같은 다양한 측면에 헌신할 수 있다는 점을 역설하였다. 직업 헌신은 개인이 자신의 직업에 대하여 느끼는 정서적 애착을 말한다. 조직 헌신은 자신이 일하고 있는 회사에 대한 충성심을 나타낸다. 직무 관여는 가장 좁은 측면에 초점을 둔 헌신으로서, 자신이 하는 직무에 대한 충성심을 나타낸다. 이를 테면, 어떤 사람은 직업 헌신도가 높지만 조직 헌신도는 낮을 수 있다. 이 경우 그는 직업은 그대로 유지하면서 다른 직장으로 쉽게 옮길 수 있다. 또 어떤 사람은 조직 헌신도는 높지만 직무 관여도는 낮을 수 있다. 이 경우 그 개인은 동일한 조직 내에서 다른 직무로 옮기기를 희망할 가능성이 크다. Morrow가 제안한 헌신의 개념적 틀[15]은 여러 후속 연구를 통해서 그 경험적 타당성이 검증되었다. Cohen(1999)은 작업 헌신에 대한 Morrow의 개념을 경험적으로 지지하는 증거를 발견하지 못했으나, Lee

---

15) 사실 그가 제안한 헌신의 개념적 틀에는 직무, 조직, 직업 이외에 직업윤리가 더 포함되어 있으나, 여기에서는 본 연구의 초점과 직접 연관되는 것으로 논의를 국한한다.

54

등(2000)은 조직 행동의 다양한 측면을 이해하는 데 있어서 직업 헌신의 중요성을 지지하는 결과를 얻었다. Meyer와 Allen(1997)은 종업원들이 자신이 하는 일의 여러 다른 측면(직무, 조직, 직업)에 대하여 다양한 수준의 헌신을 느낄 수 있으며, 작업 헌신이 무엇을 의미하는지에 대하여 앞으로 더 연구가 필요하다고 결론을 내리고 있다.

요컨대, 헌신의 대상은 조직뿐만 아니라 특정 집단이나 가치 또는 직무나 직업 등 다양할 수 있다. 문제는 교사 헌신의 개념을 규정하는 데 있어서 그 대상을 어떻게 규정하는 것이 타당한가 하는 것이다. 교사 헌신의 대상은 무엇인가? 앞에서 지적한 바와 같이, 국내의 관련 연구물 가운데 교사 헌신의 대상이 다양하다는 점에 주목한 연구는 그 예를 발견하기가 쉽지 않다. 이에 비해 외국의 관련 연구물 중에는 교사 헌신의 대상이 조직에 국한되지 않는다는 것을 밝히려는 연구들이 상당수 존재한다(Coladarci, 1992; Dannetta, 2002; Firestone & Rosenblum, 1988; Kushman, 1992; Nir, 2002). 이들 연구들을 종합해볼 때, 교사 헌신의 대상은 크게 세 가지로 제시되고 있다.

첫째는 수업에 대한 헌신이다. 이것은 교사들이 가르치는 일에 대하여 갖고 있는 심리적 애착의 수준을 반영한다(Coladarci, 1992). 둘째는 학생에 대한 헌신이다. 이것은 학생들의 학문적 성취도나 그들의 사회경제적 지위에 관계없이 학생들의 학습활동을 돕거나(Kushman, 1992), 교실에서 학생들의 사회적 관계를 증진하는(Nir, 2002) 등의 활동에 교사가 전념하는 정도를 가리킨다. 셋째는 학교 조직에 대한 헌신이다. 이것은 교육 활동이 전개되고 있는 장(場)으로서의 학교 조직에 대하여 교사가 가진 심리적 애착의 정도를 의미한다(Reyes, 1990).

그런데 이와 같이 교사 헌신의 대상을 구분하는 것은 실제적인 의미가 있는가? 이를 테면, 수업에 헌신하는 교사가 학생이나 학교 조직에는 헌신하지 않거나, 수업과 학생에 헌신하는 교사가 학교 조직에 대해서는 헌신하지 않는 경우들이 사실적으로 존재하는가? 이 문제는 규범적 차원과 기술적 차원의 두 가지 방향에서 검토할 수 있다. 전자는 '바람직한 교사 헌신은 무엇인가'라는 질문을 중심으로 교사 헌신의 개념을 규정하는 것이며, 후자는 '실지로 교사는 어떤 대상에 헌신하고 있는가'라는 질문을 중심으로 그 개념에 접근하는 것이다.

규범적인 차원에서 볼 때, 세 가지 대상에 대한 교사 헌신은 서로 일치하는 것이 바람직하다. 만일 어떤 교사가 자신의 교과를 가르치는 일에는 헌신적이지만, 학생에게 무관심하거나 학교 조직의 가치를 실현하는 데 소극적이라면 이는 바람직한 현상이라고 보기 어렵다. 역으로 학교 조직의 목표를 달성하는 데 적극적이지만 정작 자신의 수업에 소홀하다면 이 역시 문제가 아닐 수 없다. 이러한 바람직하지 못한 사태는 학교 조직의 목표가 모호하다는 점에 기인하는 것이라고 할 수 있다. 교사가 수업을 열심히 하면서도 학생의 성장에 지속적인 관심을 보이며 이러한 교사의 활동이 그대로 학교 조직이 추구하는 목표와 가치가 될 때 비로소 교사 헌신은 그 대상의 일치를 경험하게 될 것이다.

교사 헌신의 대상이 일치하는 것이 바람직하다는 규범적 차원의 논의에도 불구하고, 실지로 교사들은 다양한 대상에 다양한 정도로 헌신하고 있으며 어떤 대상에 헌신하느냐에 따라 갈등 상황을 겪을 수 있다(Kushman, 1992; Firestone & Pennell, 1993). 이러한 현실은 학교 조직의 독특한 특성에 연유한다. 학교는 '느슨하게 결합된 조직'으로서 그 하위 단위와 사건들이 각각 자체의 정체성을 보존하면서 물리적, 논리적 독립성을 유지하고 있다(Weick, 1976). 학교 조직의 이러한 특성은 교사들이 특히 수업과 학생지도와 관련하여 상당한 재량권을 보유하고 있다는 것을 의미하며, 이것은 학교 조직의 목표와 교사 개인의 목표가 서로 상충될 가능성이 있다는 것을 시사한다.

Meyer와 Rowan(1978) 역시 학교의 중심적 활동인 수업이 조직구조의 통제로부터 벗어나 있음을 지적하면서, 그럼에도 불구하고 학교가 안정적으로 존속할 수 있는 것은 그것이 현대사회에서 고도로 제도화되어 있기 때문이라고 주장하였다. 학교는 고도로 제도화된 규칙과 신념에 따라 다양한 의례적 범주들, 이를 테면 학년 구분, 학급 편성, 자격증에 의한 교사 선발, 교육과정 구성, 입학과 졸업 등과 같은 범주들을 갖추고 있다. 이러한 제도화된 범주적 규칙들이 사회적으로 인정되고 학교가 그러한 범주적 규칙들에 순응할 때 학교는 비로소 일정한 권한과 자원을 보유하게 된다는 것이 Meyer와 Rowan의 주장이다. 이들의 주장은 교사 헌신의 대상과 관련하여 중요한 함의를 갖는다. 그것은 학교 조직이 추구하는 목표와 가치와, 교사들이 추구하는 목표와 가치가 서로 충돌할 가능성이 크다는 것이다. 가령, 교사는 교육의 본질적 가치에 관심을 두고 가르치는 일에 헌신하는 반면, 학교 조직은 제도적 정당성 확보에 일차적인 관심을 갖고 있다면 양자 간의 갈등은 충분히 예상할 수 있는 일이다.

학교 조직의 이러한 현실은 교사 헌신의 대상을 연구하는 데 있어서 기술적 접근이 필요하다는 것을 말해준다. 그리하여 실지로 교사들이 헌신하는 대상들은 무엇이며 그 대상들은 서로 어떤 관계를 갖는가, 또는 교사 헌신의 대상이 달라짐에 따라 그것에 영향을 미치는 요인들은 어떻게 변하는가 등에 관한 대답을 모색하는 것은 교직 사회의 현실을 이해하는 데 중요한 단서를 제공해준다. 이는 규범적 접근을 통하여 교사 헌신의 바람직한 방향을 제시하는 것과는 전혀 다른 연구 주제이다.

이상의 논의를 종합해볼 때, 교사 헌신은 교사가 교육 활동과 관련하여 가치 있다고 여기는 특정한 대상에 대하여 갖는 심리적 유대의 정도로 정의될 수 있다. 보다 구체적으로, 교사 헌신은 교사가 수업이나 학생 또는 학교 조직에 대하여 갖는 인지적 측면의 가치인식, 정의적 측면의 동일시, 그리고 행위적 측면의 관여의 정도를 의미한다. 〈표 Ⅱ-1〉은 교사 헌신의 대상과 그 개념적 속성을 요약한 것이다. 본 연구에서 규정된 교사 헌신은 소극적 차원에서 조직에 남아 있고자 하는 욕구나 의지를 가리키는 것이 아니라, 헌신 대상의 가치를 지속적으로 실현하려는 적극적 의미를 가지고 있다는 점에서 기존 연구의 접근 방식과 차이가 있다. 한 가지 언급해 둘 것은 교사 헌신의 정의에서 그 대상으로 포함된 세 가지는 이론적 차원에서 잠정적으로 제안된 것이며, 따라서 실증적인 자료를 통해서 확인될 필요가 있다는 것이다.

〈표 Ⅱ-1〉 교사 헌신의 대상과 개념적 속성

대 상	개념적 속성	사전적 정의
수 업	가치인식	수업이 교사로서의 삶에 중요하다고 인식하는 정도
	동일시	수업에 다하여 정서적으로 느끼는 일체감의 정도
	관 여	수업을 잘 하기 위하여 적극적으로 노력하려는 의지
학 생	가치인식	학생이 교사로서의 삶에 중요하다고 인식하는 정도
	동일시	학생에 다하여 정서적으로 느끼는 일체감의 정도
	관 여	학생의 교육적 성장을 위하여 적극적으로 노력하려는 의지
학교 조직	가치인식	학교 조직이 교사로의 삶에 중요하다고 인식하는 정도
	동일시	학교 조직에 대하여 정서적으로 느끼는 일체감의 정도
	관 여	학교 조직의 목표와 가치의 실현을 위하여 적극적으로 노력하는 의지

3. 교사 헌신의 관련 변인 탐색

가. 헌신 관련 변인의 논의 구조

헌신의 선행 변인이 무엇인가 하는 것은 헌신 관련 연구의 초기부터 관심이 집중되었던 연구 주제이었으며, 그 연구 결과 또한 풍부하게 축적되어 있다. 대체적으로, 이 연구들은 헌신의 선행 변인들을 몇 개의 변인군

58

으로 묶은 뒤, 각 변인 또는 변인군이 헌신에 대하여 어느 정도 기여하는 지를 파악하는 데 초점을 두고 있다. 선행 변인들을 어떻게 설정하고 이들을 어떤 방식으로 모형화하고 있는가 하는 것은 본 연구 모형의 설정과 관련하여 매우 중요한 문제이다.16)

헌신의 선행 변인들을 분류하는 방식은 연구자에 따라 매우 다양하다. Steers(1977)는 개인 특성, 직무 특성, 작업 경험의 세 가지 변인군을 설정한 반면, Stevens 등(1978)은 똑같이 세 가지 변인군을 제시하면서도 개인 특성, 역할 특성, 조직 특성을 설정하고 있다. 이를 종합하여 Mowday 등 (1982)은 개인 특성, 역할 특성, 작업 경험, 구조적 특성의 네 가지 변인군을 제안하고 있다. 한편, 헌신에 관한 연구들에 대해서 메타 분석을 실시한 Mathieu와 Zajac(1990)은 개인 특성, 직무 특성, 역할 특성, 조직 특성, 지도자-집단 관계의 다섯 가지 변인군으로 분류하고 있다. 헌신의 선행 변인에 대한 이와 같은 분류 방식은 국내 연구에서도 비슷하게 나타나고 있다(노민구, 1995; 신현석, 가신현, 1997).

한편, 각 변인군에 어떤 변인들이 포함되는가에 대한 견해 역시 연구자에 따라 커다란 차이를 보인다. Mathieu와 Zajac(1990)의 견해에 의하면, 개인 특성 변인군에는 성, 연령, 교육수준, 결혼여부, 직위, 효능감, 보수, 작업윤리 등이; 직무 특성 변인군에는 기술 다양성, 과업 자율성, 직무 도전감, 직무 범위 등이; 역할 특성 변인군에는 역할모호성, 역할갈등, 역할 과중 등이; 조직 특성에는 조직 규모, 집중화 등이; 그리고 지도자-집단 관계 변인군에는 집단 응집성, 과업 독립성, 지도자의 배려, 참여적 의사결정 등이 포함된다. 비록 Mathieu와 Zajac이 헌신의 관련 변인에 대한 방대한 문헌들을 종합적으로 분석하고 있음에도 불구하고, 이들과 다른 견해를

---

16) 본 연구에서 고찰하고자 하는 것은 헌신의 선행 변인이다. 그런데 기존 연구들의 분석 모형에는 선행 변인 이외에도 헌신의 결과 변인 또는 상호 영향 변인 등이 함께 포함되어 있는 경우가 많다. 본 연구에서는 문제의식의 초점을 흐리지 않기 위하여 헌신의 선행 변인에 관한 것으로 논의를 제한한다.

제시한 연구들이 적지 않다(Mowday, Steers, & Porter, 1982; Steers, 1977; Stevens, Beyer, & Trice, 1978; Meyer & Allen, 1997; 느민구, 1995; 신현석, 가신현, 1997). 이를 테면, 개인 특성 변인군의 경우, 성, 연령, 경력, 학력과 같은 인구통계학적 특성들은 별다른 차이 없이 제시되는 반면, 사회심리적 특성들은 성취 욕구, 직업관, 윤리의식, 효능감, 변화에 대한 태도 등이 연구자에 따라 다양하게 사용되고 있다. 직무 특성이나 역할 특성 또는 작업 경험 특성에 포함되는 변인들도 연구자에 따라 서로 상이하게 분류되는 경우가 많다.

헌신 관련 변인에 대한 논의 구조를 종합해볼 때, 기존 연구들은 헌신의 선행 변인들을 몇 가지 변인군으로 유목화하고 있으며, 연구자에 따라 변인군의 종류를 어떻게 설정하는가와 그 변인군에 어떤 하위 변인들을 포함하는가에 있어서 차이를 보이고 있다. 문제는, 기존의 분석 모형에서 그 다양한 변인 또는 변인군들이 그것에 붙여진 명칭에 관계없이 개인 수준 변인으로 환원되고 있다는 것이다. 이 점은 본 연구 모형의 설정과 관련하여 중요한 의미를 내포하고 있다. 앞에서 언급한 바와 같이, 헌신의 선행 변인군은 개인 특성, 직무 특성, 역할 특성, 작업 경험 특성, 조직 특성 등이 거론되고 있다. 그런데, 과연 이 변인군들은 그 변인군의 이름에 해당하는 속성을 온전하게 드러낸다고 볼 수 있는가? 이를 테면, 조직 특성 가운데 하나로 거론되고 있는 지도성 변인은 엄밀한 의미에서 조직 특성이라고 할 수 있는가? 대부분의 선행 연구에서는 조직지도자의 지도성은 조직구성원의 헌신에 유의미한 영향을 미친다고 보고하고 있으며, 이 경우 지도성은 조직 특성 변인군으로 분류되는 것이 일반적이다. 그러나 지도성을 그 변인 값이 부여되는 방식에 관계없이 무조건 조직 특성으로 분류하는 것은 논란의 여지가 있다. 지도성 변인을 어떻게 측정하여 어떤 방식으로 점수를 부여하느냐에 따라 그 변인을 어느 변인군에 포함시킬 것인지가 결정되어야 한다는 것이 본 연구의 입장이다.

서론에서 언급한 바와 같이, 헌신 관련 기존 연구들은 다중회귀분석과 같은 전통적 통계 기법을 사용하고 있으며, 이 경우 분석의 단위는 응답자 개인이다. 다시 말하여, 회귀분석에서 사용되는 지도성 변인은 '구성원 개개인이 인식하는 조직의 지도성 수준'으로 측정된다. 따라서 지도성은 분명히 조직의 고유한 특성임에도 불구하고 그것을 측정하고 점수화하는 과정에서 응답자 개인에 따라 상이한 값을 갖게 되며 그 상이한 값이 그대로 분석 모형에 투입된다. 이렇게 되면, 지도성은 엄밀하게 말하여, '조직 특성'이라기보다는 '조직 특성에 대한 개인의 인식'을 의미하게 된다.

이러한 지적은 조직 규모나 설립 유형과 같이 조직에 고유한 값이 부여되는 일부 변인들을 제외한 거의 대부분의 변인들에 그대로 해당된다. 개인 특성들은 물론이거니와, 직무 특성으로 거론되는 기술다양성, 과업자율성, 도전감, 직무범위; 역할 특성으로 거론되는 역할모호성, 역할갈등, 역할과중; 조직특성으로 거론되는 집중화, 학습 기회, 참여적 의사결정과 같은 대부분의 변인들은 응답자 개인의 인식을 통해서 그 값이 산출되며, 이렇게 산출된 값은 그대로 분석 모형에 투입된다. 요컨대, 헌신에 관한 기존 연구에서 개인 특성 변인군에 대비되어 제시된 여러 변인군들은 기실 또 다른 형태의 개인 수준 변인이라고 할 수 있다.

이러한 문제의식에 따라 본 연구는 헌신에 영향을 미치는 변인들을 개인 수준 변인과 조직 수준 변인으로 크게 구분하되, 조직 수준 변인에 포함되는 하위 변인들의 값을 부여한 데 있어서 조직의 특성을 최대한 반영하는 방식을 택하고자 하였다. 그 구체적인 절차와 방법은 연구방법을 논하는 III장에서 논의하겠지만, 그 핵심적인 아이디어는, 개인 수준 변인들의 값이 개인별로 하나의 값을 갖게 되는 것과 마찬가지로, 조직 수준 변인들의 값을 조직에 따라 하나의 값을 갖도록 한다는 것이다. 본 연구의 목적이 교사 헌신에 대한 학교 수준 변인들의 효과를 밝히는 데 있다는 점을 고려할 때, 학교 수준 변인을 어떻게 설정하고 그 값을 어떻게 부여하느냐 하는 것은 연구 설계의 핵심 가운데 하나이다.

한편, 교사 수준 변인들이 교사 헌신에 어느 정도 영향을 미치는가 하는 것은 본 연구의 주된 관심사가 아니다. 그럼에도 불구하고 그것들을 본 연구 모형에 포함시키는 것은 학교 수준 변인들의 고유한 효과를 드러내기 위한 방편이다. 다시 말하여, 본 연구에서 교사 수준 변인들은 학교 수준 변인들의 효과를 엄밀하게 파악하기 위한 통제 변인으로 사용된다. 이하에서는 절을 바꾸어, 교사 헌신에 영향을 미치는 변인들에 대한 선행 연구 결과들을 검토하되, 교사 수준 변인과 학교 수준 변인으로 나누어 고찰한다.

나. 교사 수준 변인

교사 헌신에 영향을 주는 교사 수준 변인은 인구통계학적 변인과 사회심리적 변인으로 구분할 수 있다. 성, 연령, 경력, 직위, 학력 등과 같이 비교적 계량화하기 쉬운 인구통계학적 변인들이 헌신에 영향을 준다는 것은 헌신에 관한 초기 연구에서부터 꾸준히 밝혀져 왔다. 최근 들어서는 가인의 심리적 성향이나 효능감과 같은 비계량적인 사회심리적 변인들이 헌신에 미치는 효과가 큰 것으로 보고되고 있다. 선행 연구들에서 교사 헌신게 유의미한 영향을 주는 것으로 밝혀진 교사 수준 변인들을 종합하여 〈표 Ⅱ-2〉에 제시하였다.

〈표 Ⅱ-2〉 교사 헌신에 영향을 미치는 교사 수준 변인

연구자	인구통계학적 변인	사회심리적 변인
Hrebiniak & Alutto (1972)	성, 연령, 결혼여부, 부모 직업, 종교	상위 교육 추구 의지, 대인 신뢰도, 권위주의 성향
Reyes(1989)	성, 직위, 교직경력, 학력	
Rosenholtz & Simpson (1990)	교직경력	직무 수행 효능감, 심리적 보상
Kushman(1992)	연령, 보수수준, 현 학교 근무경력	
Riehl & Sipple (1996)	성, 결혼여부, 학력, 교직경력	학급규모 선호, 사명감, 보수 수준 선호
Joffres & Haughey (2001)		교수 효능감, 공동체 의식
Park(2003)	성, 인종, 담당과목	
유현숙(1981)	결혼여부	
정우진(1994)	성, 연령, 학력, 결혼여부, 교직경력, 직위, 담당과목	
노민구(1995)	성, 직위	업무수행 효능감, 심리적 보상
신현석과 가신현(1997)	교직경력	교직관, 소진감
김형균(1999)	연령, 교직경력, 현 학교 근무경력, 담당과목, 배우자 직업 유무	
이일권(2003)	성, 직위	

위 표에서 보듯이, 교사 헌신에 유의한 영향을 미치는 교사 수준 변인은 연구자에 따라 다양하게 제시되어 있다. 이 가운데 2개 이상의 연구물에서 공통적으로 발견되는 변인은 성, 연령, 교직경력, 결혼여부, 직위, 학력 등의 인구통계학적 변인과 교수 효능감과 긍정적 피드백(심리적 보상) 등의 사회심리적 변인이다. 이하에서는 이들 변인들이 교사 헌신에 미치는 효과를 보다 구체적으로 살펴본다.

1) 인구통계학적 변인

교사의 성별이 헌신에 미치는 효과는 연구자에 따라 상이하게 제시되고 있다. 대체적으로 말하여, 외국의 경우에는 여교사가 남교사보다 헌신 수준이 높다는 연구 결과가 많지만(Hrebiniak & Alutto, 1972; Park, 2003; Reyes, 1989),[17] 우리나라의 경우에는 그와 정반대로 남교사가 여교사보다 높다거나(노민구, 1995; 이일권, 2003), 성별이 헌신에 유의미한 영향을 주지 않는다(김형균, 1999; 신현석, 가신현, 1997; 유현숙, 1981)는 연구 결과가 더 많은 편이다. 교사의 헌신을 전문직 헌신과 조직 헌신으로 구분한 Riehl과 Sipple(1996)에 의하면, 성 변인은 조직 헌신에 대해서만 유의한 효과를 가질 뿐, 전문직 헌신에 대해서는 의미 있는 영향을 미치지 않는다. 즉, 조직 헌신 수준에 있어서 여교사가 남교사보다 높으나, 전문직 헌신에 있어서 양자의 차이는 없다는 것이다. 특이하게도, 정우진(1994)은 남녀교사의 조직 헌신 수준 차이가 과목에 따라 상이하다고 밝히고 있다. 그에 의하면, 체육교사의 경우 남교사가 여교사보다 헌신 수준이 높지만, 예능교사의 경우 여교사가 남교사보다 높다.

성별이 헌신에 영향을 주는 이론적 근거에 대해서는 아직 본격적인 논의가 형성되어 있지 않다. 교사의 성과 헌신의 관련성이 학교가 속한 지역 또는 국가의 문화적 특성이나 교사가 담당한 과목의 특수성에 따라 의미 있는 차이를 보이는지, 차이가 있다면 그 원인은 무엇인지 등에 대해서 심층적인 후속 연구가 진행되어야 할 것이다. 앞에서 언급한 바와 같이, 본 연구에서 교사 수준 변인은 학교 수준 변인의 효과를 파악하기 위한 통제 변인으로 사용되기 때문에 이에 대한 본격적인 논의는 다루지 않는다. 다만, 교사 수준 변인들이 교사 헌신에 어떤 효과를 갖는지에 대해서는 검증 기회를 갖게 될 것이다.

---

17) 예외적으로 Kushman(1992)은 남녀교사의 헌신 수준에 유의미한 차이가 없는 것으로 보고하였다.

64

연령이 교사의 헌신에 미치는 효과에 대해서도, 선행 연구들은 서로 다른 분석 결과를 내놓고 있다. 고연령 교사가 저연령 교사보다 헌신 수준이 높다는 연구 결과도 있으며(Hrebiniak & Alutto, 1972), 연령은 헌신에 유의한 영향을 미치지 않는다는 보고도 발견된다(Park, 2003; 유현숙, 1981). 최근 들어서는 연령과 헌신은 직선적 관계가 아닌 곡선적 관계를 맺고 있다는 연구들이 주종을 이루고 있다(김형균, 1999; 정우진, 1994). 이 경우 고연령 교사나 저연령 교사가 중간연령 교사에 비해 헌신 수준이 상대적으로 높은 것으로 보고되고 있다. 교사의 헌신을 학교 조직 헌신과 학생 학습 헌신으로 구분한 Kushman(1992)은, 학교 조직 헌신도는 연령이 많을수록 높지만 학생 학습 헌신도는 연령에 따른 차이가 없다고 밝히고 있다.

교직경력이 교사의 헌신에 미치는 효과는 연령의 경우와 비슷하게 나타나고 있다. 즉, 경력이 높을수록 헌신 수준이 높다는 연구(Reyes, 1989; 정우진, 1994), 경력과 헌신이 상호 무관하다는 연구(Kushman, 1992; Park, 2003; 노민구, 1995; 신현석, 가신현, 1997; 유현숙, 1981; 이일권, 2003), 그리고 양자가 곡선적 관계를 갖는다는 연구(Rosenholtz & Simpson, 1990; 정우진, 1994)들이 혼재되어 있다.[18) Riehl과 Sipple(1996)에 의하면, 전문직 헌신 수준은 경력에 따른 차이가 없으나 조직 헌신 수준은 경력이 높을수록 높다.

헌신의 선행 변인으로서 연령 변인과 경력 변인을 동시에 사용하는가, 아니면 어느 한 변인만을 선택적으로 사용하는가 하는 것도 연구자에 따라 상이하다. Kushman(1992), Park(2003), 김형균(1999), 유현숙(1981), 정우진(1994) 등은 전자의 입장에 서 있는 반면, Riehl과 Sipple(1996), Rosenholtz와 Simpson(1990), 노민구(1995), 신현석과 가신현(1997), 이일권(2003)

---

18) 정우진(1994)에 의하면, 연령뿐만 아니라 경력의 효과 역시 교사의 담당과목에 따라 차이가 있다. 체육교사의 경우 연령이나 경력은 헌신과 곡선적 관계를 갖고 있는 반면, 예능교사의 경우 연령이나 경력이 높을수록 헌신 수준이 높다고 그는 보고하고 있다.

등은 후자의 입장에 서 있다.[19] 이 문제는 연령과 경력의 상관관계가 어느 정도인지를 기준으로 판단할 성질의 것이다. 상관 정도가 클 경우 다중공선성(collinearity)의 문제가 발생하기 때문이다. 따라서 본 연구는 일단 두 변인을 모두 측정한 다음 양자의 상관관계를 분석하여 선택적 투입 여부를 결정할 것이다.

결혼여부의 헌신에 대한 효과와 관련해서도 선행 연구들 사이에서 일치된 견해를 발견하기 어렵다. 기혼 교사가 미혼교사보다 헌신적이라는 연구도 있는 반면(Hrebiniak & Alutto, 1972), 미혼교사가 기혼 교사보다 헌신적이라는 연구도 있고(유현숙, 1981), 결혼여부는 헌신과 무관하다는 연구도 있다(김형균, 1999; 노민구, 1995; 이일권, 2003). Riehl과 Sipple(1996)에 의하면, 전문직 헌신에 대해서는 기혼 교사가 미혼교사보다 더 헌신적이지만, 조직 헌신에 대해서는 결혼여부에 따른 차이가 없다. 정우진(1994)은 담당과목에 따라 결혼여부가 헌신에 미치는 효과가 달라진다는 분석 결과를 내놓고 있다. 그에 의하면, 체육교사들은 미혼교사가 기혼 교사보다 더 헌신적이지만, 예능교사들은 미혼교사가 기혼 교사보다 더 헌신적이다.

직위 변인을 교사 헌신에 대한 선행 변인으로 사용하는 경우는 주로 국내 연구에서 발견되며, 외국의 연구에서는 그 예를 찾기 힘들다. 대체적으로 말하여, 보직교사의 조직 헌신 수준이 평교사의 그것에 비해 높은 것으로 나타났으나(노민구, 1995; 이일권, 2003; 정우진, 1994), 직위의 조직 헌신에 대한 효과가 유의미한 것으로 나타나지 않는다는 연구 결과도 일부 제시되고 있다(신현석, 가신현, 1997).

학력과 헌신의 관계에 있어서는, 양자 사이에 유의미한 관련이 없다는 연구들이 많지만(Kushman, 1992; Park, 2003; 노민구, 1995; 김형균, 1999), 학력 수준이 높을수록 헌신 수준은 낮아진다는 연구와(Reyes, 1989), 학력

---

19) 두 변인 가운데 하나를 선택하는 경우, Hrebiniak와 Alutto(1972)를 제외한 거의 대부분의 연구들은 경력 변인을 선택하고 있다.

이 높을수록 헌신 수준도 높아진다는 연구(정우진, 1994)도 함께 제시되고 있다. Riehl과 Sipple(1996)에 따르면, 전문직 헌신은 학력과 무관하지만, 조직 헌신은 학력이 높을수록 그 수준이 낮아진다. Hrebiniak와 Alutto(1972)는 학력 변인 대신 '상위 수준의 교육을 받으려는 의지'를 변인으로 투입하여 그것과 조직 헌신의 관련성을 탐색하였는데, 여기에서도 상위 수준의 교육을 받으려는 교사일수록 헌신 수준이 낮다는 것을 발견하였다.

2) 사회심리적 변인

선행 연구들에서 교사의 사회심리적 특성 가운데 헌신에 영향을 주는 변인으로 논의되는 것은 교수 효능감과 긍정적 피드백(심리적 보상)이다.

교수 효능감은 학생들의 성취 및 행동 수정에 있어서 교사의 영향력에 대한 교사 자신의 지각을 의미한다(Bandura, 1977). 다시 말하여, 그것은 학생의 학습을 교사가 어느 정도 도울 수 있느냐에 대한 지각의 정도로서, 교사로서 혹은 교사 개인으로서 학생의 학습 성장에 영향을 미치는 능력에 대한 믿음을 가리킨다. Gibson과 Dembo(1984)는 Bandura의 논의를 발전시켜 교수 효능감을 일반적 교수 효능감과 개인적 교수 효능감으로 구분하였다. 일반적 교수 효능감(general teaching efficacy)은 교수 행위와 학습 결과 간의 일반적 관련성에 대한 교사의 신념 체계로서, 환경적 변인과 비교하여 교수 변인이 학생들의 학습 결과와 행동에 얼마나 영향을 미칠 것인지에 대한 교사의 지각을 의미한다. 개인적 교수 효능감(personal teaching efficacy)은 교사 자신의 개인적 교수 능력에 대한 믿음으로서, 학생들의 지각과 행동에 자기 자신이 얼마나 영향을 미칠 수 있는지에 대한 자기 지각을 의미한다.

이러한 교수 효능감은 교사 헌신에 상당한 영향을 미치는 것으로 알려져 있다(Joffres & Haughey, 2001; Rosenholtz, 1989; Rosenholtz & Simpson, 1990; 노민구, 1995). Rosenholtz(1989)에 의하면, 교사가 가르치는 활동에

헌신하는 것은 그가 교사로서의 전문성에 대해 얼마나 확신하느냐에 달려 있다. 자신의 수업 기술이 학생들을 변화시킬 수 있다고 확신하는 교사는 가르치는 활동에 헌신하게 되며 그러한 헌신은 다시 학생들이 학습할 수 있다는 기대감을 강화시킨다. 반면에, 수업 기술에 대한 확신이 없는 교사는 좌절과 실패를 예상하고 위험을 회피하여 결국 가르치는 일에 대한 헌신 수준을 낮춘다.

긍정적 피드백은 직무 자체에 대한 자부심 또는 직무 수행 결과에 대한 타인의 긍정적 평가를 의미하며, 이 점에서 그것은 교사의 심리적 보상이라고 할 수 있다. 앞에서 논의한 교수 효능감이 교육 활동과 그 성과와 관련하여 교사의 영향력에 대한 지각으로서 투입 측면의 사회심리적 변인이라면, 긍정적 피드백 변인은 교육 활동과 그 성과에 대한 자기 또는 타인의 평가로서 산출 측면의 사회심리적 변인이라고 할 수 있다. 이러한 긍정적 피드백은 직무 그 자체로부터 발생할 수도 있고(Hackman & Oldham, 1980), 직무 수행에 대한 타인의 인정으로부터 얻을 수 있다(Rosenholz, 1989). 교사에게 있어서 긍정적 피드백은 자신의 교육 활동이 학생들의 성장과 발전에 도움이 된다고 인식하거나(Lortie, 1975), 동료 교사, 교장, 학부모 또는 학생들로부터 자신의 노력을 인정받을 때 발생한다(Kasten, 1984; Rosenholtz, 1985).

선행 연구들은 긍정적 피드백이 교사 헌신에 큰 영향을 미치는 것으로 보고하고 있다(Rosenholtz, 1989; Rosenholtz & Simpson, 1990; Short & Rinehart, 1992). 자신의 교육 활동이 성공적이라고 인식하거나 자신의 노력이 주목받고 있다고 인식할 때 교사는 자신의 직무에 헌신하게 되지만, 그렇지 못할 때 교사는 좌절을 경험하게 되고 심한 경우 소속된 학교를 떠나려는 생각을 갖게 된다(Kasten, 1984).

이상의 논의를 종합해볼 때, 교사 헌신은 성이나 경력과 같은 인구통계학적 변인뿐만 아니라 교수 효능감이나 긍정적 피드백과 같은 사회심리적 변인의 영향도 크게 받는다. 따라서 학교 조직의 특성이 교사 헌신에 어떠한 영향을 미치고 있는지, 나아가 교육행정 차원의 정책적 노력을 통해 교사 헌신이 어느 정도 제고될 수 있는지를 탐색하기 위해서는 이와 같은 교사 개인 차원의 영향력을 통제하는, 보다 분석적인 연구가 필요하다. 이에 본 연구는 성, 연령, 교직경력, 결혼여부, 직위, 학력 등 여섯 개의 인구통계학적 변인과 개인적 교수 효능감, 일반적 교수 효능감, 긍정적 피드백 등 세 개의 사회심리적 변인을 교사 수준 통제 변인으로 선정하였다.

한 가지 주목할 것은 통제 변인으로서의 성격에 있어서 인구통계학적 변인들과 사회심리적 변인들 간에 차이가 있다는 것이다. 전자는 비교적 순수한 의미의 교사 개인적 특성으로서 학교 조직의 영향을 덜 받는 반면, 후자는 교사의 개인적 특성뿐만 아니라 학교의 조직적 특성의 영향을 강하게 받는다. 이를 테면, 교사의 효능감은 교사 개개인의 성격이나 능력 또는 과거의 경험에 의해 영향 받기도 하지만, 그러한 교사의 경험은 그가 속한 학교 조직의 다양한 영향을 받는다고 볼 수 있다. 이 점을 고려할 때, 인구통계학적 변인과 달리, 교사의 사회심리적 변인을 교사 수준 통제 변인으로 투입하는 것은, 학교 수준 변인이 교사의 학교 내 경험을 통하여 교사 헌신에 미치는 간접적 효과의 측면을 부당하게 배제하는 것이다.

이 문제는 본 연구에서 적용하고자 하는 방법론인 위계적 선형 모형을 통해서 직접적으로 해결될 수 없다. 후술할 바와 같이, 위계적 선형 모형은 다층 자료의 특성을 충분히 고려한 학교 효과 분석을 가능하게 했다는 점에서 장점을 갖고 있지만, 학교 수준 변인들과 교사들의 학교 내 경험의 효과를 동일한 분석 모형을 통해서 밝혀 낼 수 없다는 점에서 여전히 한계를 갖고 있다(Raudenbush and Bryk, 1986, 성기선, 1997, 재인용). 다시 말하여, 교사 효능감이나 긍정적 피드백과 같은 교사의 학교 내 경험 변인들 각각을 종속변인으로 하는 별도의 위계적 선형 모형을 설정하고 그것에 미치는 학교 수준 변인들의 효과를 분석할 수는 있지만, 그 모형을 다시 교사 헌신을 종속 변인으로 하는 본 모형에 통합할 수 없다는 것이다.

이 문제에 대한 한 가지 대안은 교사의 사회심리적 변인과 학교 수준 변인의 상호작용 효과를 분석하는 것이다. 상호작용 효과 분석은, 학교 수준 변인들이 교사의 사회심리적 변인에 미치는 영향을 직접 분석하는 것은 아니지만, 사회심리적 변인의 헌신에 대한 효과가 학교마다 차이가 난다는 가정 아래, 그러한 차이가 어떤 학교 수준 변인에 의해 발생하는지를 분석하는 것이다. 이 점에서 상호작용 효과 분석은 교사들의 학교 내 경험이 헌신에 미치는 영향력을 간접적으로 파악하는 방식인 셈이다.

이상의 논의가 함의하는 바는 다음과 같다. 교사 개인 수준 변인들 중에는 순수한 의미의 개인 변인들이 있는 반면, 교사들의 학교 내 경험이 반영되는 개인 변인들이 있다. 교사의 인구통계학적 변인이 전자에 해당한다면, 교사의 사회심리적 변인은 후자에 해당한다. 따라서 헌신에 대한 학교 수준 변인들의 고유한 효과를 분석하기 위해 교사 수준 변인들의 영향력을 통제할 때, 그 통제되는 변인 속에 인구통계학적 변인 이외에 사회심리적 변인을 함께 포함시키게 되면, 학교 수준 변인들의 고유한 효과의 일정 부분이 배제된다. 그럼에도 불구하고 본 연구에서 사회심리적 변인들을 교사 수준 통제 변인에 포함시키는 것은 그것들과 학교 수준 변인들의 상호작용 효과를 분석하기 위한 한 과정이다.

다. 학교 수준 변인

교사의 헌신 수준은 그가 근무하고 있는 학교 특성에 의해서도 영향을 받게 된다. 교사 헌신과 관련된 학교 수준의 변인을 탐색하는 것은, Getzels 와 Thelen(1960)이 지적한 바와 같이, 학교가 인적, 물적, 환경적 요인의 복합체적 성격을 지닌 하나의 사회체제이며 나름대로의 독특한 조직과 구조를 지니고 있다는 데 근거를 두고 있으며, 이러한 학교 조직의 특성이 교사의 헌신에 직·간접적으로 영향을 미칠 것이라는 가정에서 비롯된다.

많은 연구자들이 조직구성원의 헌신에 영향을 미치는 다양한 변인을 몇 가지 특정 범주로 유목화하고 그것을 토대로 연구 모형을 도출하고 있다는 것은 이미 지적한 바 있다. 이와 달리, 본 연구에서는 교사 헌신에 영향을 미치는 변인들을 교사 수준 변인과 학교 수준 변인의 두 가지로 구분하고 있다. 본 연구가 이러한 관점을 취하는 것은 학교 수준 변인의 교사 헌신에 대한 영향력을 엄밀하게 파악하기 위한 방편이다. 조직 수준 변인은 조직별로 하나의 값을 가질 때 비로소 온전히 조직 특성이라고 할 수 있으며, 이와 같은 방식으로 점수가 부여된 조직 수준 변인의 효과만이 엄밀한 의미의 조직적 효과라고 할 수 있다는 것이 본 연구의 입장이다. 이에 따라, 본 연구는 기존 연구에서 개인 특성, 조직 특성, 직무 특성, 작업 경험 특성 등으로 다양하게 유목화되었던 선행 변인들을 개인 수준 변인과 조직 수준 변인으로 구분하고 있다. 문제는 기존 연구에서 다양하게 유목화되어 있는 헌신의 선행 변인들 가운데 어느 것을 학교 수준 변인으로 설정할 것인가 하는 것이다. 기존 연구에서 조직 특성이나 직무 특성, 작업 경험 등으로 분류된 변인들은 대부분 조직적 특성과 개인적 성향이 상호작용한 결과로 나타나는 속성을 지닌 것들이다. 그럼에도 불구하고 본 연구의 분석 모형인 위계적 선형 모형을 적용하기 위해서는 특정 변인이 어느 수준에 속하는지, 다시 말하여 그것이 개인 수준 변인인지 아니면 조직 수준 변인인지를 반드시 구분해야 한다.

위계적 선형 모형을 적용할 경우 각 수준의 변인을 선정하는 기준은 간단하다. 2수준(two-level) 모형의 경우, 동일한 조직에 속하였다 하더라도 개인에 따라 상이한 값을 취하는 변인은 개인 수준 변인으로 구분되고, 동일한 조직에 속한 모든 개인에게 동일한 값이 부여되는 변인은 조직 수준 변인으로 구분된다. 따라서 어느 변인을 학교 수준 변인으로 할 것인가 하는 문제는 동일한 학교에 속한 모든 교사에게 동일한 값을 부여하는 것이 타당한 변인을 탐색함으로써 그 해답을 찾을 수 있다.

〈표 Ⅱ-3〉에는 선행 연구들에서 교사 헌신에 영향을 미치는 것으로 밝혀진 여러 학교 특성들 가운데, 동일한 학교에 근무하는 모든 교사에게 동일한 값을 부여하는 것이 타당하다고 판단되는 변인들은 제시하였다. 교사의 헌신에 영향을 미치는 학교 수준 변인들은 그 내용이나 측정 방식을 고려할 때 크게 두 가지로 구분할 수 있다. 하나는 학교 배경 변인이며, 다른 하나는 학교 과정 변인이다. 전자에는 설립 유형, 학교 규모, 학생 가정의 사회경제적 지위의 학교 평균 등이 포함되며, 이 경우 학교에 따라 하나의 값이 부여되어 있는 것이 보통이다. 후자에는 자율성, 학교 경영 참여, 협력성, 학생 행동 관리, 학습 기회, 교장 지도성 등이 포함되며, 이에 대해 선행 연구들은 학교별로 하나의 값을 부여하기보다는 교사에 따라 상이한 값을 부여하는 것이 일반적이다. 이에 대한 본 연구의 해결 방식은 교사 헌신에 영향을 주는 학교 수준 변인들 각각에 대한 선행 연구들의 분석 결과를 종합적으로 검토한 뒤에 논의하기로 한다.

〈표 Ⅱ-3〉 교사 헌신에 영향을 미치는 학교 수준 변인

연구자	학교 배경 변인	학교 과정 변인
Rosenholtz(1989)		심리적 보상, 과업 자율성 및 재량권, 학습 기회
Rosenholtz & Simpson (1990)		과업 자율성, 학습 기회, 학생 행동 관리, 교장의 완충 역할
Kushman(1992)	학생의 사회경제적 지위, 학생의 인종, 학교 규모, 학생의 학업 성취도, 학교 급	학생의 동기부여 수준, 학교 질서 수준, 교사의 의사결정 권한 보유 수준
Firestone & Pennell (1993)		자율성, 참여, 협력성, 학습 기회, 학교 질서, 행정가의 지원, 시설의 적절성
Riehl & Sipple(1996)	등록 학생 수, 소수인종 학생 수, 학교 급	행정적 지원, 완충 수준, 교육 지원, 학교 경영 참여, 자율성, 학교 질서 수준

연구자	학교 배경 변인	학교 과정 변인
Hausman & Goldring (2001)	무료 급식 학생 수	자율성, 학습 기회, 협력성
Nir(2002)		자율성
Somech & Bogler(2002)		기술 영역 참여, 경영 영역 참여
Park(2003)	설립 유형	자율성, 신뢰, 적정 보상, 전문성 개발 기회
유현숙(1981)	설립 유형	인간관계, 자율성
노민구(1995)		자율성, 자기 성장 기회, 학교행정가의 후원
신현석과 가신현(1997)	설립 유형	지도성, 응집성, 관료화
손소빈(2001)		지도성

1) 학교 배경 변인

학교의 설립 유형을 교사 헌신의 선행 변인으로 투입한 연구들은 대부분 양자가 유의미한 상관을 보인다고 밝히고 있으나, 그 구체적 효과는 연구자에 따라 상이하다. 신현석과 가신현(1997), 그리고 Park(2003)은 공립학교가 사립학교에 비해 교사의 헌신 수준이 높다는 분석 결과를 제시한 반면, 유현숙(1981)과 정우진(1994)은 오히려 사립학교가 공립학교에 비해 그 수준이 높다는 결과를 제시하고 있다. 한편, 위 연구들은 설립 유형이 조직 헌신에 미치는 효과를 검증한 것이며, 교사 헌신의 대상이 학교 조직이 아닌 수업이나 학생인 경우에 설립 유형이 어떤 효과를 보이는지에 대해서는 아직 보고된 바 없다.

학교 규모 변인의 경우, 대부분의 선행 연구들은 교사 헌신에 대해 유의한 효과를 갖지 않은 것으로 보고하고 있으나(Hausman & Goldring, 2001; Kushman, 1992; 노민구, 1995; 신현석과 가신현, 1997), Riehl과 Sipple(1996)은 교사의 전문직 헌신에 유의한 영향을 준다는 분석 결과를 제시하고 있다. 한편, 학교 규모를 어떻게 파악할 것인가 하는 것도 연구자에 따라 다르다. 일반적으로 등록된 총 학생 수를 통하여 학교 규모를 파악하고 있지만(Kushman, 1992; Park, 2003; Riehl & Sipple, 1996; 노민구, 1995; 신현석, 가신현, 1997), 총 교사 수 지표를 활용하는 연구도 있다(Hausman & Goldring, 2001). 사실 총 학생 수와 총 교사 수는 서로 밀접하게 관련되어 있으며, 따라서 어떤 변인으로 학교 규모를 파악하더라도 큰 차이가 없다고 할 수 있다.

학생 가정의 사회경제적 지위의 학교 평균(학교 SES)은 교사 헌신에 영향을 줄 가능성이 높은 변인으로 지목되어 지속적으로 검증되어 왔다. 그런데 그 효과에 대해서 일관된 연구 결과가 나타나지 않고 있다. Rosenholtz와 Simpson(1990)은 학교 SES가 교사 헌신에 유의한 효과를 갖지 않는다는 분석 결과를 내놓았으며, Riehl과 Sipple(1996) 역시 저소득층 학생 비율이 교사의 조직 헌신과 전문직 헌신 모두에 대해서 유의한 영향력을 갖지 않는다고 보고하였다. 이에 비해, Kushman(1992)은 학생들의 사회경제적 지위가 높은 학교일수록 교사의 조직 헌신 수준이 높은 것으로 보고하였으며, 이와 비슷하게 Hausman과 Goldring(2001)도 저소득층 학생 비율이 낮은 학교에서 교사의 헌신 수준이 높다는 연구 결과를 제시하였다. 국내에서 학교 SES가 교사 헌신에 미치는 효과는 아직 밝혀진 바 없다. 한편, 학교 SES를 파악하는 지표로는 전체 학생 가운데 저소득층 학생 수가 차지하는 비율을 활용하며, 여기에서 저소득층 학생은 무료 급식 대상 학생 수를 통하여 파악하는 것이 일반적이다.

위 세 가지 변인과 함께, 본 연구는 학교 소재지와 평준화 여부를 새로운 학교 배경 변인으로 추가하고자 한다. 학교 소재지에 따라 교사 헌신의 수준이 차이가 날 것인지에 대해서는 아직 밝혀진 바 없다. 그러나 학교 소재지가 중요한 학교 특성으로 인식되고 있으며, 특히 도시와 농촌 지역의 문화적, 교육적 여건의 차이로 인해 교사들이 도시 지역에 근무하는 것을 선호하는 현실을 고려할 때, 학교 소재지의 교사 헌신에 대한 효과는 검증이 필요하다고 보았다.

평준화 여부 역시 우리나라 인문계 고등학교를 이해하는 데 있어서 중요한 학교 특성으로 인식되고 있다. 우리나라 고등학교의 경우 평준화 지역에 속하느냐의 여부는 학생들의 학업 성취도에 일정한 영향을 주는 것으로 보고되고 있다(성기선, 1997). 교사 헌신이 학교 효과성과 밀접한 연관이 있다는 점을 고려할 때, 평준화 여부가 학교 효과성과 관련이 있다는 연구 결과는 평준화 여부와 교사 헌신의 관련성을 간접적으로 나타내 주는 것이라고 할 수 있다. 이는 평준화 여부가 교사 헌신에 미치는 효과를 검증할 필요가 있다는 것을 의미한다.

2) 학교 과정 변인

선행 연구를 검토한 바에 의하면, 수업이나 학생 또는 학교 조직에 대한 교사의 헌신은 학교의 물리적, 제도적, 사회경제적 환경뿐만 아니라 학교의 자율성 수준, 학교 경영 참여의 범위, 교사 간 협력의 정도, 학생 행동 관리 수준, 학습 기회 수준, 교장의 지도성 수준 등 다양한 학교 내의 심리적이고 과정적인 환경의 영향을 받는다. 이러한 학교 과정 변인들의 교사 헌신에 대한 영향력은 다른 변인들, 예컨대 교사의 개인적 특성이나 학교 배경 변인들의 영향력보다 더 크다는 것이 선행 연구들의 공통된 지적이다. 특히 학교 과정 변인들은 교육행정 차원의 노력과 지원 여하에 따라 변화될 가능성이 높다는 점에서, 그것들과 교사 헌신의 관련성에 대해서는 보다 깊은 이해가 필요하다.

자율성은 작업을 계획하고 그 절차와 방법을 결정하는 데 있어서 조직 구성원이 행사하는 자유를 의미한다(Hackman & Oldham, 1980). 자율성은 의사결정에 대한 영향력을 의미한다는 점에서 후술하게 될 참여와 상통한다. 양자의 차이는 영향력이 행사되는 영역이 서로 다르다는 것이다. 많은 연구자들은 교사의 영향력이 발휘되는 영역을 교과 및 생활 지도가 이루어지는 학급 영역과 그것을 넘어서는 학급 외 영역으로 구분한다. 각 영역에서 행사되는 교사의 영향력에 대해서 Bacharach와 Conley(1989)는 운영적 의사결정과 전략적 의사결정으로, Somech과 Bogler(2002)는 '기술 영역에 대한 교사 참여'와 '경영 영역에 대한 교사 참여'로 명명하고 있으며, Firestone과 Pennell(1993)은 그 각각에 대하여 자율성과 참여로 규정하고 있다. 일반적으로 교사들은 전자의 영역에서는 상당한 자율성을 보유하고 있으나 후자의 영역에서는 영향력이 약하다고 알려져 있다(Corwin & Borman, 1988).

자율성과 헌신의 연관성은 자율성의 속성인 자기 결정권이 내적 동기 유발의 중요한 기제로 작용한다는 이론적 관점에 근거하고 있다(Deci & Ryan, 1985). 직무에 있어서의 자기 결정권은 그 직무담당자로 하여금 수행 결과에 대한 책임감을 갖게 하며, 이러한 책임감이 헌신을 유발한다(Firestone & Pennell, 1993; Gecas & Schwalbe, 1983; Hackman & Oldham, 1980). 조직구성원들은 자신의 의도적인 노력을 통해서 직무를 수행할 수 있다고 느낄 때 그 직무에 대해서 헌신하게 된다. 이와 반대로, 작업의 결과가 자신의 노력이 아닌 외적인 요인에 의해서 결정된다고 느끼는 사람들은 그 일에 대해 몰두하기 어렵다. 자율성이 많이 부여되는 직무일수록 그 직무를 수행하는 사람들은 판단과 선택을 더 많이 행사하게 되며, 그러한 과정을 통하여 그 직무 수행자는 스스로를 직무 성과에 결정적 영향력을 미치는 주요 원인 제공자로 여기게 된다. 이와 달리, 직무를 수행하는 데 있어서 그 목표와 내용, 방법 등에 대한 통지권을 상실한 사람들은 자신의 노력이 직무 성과에 어떤 영향을 미칠 것인지에 대하여 확신하기 어려우며, 그 결과 직무로부터의 소외를 경험하게 되어 직무에 대한 책임감과 주인의식을 갖지 않는다(Ashton & Webb, 1986; Gecas & Schwalbe, 1983; Rosenholtz, 1989).

자율성과 헌신의 관계에 대한 경험적 증거는 일관되지 않다. Rosenholtz

(1989) 그리고 Rosenholtz와 Simpson(1990)은 자율성이 헌신의 가장 중요한 예언변인이며, 특히 5년 이상의 교직경력을 가진 교사의 경우 그 관계는 매우 강하다고 보고하였다. Bacharach 등(1990)도 운영적 영역에서의 의사결정권 박탈, 즉 자율성의 결여가 교사의 헌신이나 만족과 부적인 관련이 있다고 밝히고 있다. Somech과 Bogler(2002)는 기술 영역에 대한 참여(자율성)가 전문직 헌신에 유의한 영향을 주는 반면, 조직 헌신과는 무관하다고 밝히고 있다. 이와 반대로, Charters 등(1984)은 자율성과 조직 헌신 사이에 약한 부적 상관이 존재한다고 보고하였으며, Reyes(1989)은 양자 간에 아무런 관련이 없다고 밝히고 있다. 교사 헌신을 조직 헌신과 전문직 헌신으로 구분하여 연구한 Riehl과 Sipple(1996)에 의하면, 자율성은 전문직 헌신에만 유의한 효과를 보였고 조직 헌신에 대해서는 효과가 나타나지 않았다. 한편, 우리나라의 연구들도 상반된 결과를 보이고 있다. 유현숙(1981)과 노민구(1995)는 자율성이 교사의 조직 헌신에 긍정적 영향을 준다는 밝히고 있으나, 신현석과 가신현(1997)은 교사의 직무 자율성과 헌신 사이에 유의미한 관련이 없다고 보고하고 있다.

학교 경영 참여는 교실 공간을 넘어서는 학교 조직 차원의 전략적 의사결정에 대하여 교사가 행사하는 영향력을 의미한다. 이론적으로 참여와 헌신은 다양한 방식으로 관련되어 있다. 현장에 직접 교육 활동을 수행하고 있는 교사들은 교육의 과정과 거기에서 발생하는 문제점들에 대해서 정책결정자나 교육행정가보다 더 많은 정보를 갖고 있기 때문에, 교사들의 참여는 그들의 풍부한 정보를 활용하게 함으로써 올바른 의사결정을 내리는데 도움이 된다(Bacharch & Conley, 1989). 뿐만 아니라 교사들의 참여는, 한편으로 그것이 그들 자신의 이해를 방어할 수 있는 기회를 제공한다는 점에서, 다른 한편으로 조직의 의사결정 과정과 그 이유를 보다 잘 이해하게 된다는 점에서, 조직에 대한 신뢰와 공정성을 증진시킬 수 있다(Firestone & Pennell, 1993). 따라서 학교 경영 영역의 의사결정에 대한 교사들의 참여는 그 의사결정 결과에 대한 교사들의 수용과 헌신을 유발하고, 장기적으로는 조직 전반에 대한 헌신을 고양한다(Smylie, 1992).

선행 연구들은 대부분 학교 경영 참여와 헌신 사이에 정적인 관련이 있다고 밝히고 있다. Johnson(1990)은 교사들과의 면담을 통하여 사립학교 교사들이 공립학교 교사들에 비해 조직 차원의 의사결정에 더 많은 영향력을 행사하고 있으며 헌신 수준 또한 더 높다는 것을 발견하고서 양자 사이에 밀접한 관련이 있다고 밝히고 있다. 도시 지역 학교를 대상으로 연구를 수행한 Kushman(1992)은 교사의 의사결정 권한이 조직 헌신을 예언하는 중요한 변인임을 발견하였다. Somech과 Bogler(2002)는 경영 영역에 대한 교사의 참여가 전문직 헌신과 조직 헌신 모두에 긍정적인 영향을 미치고 있다고 보고하였다. Reyes(1992) 역시 교사의 영향력과 헌신 사이에는 실제적 관련성은 미약하지만 통계적으로 유의한 상관이 있다고 밝히고 있다. 이들 연구 결과와 상반되게, Hausman과 Goldring(2001)은 학교 경영 참여가 교사의 헌신과 무관하다고 밝히고 있다.

협력은 둘 이상의 사람들이 함께 일할 때 발생한다. 학교 조직에서 협력은 교사들이 정기적 또는 비정기적으로 교육 활동에 관한 자료를 공유하거나, 수업 개선 또는 학급 문제 해결을 위하여 도움을 주고받는 활동을 의미한다. 동료 교사와의 상호작용은 강력한 학습 기회를 제공하며, 신임 교사의 경우에는 더욱 그러하다(Johnson, 1990; Little, 1990; Rosenholtz, 1989). 협력은 공동의 목표를 확인하고 유용한 방법을 배울 수 있는 기회를 제공함으로써 교수 활동의 불확실성을 극복하는 데 도움이 된다(Miles, 1981). 또 교사들 사이의 협력은 교직 사회에 공동체 의식을 형성함으로써 교사들의 고립감을 극복하게 해주며, 궁극적으로 교육 활동을 더욱 의미 있게 해준다(Firestone & Pennell, 1993).

여러 선행 연구들은 협력과 헌신 사이의 정적인 관계를 지지하고 있다. 학교 재구조화와 관련하여 질적 연구를 수행한 Louis와 Smith(1991; 1992)

는 교사들 사이의 협력이 그들의 헌신을 고양한다는 사실을 발견하였다. Kushman(1992) 역시 협력이 헌신에 긍정적 영향을 준다고 보고한 바 있으며, Reyes(1992)도 동료적 분위기와 교사의 헌신 사이에는 강한 정적 상관이 존재한다고 밝히고 있다. 이들 연구와 약간 다른 각도에서, Rosen-holtz(1989)는 협력이 헌신에 직접적인 효과를 갖는 것이 아니라 간접적인 방식으로 영향을 준다고 보고 있다. 그에 의하면, 교사들 간의 협력은 학습 기회와 수업 기술에 관한 교사의 확신을 촉진하는데, 이러한 학습 기회와 교사 확신은 교사가 수업으로부터 얻는 심리적 보상을 증진시키며, 심리적 보상은 다시 교사 헌신을 높인다.

학생 행동 관리는 학교의 질서 수준을 의미한다. 학생 행동의 관리는 학교 조직 풍토의 중요한 측면으로서 교사의 헌신과 밀접한 관련이 있는 것으로 알려져 있다(Riehl & Sipple, 1996). Corcoran 등(1988)에 의하면, 연구 대상 학교들 가운데 상당수가 질서 유지에 어려움을 겪고 있으나, 교사의 헌신 수준이 높은 학교들은 질서 수준 역시 높았다. Rosenholtz와 Simpson(1990)은 학교 차원의 효과적인 질서 관리가 교사 헌신에 기여한다는 것을 발견하였다. Kushman(1992)에 의하면, 교장과 교사 그리고 학생들이 인식하는 학교 질서 수준은 교사의 조직 헌신과 강한 상관을 갖는 반면, 학생 학습 헌신과는 무관하였다. 이외에도 Newmann 등(1989)과 Reyes(1992) 역시 비록 정도의 차이는 있으나 학생 질서 수준이 교사 헌신에 영향을 미친다고 밝히고 있다. 한편, Firestone과 Rosenblum(1988)은 학생 행동 관리와 헌신의 관련성을 인정하면서도, 지나친 처벌 위주의 학생 훈육은 학생들의 반발심을 야기하여 결과적으로 교사가 학생과의 상호작용을 통해서 얻을 수 있는 심리적 보상의 토대를 약화시킬 수 있다고 강조하고 있다.

학습 기회는 교사들의 지적 성장을 도움으로써 그들의 헌신에 기여한다(Firestone & Pennell, 1993). 그것은 수업 내용과 방법 또는 학급 관리 등에 관하여 배울 기회를 제공함으로써 교육 활동의 효과성을 높여 주며, 이는 교사 효능감의 제고와 심리적 보상의 확대로 이어진다. 또한 학습 기회는 새로운 것을 경험하는 기회를 제공함으로써 교사들에게 도전감과 개인적 성취감을 불러일으키며, 이는 다시 그들의 직무나 조직에 대한 헌신 수준을 높인다(Hackman & Oldham, 1980).

선행 연구들은 학습 기회와 교사 헌신의 관계가 유의미한 것으로 보고하고 있다. Rosenholtz(1989)는 학습 기회가 교사 헌신에 직접 영향을 미친다고 보고하였다. 경력에 따라서 교사 헌신에 영향을 미치는 요인이 어떻게 달라지는지 조사한 Rosenholtz와 Simpson(1990)에 의하면, 학습 기회의 헌신에 대한 효과는 초임 교사의 경우에 훨씬 더 중요하다. 교사 헌신 관련 문헌들을 종합적으로 검토한 Firestone과 Pennell(1993)은 학습 기회를 교사 헌신에 영향을 미치는 6가지 요인 가운데 하나로 포함시키고 있다. Hausman과 Goldring(2001) 역시 교사들의 학습 기회가 헌신을 유발한다고 보고하고 있다. 한편, 국내에서도 노민구(1995)는 자기 성장 기회가 교사들의 조직 헌신에 대한 가장 중요한 예언 변수라는 사실을 발견하였다.

지도성과 교사 헌신의 관계에 대한 연구들은 크게 두 가지 흐름으로 구분된다. 하나는 지도성의 의미를 포괄적으로 보아 교사에게 제공되는 다양한 형태의 행정적 지원으로 규정하고 그것이 교사 헌신에 미치는 영향을 분석하는 경우이고, 다른 하나는 지도성의 개념에 대한 조작적 정의와 엄밀한 측정 도구를 사용하여 그것이 교사 헌신과 어떤 관련이 있는지는 파악하는 경우이다.

Firestone과 Rosenblum(1988)은 학교가 이른바 '행정적 일관성'을 갖추고 있을 경우 그 학교 교사들의 헌신 수준이 높아진다고 주장하였다. 가령, 교장이 일관된 지도성을 발휘하는 학교에서는 학생 훈육이 효과적으로 이루어지고 질서 있는 환경이 조성되어 결과적으로 교사 헌신도가 높아진다는 것이다. 그러나 교사들을 전문가로서 존중하는 풍토가 형성되어 있지 않다면, 행정적 일관성은 자칫 딱딱한 관료적 몰인정성을 야기할 수 있다고 그들은 경고하고 있다. Newmann 등(1989)도 행정적 지원이 원활하게 이루어질수록 교사들이 교육 활동을 성공적으로 수행할 가능성이 높아지며, 이는 교사 효능감의 향상과 공동체 의식의 함양으로 이어진다는 것을 발견하였다. Firestone과 Pennell(1993) 역시 학교장은 학교 구성원 각자의 역할이 명료하고 규칙이 지속적으로 준수되며 공정성이 보장되는 학교 풍토를 조성하는 데 중요한 기여를 한다고 보고, 학교장의 그러한 노력은 교사 헌신을 자극한다고 주장하였다. Riehl과 Sipple(1996)에 의하면, 교장의 지도성과 행정적 지원에 대하여 교사들이 높이 평가할수록, 교사가 불필요한 간섭으로부터 보호받을 수 있는 완충 장치가 잘 마련되어 있을수록 그 교사의 헌신 수준은 높아진다. 이와 비슷하게 국내에서도 노민구(1995)는 학교 행정가의 후원이 교사의 조직 헌신에 유의미한 영향을 미친다는 것을 발견하였다.

외국의 경우 지도성의 의미를 교사의 교육 활동에 대한 행정적 지원으로 폭넓게 규정하는 연구들이 많지만, 국내 연구들은 지도성의 개념을 다소 엄격하게 규정하는 경우가 많다. 그러나 지도성을 어떻게 규정하느냐에 관계없이 대부분의 연구들은 지도성의 교사 헌신에 대한 효과를 유의미한 것으로 보고하고 있다. 신현석과 가신현(1997)은 왕기항이 개발한 학교 조직건강 척도에 포함된 지도성 문항을 활용하여 교장 지도성을 측정하고 그것과 교사 헌신의 관계를 분석하였다. 분석 결과에 의하면, 이 연구에서 독립 변인으로 선정된 18개 변인 가운데 교장 지도성 변인의 교사 헌신에 대한 효과는 다른 어떤 변인의 효과보다도 더 컸다. 손소빈(2001)은 교장 지도성을 변혁적 지도성과 거래적 지도성을 구분하는 한편, Meyer와 Allen(1991)의 제안에 따라 교사의 조직 몰입을 감정 몰입, 근속 몰입, 규범 몰입으로 구분한 뒤, 각 유형의 지도성이 조직 몰입에 어떤 영향을 주는지 조사하였다. 그에 의하면, 교장 지도성은 그 유형에 관계없이 감정 몰입과 규범 몰입에 긍정적인 영향을 주는 반면, 근속 몰입에는 유의미한 효과를 나타내지 않았다.

이상의 논의를 종합해볼 때 교사 헌신에 영향을 주는 학교 수준 변인에는 설립 유형, 학교 규모, 학교 SES, 학교 소재지, 평준화 여부 등 다섯 개의 학교 배경 변인과, 자율성, 학교 경영 참여, 협력성, 학생 행동 관리, 학습 기회, 교장 지도성 등 여섯 개의 학교 과정 변인이 포함된다. 본 연구는 이들 11개 학교 특성들이 교사 헌신과 어떻게 관련되어 있는지를 검증하고자 한다. 이와 같이 선행 연구들에서 교사 헌신에 영향을 주는 것으로 밝혀진 학교 특성들을 망라하여 종합적인 연구 모형을 설정한 것은 본 연구의 종속 변수인 교사 헌신이 그 개념에서부터 측정에 이르기까지 새롭게 규정되고 개발되었기 때문이다.

한편, 앞에서 언급한 바와 같이, 비록 학교 수준 변인이라 하더라도 그 값이 학교 내 교사에 따라 다양하게 나타난다면, 이는 개인 수준 변인에 더 가까운 속성을 지니게 된다. 이 문제에 대한 본 연구의 해결 방식은 위계적 선형 모형의 예에 따라 하위 수준(교사 수준)의 자료를 통합하여 상위 수준(학교 수준)의 맥락 효과를 구성하는 것이다(Bryk & Raudenbush, 1992; Raudenbush & Bryk, 2002; 서민원, 1996). 이와 같이 맥락 효과(contextual effects)로 구성된 새로운 상위 수준 변인은 하위 수준 변인과 독립적인 효과를 갖게 된다. 이를 테면, 학생 개인의 학업 성취도 점수는 그 학생이 소속된 집단 평균(맥락 효과)과 개인차(학생 고유 효과)의 합으로 나타낼 수 있는데, 이는 두 효과가 학업 성취도에 대하여 각각 독립적인 영향력을 갖는다는 것을 의미한다.

본 연구는 학교 과정 변인들의 값을 부여하는 데 있어서 맥락 효과를 구성하는 것과 동일한 방식을 사용하고자 한다. 예를 들어, 교장의 지도성은 그것에 대한 교사 개개인들의 인식 수준을 학교별로 통합하여 학교 수준 자료로 변환된다. 이와 같이 변환된 학교 과정 변인은 이제 개별 교사에 따라 다른 값을 갖는 개인 수준의 변인이 아니라, 학교에 따라 차이가 나는 학교 고유의 특성으로 간주될 수 있으며, 교사 개인 특성이 헌신에 미치는 효과와 별개의 독립적인 효과를 갖게 된다. 이와 같은 방식으로 조직 수준 변인들을 규정하는 것은, 교사 개인의 노력보다 학교 차원의 종합적이고 체계적인 노력을 통해 교사의 헌신 수준을 제고시킬 수 있는 가능성을 탐색하고자 하는 본 연구의 의도가 반영된 것이다.

학교 과정 변인의 측정에 대한 본 연구의 접근 방식은 단위학교에 직접 근무하고 있는 교사들의 공통된 지각을 통해 그 학교의 특성을 진단하는 방법이라고 할 수 있다. 이와 같이 특정 조직의 사회심리적 분위기를 측정하는 데 그 조직에 직접 소속되어 있는 사람들의 지각을 이용하는 것이 연구방법상 타당하다는 주장이 높아지고 있다. Walberg(1976)에 의하면, 환경을 본인이 직접 지각하여 보고하는 자기보고 방식과 같은 현상학적 접근은 단서나 행동을 중시하는 외부의 객관적 관찰자가 빠뜨리기 쉬운 중요한 자료를 제공해준다(서민원, 1996, 재인용). 학교 과정 변인을 측정함에 있어서 관찰자의 평정에 의존하기보다 학교 구성원들이 공유하는 지각에 의존하는 것은, 직접 소속되어 있는 사람의 눈을 통해 그 학교의 특징을 알아볼 수 있고, 동시에 관찰방법보다 더 경제적이고 효율적이라는 이중의 이점이 있다(서민원, 1996).

본 장에서는 교사 헌신 수준을 측정하고 그것에 대한 학교 특성의 효과
를 경험적으로 검증하기 위한 구체적인 연구 모형, 측정 도구의 개발, 자
료 수집 절차 및 분석 방법을 제시한다.

1. 연구 모형

본 연구의 핵심적 관심은 학교 특성들이 교사 헌신에 미치는 효과를 탐
색하고 설명하는 데 있다. 학교 특성들의 효과를 엄밀하게 규명하기 위해
서는 교사의 개인적 특성들이 헌신에 미치는 영향력을 통제해야 한다. 기
는 본 연구 모형에 교사 수준 변인과 학교 수준 변인이 므두 포함되어야
한다는 것을 의미한다. 본 연구에서 사용하는 연구 변인들 간의 관계를 가
시적으로 표현하면 〈그림 Ⅲ-1〉과 같다.

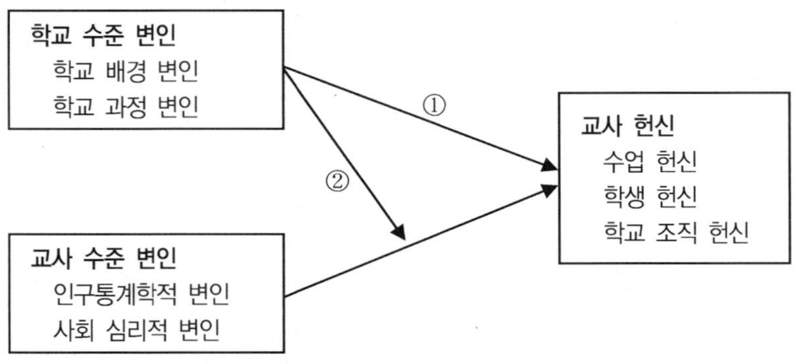

[그림 Ⅲ-1] 교사 헌신에 관한 연구 모형

본 연구 모형은 교사 헌신에 대한 학교 수준 변인의 효과가 가산적 효과와 상호작용 효과의 두 가지로 구성되어 있다는 점을 가정하고 있다. [그림 Ⅲ-1] 에서 ①로 표시된 가산적 효과는 교사 수준 변인을 통제한 후에 교사 헌신의 학교 간 차이에 대한 학교 수준 변인들의 효과를 의미한다. 이를 가산적 효과라고 부르는 것은 여기에서의 학교 수준 변인들의 효과가 교사 수준 변인들의 영향력을 통제한 후에 나타나는 각 변인들의 독립적인 효과이며, 따라서 학교 수준 변인의 효과는 교사 수준 변인의 효과를 설명하고 난 이후에 추가적으로 종속변인의 변산을 설명하는 고유효과이기 때문이다. 한편, ②로 표시된 상호작용 효과는 교사 수준 변인들과 교사 헌신 간에 존재하는 (인과적) 관계에 영향을 주는 학교 수준 변인들의 효과이다. 이 상호작용 효과는 학교 조직의 특성이 동일한 학교에 근무하는 모든 교사에게 동일한 효과를 갖는 것이 아니라, 교사의 특성에 따라 차별적으로 영향을 미칠 수 있다는 점을 전제하고 있다.

교사 헌신에 대한 학교 특성의 효과를 분석하기 위한 우선적 과제는 교직의 특성을 고려하여 교사 헌신의 개념을 규정하고 이를 측정하는 것이다. 이론적 배경에서 논의한 바와 같이, 본 연구는 교사 헌신을 교사가 교육 활동과 관련하여 가치 있다고 여기는 특정한 대상에 대하여 갖는 심리적 유대의 정도로 정의하고, 그 대상에는 수업, 학생, 학교 조직이 포함된다고 규정하였다. 교사 헌신의 세 가지 차원은 이론적 논의에 따른 가설적 수준의 것이며, 본 연구는 실증적 자료를 통하여 이를 검증할 것이다.

한편, 교사 헌신에 영향을 미치는 변인의 선정은 선행 연구 검토와 우리나라 학교 현실을 고려하여 이루어졌다. 교사 수준 변인에는 성, 연령, 결혼여부, 교직경력, 직위, 학력 등 여섯 개의 인구통계학적 변인과 개인적 교수 효능감, 일반적 교수 효능감, 심리적 보상 등 세 개의 사회심리적 변인이 포함되었고, 학교 수준 변인에는 설립 유형, 학교 소재지, 평준화 여부, 총 교사 수, 저소득층 학생비 등 다섯 개의 학교 배경 변인과 자율성, 학교 경영 참여, 협력성, 학상 행동 관리, 학습 기회, 교장 지도성 등 여섯 개의 학교 과정 변인이 사용되었다. 모든 교사 수준 변인들은 교사 개인에 따라 상이한 값을 갖도록 자료 수집이 이루어진 반면, 모든 학교 수준 변인들은 학교별로 하나의 값을 갖도록 자료 수집과 자료 변환이 이루어졌다. 특히, 학교 과정 변인에 대하여 학교별로 하나의 값을 갖도록 자료를 변환한 것은 본 연구와 기존 연구의 중요한 차이점이다.

2. 측정 도구의 개발

본 연구에서 학교 배경 변인과 교사의 인구통계학적 변인은 객관적 자료의 수집이 가능하지만, 학교 과정 변인과 교사의 사회심리적 변인, 그리고 종속 변인인 교사 헌신은 측정 도구가 필요한 변인들이다. 이 가운데, 학교 과정 변인과 교사의 사회심리적 변인은 외국의 선행 연구에서 개발된 측정 도구를 우리나라 학교 현실에 적합하게 변형하여 활용하였으며, 교사 헌신에 대해서는 연구자가 직접 도구를 개발하여 측정하였다.

가. 교사 헌신 측정 도구의 개발

1) 측정 도구 개발 과정

본 연구에서는 다음과 같은 과정을 통해 교사 헌신 측정 도구를 개발하였다.

먼저, 이론적 논의를 통하여 도출한 교사 헌신의 개념적 요소와 대상을 바탕으로 문항을 개발하고 타당화하는 과정을 거쳤다. 진술 문항은 교직의 특성을 최대한 반영하기 위하여 교육행정을 전공하고 있는 대학원생 가운데 현직교사 출신 10명에게 개발을 의뢰하였다. 이들은 수업 헌신, 학생 헌신, 학교 조직 헌신에 대하여 각각 10개의 진술 문항을 제작하였다. 교사 1인당 30문항씩 총 300문항이 개발되었는데, 이 가운데 개발 참여자들 간의 합치도가 높은 문항을 우선적으로 선정하되, 중복되거나 모호한 문항, 이해하기 어렵거나 대답하기 애매한 문항, 학교 현실과 부합하지 않은 문항, 응답자의 입장에서 볼 때 의미가 없는 문항 등을 수정 또는 삭제하여 4배수로 압축하였다. 안면타당도를 높이기 위한 마지막 문항 검토는 교육심리 및 교육행정 전문가 10명에게 위촉하였다. 이때 전문가들에게는 문항 진술문과 교사 헌신의 개념 정의가 얼마나 관련이 있는가를 평정하도록 하였다. 전문가 검토 결과를 바탕으로 최종 문항의 1.5배수를 추출하였다.

이어서, 측정 도구의 타당도와 신뢰도를 알아보기 위해 예비 연구 자료를 수집하였다. 예비 연구를 위한 자료 수집은 2004년 11월 15일에서 25일 사이에 서울시 소재 4개 고등학교 교사 112명을 대상으로 이루어졌으며, 수집된 자료는 요인분석과 신뢰도 분석을 실시하였다. 먼저 기술 통계치를 검토하여 평균과 표준편차가 지나치게 높거나 낮은 문항을 제거하고, 요인분석을 통해서는 요인부하량 낮은 문항을 제거하는 한편, 이론적으로 판단한 교사 헌신의 세 차원, 즉 수업 헌신, 학생 헌신, 학교 조직 헌신의 유목과 경험적으로 도출된 구인이 일치하는가를 확인하였다. 그리고

Cronbach α 신뢰도를 구함으로써 신뢰롭지 않은 문항은 삭제하였다. 마지막으로, 예비 연구 분석에서 얻어진 정보를 기초로 측정 도구의 타당도와 신뢰도를 높이기 위해 일부 문항을 수정하여 최종 질문지를 제작하였다.

2) 교사 헌신 측정 문항

본 연구는 교사 헌신을 '교사가 교육 활동과 관련하여 가치 있다고 여기는 특정한 대상에 대하여 갖는 심리적 유대의 정도'로 개념화하였으며, 그 대상에는 수업, 학생, 학교 조직의 세 가지를 잠정적으로 포함시켰다. 교사 헌신의 개념적 요소와 대상에 이론적 논의를 토대로 하여 문항 개발과 타당화 작업이 이루어졌다. 앞에서 언급한 바와 같이, 진술 문항은 20여 명의 현직교사들과 교육심리 및 교육행정 전문가들이 공동으로 참여하여 개발하였다. 예비 조사 자료에 대한 요인분석과 내적 일관성 신뢰도 검증을 바탕으로, 최종적으로 선정된 측정 문항은 교사 헌신의 세 가지 대상 각각에 대하여 8개씩 모두 24문항으로 구성되었다. 교사 헌신 측정 도구의 각 요인별 해당 문항은 〈표 Ⅲ-1〉와 같다.

〈표 Ⅲ-1〉 교사 헌신 척도의 문항 구성

대 상	개념적 요소	문항 수	문항번호
수업 헌신	수업 가치인식	2	12-16, 12-22
	수업 동일시	3	12-1, 12-7, 12-13
	수업 관여	3	12-2, 12-10, 12-19
학생 헌신	학생 가치인식	3	12-8, 12-11, 12-20
	학생 동일시	3	12-3, 12-4, 12-14
	학생 관여	2	12-17, 12-23
학교 조직 헌신	학교 조직 가치인식	3	12-12, 12-15, 12-24
	학교 조직 동일시	2	12-5, 12-21
	학교 조직 관여	3	12-6, 12-9, 12-18

　교사 헌신 척도의 구인타당도 정보를 구하기 위하여 교사 헌신 전체 문항을 대상으로 요인분석을 실시하였다. 〈표 Ⅲ-2〉는 예비 조사 자료의 요인분석 결과 및 내적 일관성 신뢰도(Cronbach α)를 산출한 결과이다. 이러한 경험적 분석 결과는 연구자가 이론적으로 상정한 결과와 정확하게 일치하는 요인 구조를 보여주고 있다. 또한 전체 문항에 대한 신뢰도는 .90으로 분석되었으며, 하위 요인별 신뢰도 .82에서 .92 범위의 높은 신뢰도 계수를 나타내고 있다.

　한편, 교사 헌신의 세 가지 대상과 그 각각의 세 가지 개념적 요소에 대하여 상관분석을 실시한 결과는 〈부록표 Ⅱ-1〉에 제시하였다. 이 분석 결과에 의하면, 교사 헌신의 세 가지 대상 내에서의 개념적 요소들 간 상관관계가 세 가지 개념적 요소 내에서의 헌신 대상들 간 상관관계보다 훨씬 높다. 이를 테면, 수업 가치인식, 수업 동일시, 수업 관여 세 요인들 간의 상관관계가 수업 가치인식, 학생 가치인식, 학교 조직 가치인식 세 요인들 간의 상관관계보다 높게 나타났다. 이는 교사 헌신의 개념을 그 대상에 따라 구분하고 있는 본 연구의 접근 방식이 타당하다는 것을 의미한다.

〈표 Ⅲ-2〉 교사 헌신 척도의 요인분석 결과 및 신뢰도

(N=112)

변인 (문항번호)	수업 헌신	학생 헌신	학교 조직 헌신	신뢰도
교사 헌신				.90
수업 헌신				.86
수업 동일시(12-7)	.788			
수업 가치인식(12-16)	.769			
수업 가치인식(12-22)	.754			
수업 관여(12-2)	.687			
수업 관여(12-10)	.678			
수업 동일시(12-13)	.673			
수업 동일시(12-1)	.661			
수업 관여(12-19)	.630			

변인 (문항번호)	수업 헌신	학생 헌신	학교 조직 헌신	신뢰도
학생 헌신				.82
학생 동일시(12-14)		.712		
학생 가치인식(12-20)		.641		
학생 가치인식(12-8)		.638		
학생 동일시(12-3)		.626		
학생 동일시(12-4)		.610		
학생 관여(12-17)		.604		
학생 관여(12-23)		.583		
학생 가치인식(12-11)		.572		
학교 조직 헌신				.92
학교 조직 관여(12-9)			.845	
학교 조직 가치인식(12-15)			.833	
학교 조직 동일시(12-5)			.823	
학교 조직 관여(12-18)			.816	
학교 조직 가치인식(12-24)			.796	
학교 조직 가치인식(12-12)			.766	
학교 조직 관여(12-6)			.747	
학교 조직 동일시(12-21)			.650	

한 가지 언급해 둘 것은 교사 헌신 척도에 대한 요인분석 결과가 예비 조사와 본 조사의 경우 서로 다르게 나타났다는 점이다.[20] 예비 조사 자료를 분석한 결과에 의하면, 이론적 논의에 따라 설정된 교사 헌신의 세 가지 차원이 경험적 자료를 통해서도 그대로 세 가지 요인으로 추출되었다. 그러나 본 조사 자료를 분석한 결과에 의하면, 수업 헌신과 학생 헌신이 하나의 요인을 구성하는 것으로 나타났다.[21] 본 연구는 이론적 모형을 지

20) 본 조사 자료의 요인분석 및 신뢰도분석 결과는 〈부록표 Ⅱ-2〉에 제시하였다.
21) 이러한 차이가 나타나게 된 것은 질문지 구성 방식에 있어서 예비 조사와 본 조사가 서로 다르다는 데 그 원인이 있는 것으로 보인다. 예비 조사지에는 이론적 논의에 기초하여 설정된 헌신의 세 가지 대상 각각에 대한 측정 문항들이 별도로 제시되었다. 다시 말하여, 응답자들은 수업 헌신, 학생 헌신, 학교

지한 예비 조사 자료의 분석 결과에 따라 교사 헌신을 수업, 학생, 학교 조직의 세 가지 차원으로 구분하고 분석을 실시한다. 다만, 예비 조사 자료와 본 조사 자료의 요인분석 결과가 일치하지 않는 것은 본 연구의 한계로 지적될 수 있으며, 이에 대해서는 후속 연구를 통한 검증이 필요하다.

다. 교사 헌신 관련 변인 측정 도구 개발

1) 교사 수준 변인과 측정 도구

앞에서 논의한 바와 같이, 본 연구는 선행 연구 검토를 통해 교사 헌신에 영향을 주는 교사 수준 변인으로 여섯 개의 인구통계학적 변인과 세 개의 사회심리적 변인을 선정하였다. 최종 선정된 9개 변인을 측정할 수 있는 문항을 개발한 후 전문가들의 검토를 거쳐 교사들에게 예비 검사를 실시하였다. 예비 검사 분석 결과, 연령과 교직경력의 상호 상관성이 매우 높은 것으로 나타나($r = .82$) 연령 변인은 최종 분석에서 제외하였다.

가) 인구통계학적 변인

〈표 Ⅲ-3〉에 본 연구에서 사용한 교사 인구통계학적 변인 및 측정 방법을 제시하였다. 인구통계학적 변인 가운데 더미 변인은 4개이며, 성 변인의 경우 남교사를 0, 여교사를 1로; 결혼여부의 경우, 기혼 교사를 0, 미혼교사를 1로; 직위의 경우 평교사를 0, 보직교사를 1로; 학력의 경우 대졸 이하를 0, 석사 이상을 1로 각각 입력하였다. 교직경력 변인은 교사로서 근무한 총 연수를 그대로 점수화하였으며, 월 단위에 대해서는 측정 시

조직 헌신에 대한 측정 문항들이 따로따로 제시되어 있는 질문지를 받아보고 각각에 대하여 차례로 응답하도록 되어 있었다. 이에 비해 본 조사지에는 헌신의 세 가지 대상에 대한 측정 문항들이 혼재된 형태로 제시되었다. 이러한 문항 제시 방식의 차이가 요인분석 결과의 차이를 가져온 것으로 판단된다.

점이 12월인 점을 고려하여 올림으로 산정하였다. 즉, 1년 미만은 모두 1년으로, 1년을 초과하여 2년 미만인 경우에는 모두 2년으로 계산하였으며, 그 밖의 경우에도 이와 동일한 방식으로 경력 점수를 부여하였다. 현재 학교 근무 경력, 담임 여부, 교원 자격증 취득 경로 등의 변인들은 교사 헌신에 대한 효과는 없는 것으로 나타나 최종 분석에서는 제외하였다.

〈표 Ⅲ-3〉 교사의 인구통계학적 변인 설명 및 측정 방법

변인명	설명 및 측정 방법
성	더미 변인 : 남(0), 여(1)
결혼여부	더미 변인 : 기혼(0), 미혼(1)
교직경력	교직에 근무한 총 연수.
직 위	더미 변인 : 평교사(0), 보직교사(1)
학 력	더미 변인 : 대졸 이하(0), 석사 이상(1)

나) 사회심리적 변인

교사의 사회심리적 변인으로는 개인적 교수 효능감, 일반적 교수 효능감, 긍정적 피드백 등 세 가지를 설정하였다.

〈표 Ⅲ-4〉 교사의 사회심리적 변인 설명

변인명	변인 설명	문항 번호
개인적 교수 효능감	교사 자신의 개인적 교수 능력에 대한 믿음	13-1, 13-2, 13-3, 13-4, 13-5
일반적 교수 효능감	교수 행위와 학습 결과 간의 일반적 관련성에 대한 교사의 신념 체계	14-1, 14-2, 14-3
긍정적 피드백	교육 활동과 관련된 교사의 자부심 및 타인의 인정에 대한 교사의 지각	15-1, 15-2, 15-3, 15-4, 15-5

 교수 효능감은 Gibson과 Dembo(1984)의 제안에 따라, 개인적 교수 효능감과 일반적 교수 효능감으로 구분하였다. 개인적 교수 효능감은 교사 자신의 개인적 교수 능력에 대한 믿음으로서, 학생들의 지각과 행동에 자기 자신이 얼마나 영향을 미칠 수 있는지에 대한 자기 지각을 의미한다. 일반적 교수 효능감은 교수 행위와 학습 결과 간의 일반적 관련성에 대한 교사의 신념 체계로서, 환경적 변인과 비교하여 교수 변인이 학생들의 학습 결과와 행동에 얼마나 영향을 미칠 것인지에 대한 교사의 지각을 의미한다. 본 연구는 Gibson과 Dembo(1984)가 개발한 총 16개의 측정 문항(일반적 교수 효능감 7개와 개인적 교수 효능감 9개) 가운데, 요인부하량이 높은 것으로 각각 5개씩 총 10개의 문항을 선정하였으며, 문항 형태는 '매우 그렇다(1점)~전혀 그렇지 않다(5점)'의 Likert 5점 척도를 사용하였다. 본 연구의 자료를 바탕으로 측정한 문항 신뢰도(Cronbach α)는 개인적 교수 효능감의 경우 .79로 비교적 높게 나타났으나, 일반적 교수 효능감의 경우 .51로 낮은 수준이었다. 뿐만 아니라 요인분석 결과에 의하면, 일반적 교수 효능감을 측정하는 5개 문항은 단일 요인을 구성하지도 않았다. 이러한 결과는 응답자들이 일반 문항과 역문항을 구분하지 않고 반응했다는 데 그 원인이 있는 것으로 판단된다. 이에 따라 최종 분석에는 개인적 교수 효능감의 경우 5개 문항을 모두 포함시켰으나, 일반적 교수 효능감의 경우 단일 요인을 구성하는 3개 문항만을 포함시켰다. 새롭게 구성된 일반적 교수 효능감 변인에 대한 신뢰도를 Cronbach α 계수를 통해 검증한 결과 .68로 비교적 신뢰할 만한 수준이었다(〈표 Ⅲ-8〉 참조).

 긍정적 피드백은 교육 활동과 관련된 교사의 자부심 및 타인의 인정에 대한 지각으로 정의되며, 본 연구에서는 그것이 학교 조직의 특성과 상호작용하면서 교사 헌신에 영향을 미치는 것으로 가정하고 있다. 긍정적 피드백의 측정은 Rosenholtz(1989), Rosenholtz와 Simpson(1990), 그리고 Short와 Rinehart(1992)에 의해서 개발된 도구들을 바탕으로 우리 실정에 맞게 재구

성하여 사용하였다. 측정 문항은 모두 5개로, 여기에는 자신이 가르치는 학
생들의 성취에 대한 자부심과 교장, 동료 교사, 학생, 학부모로부터 받는 심
리적 보상의 정도가 포함되었다. 최종 회수된 설문지에 대한 신뢰도 분석 결
과는 〈표 Ⅲ-5〉에 제시되어 있다. 긍정적 피드백에 대한 Cronbach α 계수
는 .82로 나타나 측정 도구로서의 신뢰성은 확보할 수 있었다.

〈표 Ⅲ-5〉 사회심리적 변인 측정 문항의 신뢰도

측정 변인	문항 수	신뢰도
개인적 교수 효능감	5	.79
일반적 교수 효능감	3	.68
긍정적 피드백	5	.82

2) 학교 수준 변인과 측정 도구

학교 수준에서 교사 헌신에 영향을 미치는 변인은 크게 학교 배경 변인
과 학교 과정 변인으로 구분할 수 있다. 본 연구에서는 선행 연구에서 연
구자 간 합치도가 높은 변인들을 중심으로 하되, 우리나라의 학교 현실을
고려하여 교사 헌신과 관련된 학교 특성 변인으로 설립 유형, 학교 소재
지, 학교 규모, 평준화 여부, 저소득층 학생비 등 다섯 개의 학교 배경 변
인과, 자율성, 학교 경영 참여, 협력성, 학생 행동 관리, 학습 기회, 교장
지도성 등 여섯 개의 학교 과정 변인을 설정하였다.

가) 학교 배경 변인

〈표 Ⅲ-6〉에 본 연구에서 사용한 학교 배경 변인과 그 측정 방법을 제시
하였다. 학교 배경 변인 가운데 더미 변인은 3개이며, 설립 유형의 경우 국공
립학교를 0, 사립학교를 1로; 학교 소재지의 경우 대도시를 0, 중소도시 및 읍
면 지역을 1로; 평준화 여부의 경우 평준화 지역 학교를 0, 비평준화 지역 학

교를 1로 각각 입력하였다. 학교 규모의 측정은 Hausman과 Goldring(2001)의 제안에 따라 총 교사 수 지표를 활용하였다. 선행 연구들은 총 학생 수 지표를 사용하여 학교 규모를 측정하는 경우가 많지만, 사실 총 학생 수와 총 교사 수는 서로 밀접하게 관련되어 있어 어떤 지표를 선택하더라도 큰 차이는 없다고 할 수 있다. 본 연구는 교사 헌신에 대한 영향력을 분석하는 데 교사 수 변인이 보다 더 의미 있다고 판단하고, 이를 학교 규모의 지표로 활용한 것이다. 마지막으로, 학교 SES(학생 가정경제적 지위의 학교 평균) 변인은 외국의 경우 무료 급식 지원 대상자수를 통하여 그 수준을 측정하는 것이 일반적이나, 본 연구에서는 우리나라의 현실적 상황을 고려하여 생활보호대상자 자녀수와 등록비 감면대상 학생 수를 합한 수치를 저소득층 학생 수로 규정하고, 그것이 총 학생 수에서 차지하는 비율을 연구 변인으로 삼았다.

〈표 Ⅲ-6〉 학교 배경 변인 설명 및 측정 방법

변인명	변인 설명 및 측정 방법	문항번호
설립 유형	더미 변인 : 국공립(0), 사립(1)	(학교용) 1
학교 소재지	더미 변인 : 대도시(0), 중소도시 및 읍면 지역(1)	(학교용) 2
평준화여부	더미 변인 : 평준화 지역(0), 비평준화 지역(1)	(학교용) 4
학교 규모	총 교사 수	(학교용) 7-1
학교 SES	$\dfrac{\text{생활보호대상자자녀수} + \text{등록비감면대상학생 수}}{\text{총 학생 수}}$	(학교용) 8-1,2

나) 학교 과정 변인

앞에서 논의한 바와 같이, 본 연구에서는 학교 과정 변인들의 효과를 문자 그대로 학교 고유의 효과로 간주하기 위한 방편으로 각 학교 과정 변인에 대한 소속 교사들의 인식 수준을 평균하여 그 학교의 해당 변인 값으로 부여하고 있다. 학교 과정 변인에 대한 이와 같은 점수 부여 방식은 그 전례를 찾기 어려우며, 따라서 이 부분에 대한 검증은 탐색적 성격이 강하다고 할 수 있다. 본 연구에서 설정된 여섯 개의 학교 과정 변인들은 이미 선행 연구들을 통해서 교사 헌신에 유의미한 효과를 갖는 것으로 밝혀진 변인들이다. 그러나 선행 연구에서 그 변인들은 개인에 따라 상이한 값을 갖는, 즉 개인 수준의 변인들이었다. 이 변인들이 온전한 의미의 학교 수준 변인으로 전환되었을 경우에도 과연 그것들이 교사 헌신에 유의미한 영향을 미치는가 하는 것은 본 연구가 밝히고자 하는 핵심적 연구 과제라고 할 수 있다. 이하에서는 각 학교 과정 변인들의 의미와 측정 방법을 구체적으로 제시한다.

본 연구에서 자율성은 수업과 학생 지도 영역에서 교사들이 실제로 행사하고 있는 영향력의 정도를 의미한다. 자율성 변인의 구체적 영역은 Short과 Rinehart(1992) 그리고 Ingersoll 등(1997)의 측정 도구를 참고하되 우리나라 학교 현실에 맞게 설정되었으며, 여기에는 수업 교재와 자료의 선택, 수업 내용의 선택, 수업 방법과 기술의 결정, 과제물의 내용과 양의 결정, 학생 평가 방법의 결정, 학생 생활지도 방법의 결정 등 6개 영역이 포함되었다. 문항 형태는 '강함(1점) ～ 약함(5점)'의 Likert 5점 척도를 사용하여 교사들에게 응답하도록 하였다. 자율성 변인 측정 문항에 대한 신뢰도를 Cronbach α 계수를 통해 검증한 결과 .83으로 나타나 비교적 양호한 측정 도구임을 보여주었다.

<표 Ⅲ-7> 자율성 변인의 문항 및 신뢰도

변인명	변인 설명 및 측정 문항	문항번호	신뢰도
자율성	수업과 학생 지도 영역에서 교사들이 실제로 행사하고 있는 영향력의 정도		.83
	– 수업 교재와 자료의 선택,	10-1	
	– 수업 내용의 선택,	10-2	
	– 수업 방법과 기술의 결정,	10-3	
	– 과제물의 내용과 양의 결정	10-4	
	– 학생 평가 방법의 결정	10-5	
	– 학생 생활지도 방법의 결정	10-6	

96

학교 경영 참여는 학교 경영 영역에서 교사들이 실제로 행사하고 있는 영향력의 정도를 의미한다. 여기에서 학교 경영의 영역은 Hausman과 Goldring(2001) 그리고 Somech와 Bogler(2002)의 측정 문항들을 참고하여, 담임 배정, 보직교사 임명, 업무 분장, 학교 교육과정 편성, 학생의 학급 편성, 교내연수 프로그램 내용의 결정, 교원 포상대상자 결정, 예산 편성, 예산 지출의 우선순위 결정 등 9개 영역을 선정하였다. 문항 형태는 '강함(1점)~약함(5점)'의 Likert 5점 척도를 사용하였으며, Cronbach α 계수로 측정한 문항 신뢰도는 .92로 나타나 양호한 측정 도구임을 보여주었다.

<표 Ⅲ-8> 학교 경영 참여 변인의 문항 및 신뢰도

변인명	변인 설명 및 측정 문항	문항번호	신뢰도
학교경영 참여	학교 경영 영역에서 교사들이 실제로 행사하고 있는 영향력의 정도		.92
	- 담임 배정	11-1	
	- 보직교사 임명	11-2	
	- 업무 분장	11-3	
	- 학교 교육과정 편성	11-4	
	- 학생의 학급 편성	11-5	
	- 교내연수 프로그램의 내용의 결정	11-6	
	- 교원 포상대상자 결정	11-7	
	- 예산 편성	11-8	
	- 예산 지출의 우선순위 결정	11-9	

협력성은 교육 활동의 개선을 위하여 교사들 사이에 이루어지는 상호 조력 수준으로 정의된다. 협력성의 측정을 위하여 Rosenholtz(1989)와 Newmann 등(1989), Hausman과 Goldring(2001)이 개발한 척도를 우리나라 학교 현실에 적합하게 수정하였으며, 여기에는 교육 활동에 관한 아이디어와 교육 자료 공유 정도, 수업에 관한 교사 간의 대화 정도, 교사의

소속감, 교사 간 상호 배타성, 수업 개선 및 학급 문제 해결에 대한 상호 조력 정도, 교사 간 협력에 대한 호의적 태도 수준, 수업에 관한 대화의 빈도 등 7개의 문항이 포함되었다. 그런데, 협력성 척도에 대한 요인분석 결과, 이들 7개 문항은 단일 요인으로 구성되지 않았으며, 이는 응답자들이 역문항을 구별하지 않고 응답했기 때문인 것으로 보인다. 이에 따라 최종 분석에는 역문항을 제외한 4개 문항만을 포함시켰으며, 문항 형태는 '매우 그렇다(1점)~전혀 그렇지 않다(5점)'의 Likert 5점 척도를 사용하였다. 협력성 변인 4개 측정 문항에 대한 신뢰도를 Cronbach α 계수를 통해 확인한 결과 .81로 나타나, 비교적 양호한 측정 도구임을 보여주었다.

〈표 Ⅲ-9〉 협력성 변인의 문항 및 신뢰도

변인명	변인 설명 및 측정 문항	문항번호	신뢰도
협력성	교육 활동의 개선을 위하여 교사들 사이에 이루어지는 상호 조력 수준		.81
	- 교육 활동에 관한 아이디어와 교육 자료 공유 정도	16-1	
	- 교사의 소속감	16-3	
	- 수업 개선 및 학급 문제 해결에 대한 상호 조력 정도	16-5	
	- 협력에 대한 호의적 인식 여부	16-6	

학생 행동 관리는 학교의 질서를 유지하기 위하여 학생들의 행동을 통제하는 규칙을 일관되게 적용하는 정도를 의미한다. 학생 행동 관리 변인의 측정 도구는 Rosenholtz(1989)가 개발한 것을 번안하여 사용하였다. 여기에는 학생 행동 통제 규칙의 명시성 여부, 학생들의 규칙 준수 정도, 규칙 적용에 대한 교사들의 일관성, 규칙의 지속성 여부 등 4개 측정 문항이 포함되었다. 문항 형태는 '매우 그렇다(1점)~전혀 그렇지 않다(5점)'의 Likert 5점 척도를 사용하였다. 학생 행동 관리 변인 측정 문항에 대한 신뢰도(Cronbach α 계수)는 Rosenholtz(1989)의 연구에서는 .77로 보고되었

으나, 본 연구에서는 .58로 다소 낮게 나타났다. 이러한 결과는 학생 행동 관리 변인의 측정 문항에 역문항이 포함되었기 때문인 것으로 판단된다.

〈표 Ⅲ-10〉 학생 행동 관리 변인의 문항 및 신뢰도

변인명	변인 설명 및 측정 문항	문항번호	신뢰도
학생 행동 관리	학교의 질서를 유지하기 위하여 학생들의 행동을 통제하는 규칙을 일관되게 적용하는 정도		.58
	- 학생 행동 통제 규칙의 명시성 여부	17-1	
	- 학생들의 규칙 준수 정도	17-2	
	- 규칙 적용에 대한 교사들의 일관성	17-3	
	- 규칙의 지속성 여부	17-4	

학습 기회는, Rosenholtz(1989)의 제안에 따라, 학교 조직에서 교사들이 경험하는 전문성 개발을 위한 기회의 정도로 정의하였다. 사실 앞에서 학교 과정 변인의 하나로 설정된 협력성 변인의 가장 큰 유익은 그것이 교사들 사이의 학습 기회를 제공한다는 것이다. 그럼에도 불구하고 학습 기회 변인을 별도의 학교 수준 변인으로 설정한 것은 교사 협력의 보다 공식적인 측면의 효과를 파악하기 위한 것이다. 학습 기회 변인의 측정은 Rosenholtz(1989)가 개발한 측정 도구를 우리 실정에 맞게 수정하여 사용하였다. 여기에는 새로운 것을 학습할 기회, 학습 기회의 지속성, 자율장학의 효과성, 교내 연수 프로그램의 효과성, 연수 결과의 공유 정도, 변화에 대한 긍정적 풍토 등 6개의 측정 문항이 포함되어 있다. 각 문항은 '매우 그렇다(1점)~전혀 그렇지 않다(5점)'의 Likert 5점 척도를 사용하여 교사들에게 응답하게 하였다. 최종 회수된 설문지에 대한 신뢰도 분석 결과는 〈표 Ⅲ-11〉에 제시되어 있다. 연속 변인을 측정된 학습 기회 변인에 대한 신뢰도(Cronbach α 계수)는 .89로 나타나 측정 도구로서의 신뢰성은 확보할 수 있었다.

〈표 Ⅲ-11〉 학습 기회 변인의 문항 및 신뢰도

변인명	변인 설명 및 측정 문항	문항번호	신뢰도
학습 기회	학교 조직에서 교사들이 경험하는 전문성 개발을 위한 기회의 정도		.89
	- 새로운 것을 학습할 기회	18-1	
	- 학습 기회의 지속성	18-2	
	- 자율장학의 효과성	18-3	
	- 교내 연수 프로그램의 효과성	18-4	
	- 연수 결과의 공유 정도	18-5	
	- 변화에 대한 긍정적 풍토	18-6	

마지막으로, 본 연구에서는 교장의 변혁적 지도성이 교사의 헌신에 어떤 영향을 미치는지 확인하고자 하였다. 변혁적 지도성의 측정은 노종희 (1994)가 국내외 관련 문헌에 대한 종합적 검토를 바탕으로 우리 실정에 맞게 개발한 측정 도구를 사용하되, 그가 제시한 15개 문항 가운데 요인부 하량이 높은 10개 문항을 선정하여 본 연구의 측정 문항으로 삼았다. 노종 희(1994)에 의하면, 변혁(지향)적 지도성은 변화 선도, 인간 존중, 그리고 솔선수범의 세 가지 요소로 구성되어 있다. 변화 선도란 탈인습적인 사고 와 발상, 낡은 관행에 대한 문제 제기, 미래지향적 방향 제시와 동시에 교 사들에게 도전적인 목표의 부과, 새로운 이론의 수용과 혁신적인 수업 방 법의 채택을 독려하는 교장의 행동을 의미한다. 인간 존중이란 교사들의 요구와 의견을 수용하고, 그들을 신뢰하고 동등하게 대우하며, 그들에게 권한의 위임, 능력개발의 기회 등을 제공하는 교장의 행동을 가리킨다. 솔 선수범은 언행일치, 자기희생, 사심 없는 의사결정, 목표추구, 가치지향, 일 에 대한 열정 등을 나타내는 교장의 행동을 말한다. 본 연구에서 사용한 변혁적 지도성의 측정 문항은 〈표 Ⅲ-12〉에 제시되어 있다. 문항 형태는 '매우 그렇다(1점) ~ 전혀 그렇지 않다(5점)'의 Likert 5점 척도를 사용하

여 교사들에게 응답하게 하였다. 본 연구에서 Cronbach α 계수를 통해 확인한 교장 지도성 변인의 신뢰도는 .95로 나타나 매우 양호한 측정 도구로 확인되었다.

<표 Ⅲ-12> 교장지도성 변인의 문항 및 신뢰도

변인명	변인 설명 및 측정 문항	문항번호	신뢰도
교장 지도성	변화를 선도하고 교사들을 존중하며 솔선수범을 보이는 교장의 행동		.95
	- 교사들을 동등하게 대우한다	19-1	
	- 교사들에 권한을 위임한다	19-2	
	- 교사들의 의견을 존중한다	19-3	
	- 교사들이 따라야 할 모델이다	19-4	
	- 사심 없이 의사결정을 한다	19-5	
	- 직무 수행에 헌신적이다	19-6	
	- 문제의식을 가지고 교육현장을 본다	19-7	
	- 미래지향적인 목표를 추구한다	19-8	
	- 교사들에게 도전적인 과업을 부과한다	19-9	
	- 창의적인 사고와 발상을 한다	19-10	

3. 표집 및 조사 과정

가. 표집 설계

본 연구의 표집 대상은 전국의 인문계 고등학교 및 고등학교 교사들이다. 인문계 고등학교를 연구 대상으로 삼은 데에는 두 가지 이유가 있다. 첫째, 본 연구의 목적이 동일한 유형의 학교 간에 교사 헌신 수준이 차이가 있는지를 밝히는 데 있기 때문에 이 목적을 달성하기 위해서는 무엇보다도 동일한 학교 유형을 연구 대상으로 삼아야 한다. 초등학교나 중학교 또는 실업계 고등학교를 모두 표집 대상에 포함하게 될 경우 이들 학교 간에는 통제하기 어려운 변수들의 개입 가능성이 높으며, 따라서 본 연구는 어느 한 학교 급을 선정하기로 한 것이다. 둘째, 여러 학교 급 가운데 인문계 고등학교를 선정한 것은 다른 학교 급에 비해 인문계 고등학교의 경우 전국적으로 비교 가능한 학생 학업 성취도 점수를 구할 가능성이 높았기 때문이었다. 연구를 설계할 당시만 해도, 본 연구는 교사 헌신에 영향을 미치는 학교 수준 변인으로 학생의 학업 성취도를 포함시킬 계획을 갖고 있었다. 학생들의 학업 성취도가 높은 학교에 근무하는 교사와 그렇지 않은 학교에 근무하는 교사는 헌신 수준에 차이가 난다고 가정한 것이다. 여러 가지 부작용을 우려하여 학교별 성적을 공개하지 않는 우리나라의 교육행정 현실에 부딪쳐 결국 연구에 필요한 학업 성취도 자료를 확보하지 못한 것은 아쉬운 대목이다.

2004년 현재 전국의 인문계 고등학교는 1,297개교이다(교육부, 2004). 표집은 비례유층표집 방식을 사용하였다. 전국의 인문계 고등학교 중에서 지역별 비율을 고려하여 100개의 학교(전국 인문계 고등학교의 7.7%)를 선정하였다. 이 과정에서 설립 유형별(국공립과 사립), 남녀 학교별 비율을 고려하였다.

표집된 100개 학교를 대상으로 질문지를 배부하였다. 회수율과 응답의 성실성을 최대한 확보하기 위하여 가급적 표집 학교를 직접 방문하여 질문지를 배부한 결과, 총 98개 학교가 조사에 응하였으며, 이는 전국 인문계 고등학교의 7.6%에 해당한다. 제주 지역의 경우 학교 방문의 어려움으로 인해 표집 대상에서 제외되었다. 대부분의 표집 대상 학교들이 조사에 응해 최종적인 조사 학교의 분포와 전집에서의 지역별 인문계 고등학교 분포는 대부분 비슷한 것으로 나타났다. 지역별 총 학교수와 비율 및 지역별 표집학교 수와 표집비율은 〈표 Ⅲ-13〉에 제시하였다.

<표 Ⅲ-13> 표집학교 수와 지역별 비율

지 역	총학교수	비율(%)	표집학교 수	비율(%)
총 계	1,297	100.0	98	100.0
서 울	206	15.9	16	16.3
부 산	87	6.7	7	7.1
대 구	61	4.7	4	4.1
인 천	60	4.6	5	5.1
광 주	47	3.6	4	4.1
대 전	40	3.1	4	4.1
울 산	25	1.9	2	2.0
경 기	192	14.8	14	13.3
강 원	63	4.9	4	3.1
충 북	49	3.8	5	5.1
충 남	73	5.6	6	6.1
전 북	68	5.2	6	6.1
전 남	84	6.5	6	6.1
경 북	117	9.0	10	9.2
경 남	108	8.3	8	8.2
제 주	17	1.3	-	-

<표 Ⅲ-14>에는 표집학교 수와 교사 수별로 최종 회수된 비율이 제시 되어 있다. 표집 대상 100개교에 배부한 교사용 질문지는 3,730부이었으며, 이 가운데 3,047부가 회수되었고(회수율 81.7%), 최종 분석에 사용한 유효 사례 수는 2,913부이었다(회수율 78.1%).

한편, 최종 표집 대상 학교별 유효사례 수는 <부록 Ⅱ-3>에 제시하였 다. 이 자료에 의하면, 학교에 따라서 사례 수가 많은 차이를 보이고 있다. 이는 학교의 규모에 따른 교사 수 차이가 그대로 유효사례 수의 차이로 나타났기 때문이다. 그러나 위계적 선형 모형은 이러한 표집 교사 수의 차 이에 따른 오차를 줄여 나갈 수 있기 때문에, 분석 결과의 해석에 있어서

유효 사례 수의 차이는 큰 문제가 되지 않는다.

<표 Ⅲ-14> 질문지 배포 및 회수(율)

구 분	학 교		교 사	
	배 포	회수(%)	배 포	회수(%)
전 체	100	98(98.0)	3,730	2,913(78.1)
설립 유형별				
국공립	50	49(98.0)	1,784	1,404(78.1)
사 립	50	49(98.0)	1,946	1,509(77.5)
학교 소재지별				
대도시	41	41(100.0)	1,616	1,317(81.5)
중소도시/읍면	59	57(96.6)	2,114	1,596(75.5)
평준화여부별				
평준화지역	57	56(98.2)	2,280	1,816(79.6)
비평준화지역	43	42(97.7)	1,450	1,097(75.7)

나. 자료 수집 절차

표집 대상 학교에는 교사용 질문지와 학교용 질문지가 함께 배부되었다. 학교용 질문지는 학교당 1부씩 배부하였으며, 해당 학교의 연구부장 또는 교무부장에게 작성을 의뢰하였다. 교사용 질문지는 학교당 40부를 배부하되, 교사 수가 그에 미치지 못하는 학교에는 그 학교의 교사 수만큼 배브하였다. 질문지 배부는 2004년 12월 초순에 실시하였다. 원칙적으로 연구자가 표집 대상 학교를 직접 방문하여 학교장 또는 교감의 동의를 얻은 후, 연구부장 또는 교무부장의 협조하에 교사들에게 배포하였으며, 회신은 회송용 봉투를 활용하여 우편으로 접수하였다. 한편, 연구에 협조할 수 있는 인사가 섭외된 일부 학교에 대해서는 직접 방문하는 대신, 두 유형의 질문지와 함께 연구 목적에 대한 협조 편지, 회송용 봉투, 응답용 필기구

구 등을 우편 또는 인편으로 발송하였다. 모든 응답자에게는 응답의 대가로 적정한 수준의 필기도구를 선물로 증정하였다. 질문지의 회수는 2004년 12월 말부터 2005년 1월 초까지 이루어졌으며, 회수된 질문지를 대상으로 통계 분석을 실시하였다. 최종 회수된 질문지에 대해 무성의하게 답했거나, 응답하지 않은 빈도수가 많은 것은 분석에서 제외하였다.

4. 분석 방법

본 연구는 교사 헌신에 대한 학교 수준 변인들의 효과를 측정, 분석하는 데 목적을 두고 있다. 본 연구에서 학교 수준 변인들의 효과는 교사 수준 변인의 효과를 통제한 후 측정된 순수한 의미의 학교 특성 효과이다. 이러한 연구 목적을 달성하기 위하여 본 연구에서 사용되는 변인들은 두 개의 서로 다른 수준, 즉 교사 개인 수준과 학교 조직 수준에서 측정되는 위계적인 구조로 이루어져 있다. 따라서 본 연구는 다수준 자료의 특성을 분석하는 데 적합한 위계적 선형 모형(HLM 5.2 for window)을 사용한다.

가. 기본 모형

본 연구의 자료는 교사 수준 변인과 학교 수준 변인의 두 가지 수준으로 구성되어 있다. 각 수준 자료와 교사 헌신의 관계를 분석하기 위한 위계적 선형 모형의 일반적인 방정식을 제시하면 다음과 같다.

1수준 방정식 (교사 수준)

1수준 방정식은 교사 헌신을 종속변수로 하고, 교사 수준 변인들을 독립변인으로 하는 회귀 방정식이다. j학교에 근무하는 i교사의 헌신 점수(종속변수)는 Y_{ij}로 표시한다. 이 종속변인은 교사 수준 변인 X_{qij}와 오차변인 r_{ij}의 함수식으로 나타낼 수 있다.

$$Y_{ij} = \beta_{0j} + \beta_{1j}X_{1ij} + \beta_{2j}X_{2ij} + \cdots + \beta_{qi}X_{qij} + r_{ij}$$

〈주〉 Y_{ij} – j학교에 근무하는 i교사의 헌신 점수

　　　X_{qij} – j학교에 근무하는 i교사의 q번째 교사 수준 독립변인

　　　β_{0j} – j학교의 절편(intercept)

　　　β_{qj} – j학교의 X_q의 회귀계수 (X_q변인의 영향력)

　　　r_{ij} – i교사와 관련된 고유효과 ($r_{ij} \sim N(0, \sigma^2)$)

위 식에서 j학교의 절편인 β_{0j}는 교사 수준 독립변인들의 효과를 모두 통제한 상태에서 산출된 j학교의 평균 교사 헌신 점수를 의미한다. 회귀계수는 β_{qj}는 j학교에서 교사 수준 변인들(X_{qij})이 종속변인(Y_{ij})에 미치는 독립적 효과를 의미한다. 한편, 오차변인 r_{ij}는 평균이 0이고 표준편차가 σ^2인 정규분포를 보인다고 가정한다.

2수준 방정식 (학교 수준)

위계적 선형 모형의 독특성은 1수준 방정식의 절편과 회귀계수가 학교에 따라 무선적으로 변하는 것으로 가정한다는 데 있다. 다시 말하여, 교사 헌신 점수의 학교 평균(β_{0j})과 교사 수준 변인들의 헌신에 대한 효과(β_{qj})가 학교에 따라 차이가 있다는 것이다. 이러한 가정에 따라, 2수준 방정식은 1수준 방정식의 절편(β_{0j})과 회귀계수(β_{qj})를 종속변수로 삼고, 그 종속변수가 학교에 따라 달라지는 원인을 설명하기 위하여 학교 수준 변인들(W_{sj})을 독립변인으로 투입한다. 이를 함수식으로 표기하면 다음과 같다

$$\beta_{0j} = \gamma_{00} + \gamma_{01} W_{1j} + \cdots + \gamma_{0s} W_{sj} + u_{0j}$$

$$\vdots$$

$$\beta_{qj} = \gamma_{q0} + \gamma_{q1} W_{1j} + \cdots + \gamma_{qs} W_{sj} + u_{qj}$$

〈주〉 β_{0j} － j학교의 절편(j학교의 평균 교사 헌신 점수)

β_{qj} － j학교의 교사 수준 독립변인의 기울기를 나타내는 회귀계수

W_{sj} － j학교의 s번째 학교 수준 독립변인

γ_{qs} － β값에 대한 학교 수준 변인의 회귀계수(고정효과)

u_{qi} － j학교 수준의 잔여치 ($u_{qi} \sim N(0, \tau)$)

위 식에 의하면, 1수준 방정식의 절편(β_{0j})이나 회귀계수(β_{qj})들은 학교 수준 변인들(W_{sj})과 학교의 오차변인들(u_{qi})에 의해서 설명되는 결과변인이다. 위 식에서 γ들은 학교 수준 변인들(W_{sj})이 절편(β_{0j})이나 회귀계수(β_{qj})에 미치는 독립적인 효과를 나타낸다. 여기에서 독립적이라 함은 학교 수준 변인의 종속변인에 대한 효과가 다른 변인들의 효과를 통제한 후 그 변인의 고유한 효과라는 것을 의미한다. u_{qi} 는 학교 수준 변인들(W_{sj})의 효과를 제외한 j학교의 잔여 변량이다. 흔히 γ 는 하나의 값으로 정해진다는 점에서 고정효과(fixed effect)로 불리는 반면, u 는 학교에 따라 차이가 있다는 점에서 무선효과(random effect)로 불린다.

나. 연구 모형

본 연구에서 1수준 방정식에 투입될 종속변인은 교사 헌신 점수와 그 하위 요인인 수업 헌신 점수, 학생 헌신 점수, 그리고 학교 조직 헌신 점수 등 4개이다. 교사 수준 방정식에 투입될 독립변인은 교사의 인구통계학

적 변인 5개와 사회심리적 변인 3개 등 총 8개 변인이다. 한편, 2수준, 즉 학교 수준 방정식에 투입될 독립변인은 학교 배경 변인 5개와 학교 과정 변인 6개 등 총 11개 변인이다. 위계적 선형 모형의 기본 모형을 이용하여 본 연구문제를 규명하기 위한 분석 모형을 단계별로 제시하면, 기초 모형, 중간 모형, 절편-결과 모형, 무선계수 모형의 네 가지이다.

1) 기초 모형

1수준 방정식 : $Y_{ij} = \beta_{0j} + r_{ij}$ $(r_{ij} \sim N(0, \sigma^2))$

2수준 방정식 : $\beta_{0j} = \gamma_{00} + u_{0j}$ $(u_{0j} \sim N(0, \tau))$

$$\Rightarrow Y_{ij} = \gamma_{00} + u_{0j} + r_{ij}$$

기초 모형은 교사 수준 방정식과 학교 수준 방정식에 어떠한 독립변인도 포함시키지 않은 모형이며, 위계적 선형 모형의 가장 하위 단계인 무선효과 일원변량분석 모형(owe-way ANOVA with random effects)에 해당한다. 위 식에서 전체평균 점수(γ_{00})는 하나의 값으로 나타나는 고정효과로서 변량이 없기 때문에, 교사 헌신의 총변량은 학교 간 변량(τ)과 학교 내 변량(σ^2)으로 구성된다. 따라서 교사 헌신 수준의 학교 차이는 학교 간 변량(τ)을 총변량($\tau + \sigma^2$)으로 나눈 값을 통하여 파악할 수 있다.[22]

---

22) 위계적 선형 모형에서 학교 간 변량(τ)의 총변량($\tau + \sigma^2$)에 대한 비율은 집단 내 상관계수(intraclass correlatoin)라고 불린다. 이 계수는 동일한 학교에 소속된 교사들 사이에 존재하는 상호 상관의 정도를 의미하며, 전체 변량 중에서 학교 변량이 차지하는 비중을 나타내는 지표이다. 다시 말하여, 이 계수는 교사 헌신 변량의 몇 %가 학교 차이에 의한 것인지를 보여준다.

2) 중간 모형

1수준 방정식 :

$$Y_{ij} = \beta_{0j}(\text{절편}) + \beta_1(\text{성}) + \beta_2(\text{결혼여부}) + \beta_3(\text{교직경력}) + \beta_4(\text{직위}) +$$
$$\beta_5(\text{학력}) + \beta_6(\text{개인적 교수 효능감}) + \beta_7(\text{일반적 교수 효능감}) +$$
$$\beta_8(\text{긍정적 피드백}) + r_{ij}(\text{고유잔차})$$

2수준 방정식 : $\beta_{0j} = \gamma_{00} + u_{0j}$

중간 모형은 위계적 선형 모형의 하위 모형 중 무선-계수 모형(random -coefficient model)의 변형이라고 할 수 있다.[23] 이 모형을 통해 산출된 절편 값(β_{0j})은 8개의 교사 수준 변인을 통제한 후에 예상되는 학교별 교사 헌신 수준 차이를 의미한다. 이 절편 값이 학교에 따라 유의미하게 변화하는 지 살펴봄으로써 학교 효과가 발생하는 가능성의 범위를 파악할 수 있다.

3) 절편-결과 모형

1수준 방정식 :

$$Y_{ij} = \beta_{0j}(\text{절편}) + \beta_1(\text{성}) + \beta_2(\text{결혼여부}) + \beta_3(\text{교직경력}) + \beta_4(\text{직위}) +$$
$$\beta_5(\text{학력}) + \beta_6(\text{개인적 교수 효능감}) + \beta_7(\text{일반적 교수 효능감}) +$$
$$\beta_8(\text{긍정적 피드백}) + r_{ij}(\text{교사 고유 잔차})$$

---

23) 본래 무선-계수 모형의 2-수준 방정식에는 절편(β_{0j})뿐만 아니라 회귀계수 (β_{1j})들이 종속변수로 사용된다. 그러나 여기에서는 절편(β_{0j}) 값만을 2-수 준 방정식의 종속변수로 사용하고 있다.

2수준 방정식 :

$$\beta_{0j} = \gamma_{00}(절편) + \gamma_{01}(설립 유형) + \gamma_{02}(학교 소재지) + \gamma_{03}(평준화여부) +$$

$$\gamma_{04}(총 교사 수) + \gamma_{05}(저소득층 학생비) + \gamma_{06}(자율성) +$$

$$\gamma_{07}(학교 경영 참여) + \gamma_{08}(협력성) + \gamma_{09}(학생 행동 관리) +$$

$$\gamma_{10}(학습 기회) + \gamma_{11}(교장지도성) + u_{0j}(학교 고유 잔차)$$

절편 - 결과 모형(Regression with Mean-as-Outcome)은 중간 모형의 2수준 방정식에 학교 수준 독립변인들을 투입한 모형이다. 이를 통해 교사 헌신의 학교 차이가 어떠한 학교 특성들로 설명될 수 있는지를 확인할 수 있다.

4) 무선 - 계수 모형

교사 수준 변인과 학교 수준 변인의 상호작용 효과를 분석하기 위해서는 순차적인 두 단계의 분석이 요구된다. 첫째는 교사 수준 변인들의 회귀계수들이 학교별로 유의미한 차이를 보이는지 확인하는 것이며, 둘째는 학교별로 유의미한 차이를 보이는 교사 수준 변인들을 대상으로 하여 그것들과 학교 수준 변인들의 상호작용 효과를 확인하는 것이다.

1수준 방정식 : $Y_{i} = \beta_{0j}(절편) + \beta_{qj}(교사변인) + r_{ij}(교사 고유 잔차)$

2수준 방정식 : $\beta_{qj} = \gamma_{q0} + u_{qj}$ $(u_{qj} \sim N(0, \tau_q))$

※ β_{qj} : 8개 교사 수준 변인들이 순차적으로 투입됨.

위 모형에서 1수준 방정식에는 학교에 따라 유의미한 차이를 보일 것으로 예상되는 교사 수준 변인들이 순차적으로 투입된다.[24] 1수준 방정식의

110

회귀계수는 다시 2수준 방정식의 종속변인으로 투입된다. 여기에서는 교사 수준 변인들의 회귀계수가 무선적으로 변하지의 여부를 확인하는 데 일차적 목적이 있기 때문에 2수준 방정식에는 어떠한 학교 수준 변인도 투입되지 않는다.

1수준 방정식 : $Y_{ij} = \beta_{0j}(절편) + \beta_{qj}(교사변인) + r_{ij}(교사 \ 고유 \ 잔차)$

2수준 방정식 :

$$\beta_{qj} = \gamma_{00}(절편) + \gamma_{01}(설립 \ 유형) + \gamma_{02}(학교 \ 소재지) + \gamma_{03}(평준화여부) +$$
$$\gamma_{04}(총 \ 교사 \ 수) + \gamma_{05}(저소득층 \ 학생비) + \gamma_{06}(자율성) +$$
$$\gamma_{07}(학교 \ 경영 \ 참여) + \gamma_{08}(협력성) + \gamma_{09}(학생 \ 행동 \ 관리) +$$
$$\gamma_{10}(학습 \ 기회) + \gamma_{11}(교장지도성) + u_{qj}(학교 \ 고유 \ 잔차)$$

※ β_{qj} : 교사 수준 변인의 기울기 가운데 학교에 따라 무선효과를 갖는 것으로 나타난 변인들이 순차적으로 투입됨.

위 모형에서는 학교별로 유의미한 차이를 보이는 교사 수준 변인을 대상으로 그것과 학교 수준 변인의 상호작용 효과를 확인할 수 있다. 상호작용 효과는 교사 수준 변인의 기울기(β_{qj}) 변화에 대한 학교 수준 변인들의 영향력을 의미하는 회귀계수(γ값)를 통해 구할 수 있다.

---

24) 교사 수준 변인 기울기의 무선효과 분석을 순차적으로 실시하는 것은 위계적 선형 모형의 방법론적 제약에 기인한 것이며, 이에 대해서는 후술한다.

Ⅳ. 분석 결과

이 연구의 목적은 교사 헌신의 대상에 따른 학교 조직의 영향력을 확인하는 데 있다. 위와 같은 연구 목적을 달성하기 위하여 우선 이론적 검토를 통해 가설연역적으로 도출된 교사 헌신 변인에 대하여 요인분석을 실시하여 잠재적 구인을 실증적으로 확인하였으며, 이어서 위계적 선형 모형을 적용하여 교사 헌신의 수준 간 변량 차이와 그에 대한 각 수준별 변인들의 효과를 분석하였다.

1. 분석 자료의 기초 통계 값

본 논문에서 최종적으로 사용된 변인들의 기초 통계 값을 교사 수준과 학교 수준으로 구분하여 〈표 Ⅳ-1〉에 제시하였다. 교사 수준 변인으로는 5개의 인구통계학적 변인과 3개의 사회심리적 변인이 포함되었고, 학교 수준 변인으로는 5개의 학교 배경 변인과 6개의 학교 과정 변인이 분석에 투입되었다.

먼저 더미 변인의 경우 그 평균값은 유효 응답자 중에서 1로 입력된 특성을 지닌 응답자가 차지하는 비율을 의미한다. 교사 수준에서, 전체 응답자 가운데 여교사는 36%, 미혼교사는 17%, 보직교사는 19%, 석사 이상의 학위를 소지한 교사는 39%를 차지하고 있다. 한편, 교직경력은 1년에서 44년까지 다양하게 분포되어 있으며 평균은 약 15년으로 나타났다. 학교 수준에 볼 때, 전체 응답 학교(98개교) 가운데, 사립학교는 50%, 중소도시 및 읍면 지역에 위치한 학교는 58%, 비평준화 지역에 위치한 학교는 43%를 차지하고 있다. 총 교사 수는 8명에서 122명에 이르기까지 학교별로 매우 큰 차이를 보이고 있으며, 학교당 평균 교사 수는 약 60명으로 나타났다. 전체 학생에서 저소득층 학생이 차지하는 비율 역시 1.36%에서 77.55%까지 학교별로 심한 격차를 보이고 있으며, 전체평균은 약 13%인 것으로 나타났다.

한편, Likert 총합평정척을 사용하여 측정한 사회심리적 변인과 교사 헌신 변인 그리고 학교 과정 변인들의 값은 0점에서 최대 4점까지의 폭을 가지고 있다. 대체적으로 말하여, 사회심리적 변인과 교사 헌신 변인의 경우 교사들은 평균(2.0) 이상의 반응을 보이고 있다. 학교 과정 변인의 경우에는 자율성 점수가 3.06으로 가장 높았으며, 학교 경영 참여와 학습 기회는 평균 이하의 비교적 낮은 점수를 나타내고 있다. 특히 교장 지도성과 학교 경영 참여의 경우 그 표준편차가 상당히 큰 것으로 보아 이들 변인의 학교 간 차이가 다른 변인들에 비해 큰 것을 알 수 있다. 한편, 교사 헌신의 대상별 수준은 수업 헌신이 3.18로 가장 높았으며, 이어서 학생 헌신이 2.96, 학교 조직 헌신이 2.82의 순으로 나타났다.

각 변인들 사이의 상관관계는 〈부록 Ⅱ-2〉과 〈부록 Ⅱ-3〉에 제시하였다. 전체적으로 보아 교사 헌신은 인구통계학적 변인들과 .03~.12의 비교적 낮은 상관을 보이고 있는 반면, 사회심리적 변인들과는 .13~.55의 높은 상관을 보이고 있다. 학교 수준에서도 이와 비슷하게, 학교 배경 변인들과는 .05~.35의 비교적 낮은 상관을 보이고 있는 반면, 학교 과정 변인들과는 학교 경영 참여 변인을 제외하면 .31~.55의 높은 상관을 보이고 있다.

〈표 Ⅳ-1〉 연구변인의 기초 통계 값

변인명	평 균	표준편차	최소 값	최대 값
개인 수준 변인				
인구통계학적 변인				
성(여교사)	0.37	0.48	0.00	1.00
결혼여부(미혼)	0.17	0.37	0.00	1.00
교직경력	15.10	8.59	1.00	44.00
직위(보직교사)	0.19	0.39	0.00	1.00
학력(석사 이상)	0.38	0.49	0.00	1.00
사회심리적 변인				
개인적 교수 효능감	2.75	0.53	0.80	4.00
일반적 교수 효능감	2.20	0.74	0.00	4.00
긍정적 피드백	2.51	0.54	0.60	4.00
종속 변인				
교사 헌신	2.99	0.48	1.00	4.00
수업 헌신	3.18	0.51	0.88	4.00
학생 헌신	2.96	0.50	1.13	4.00
학교 조직 헌신	2.82	0.61	0.00	4.00
학교 수준 변인				
학교 배경 변인				
설립 유형(사립)	0.50	0.50	0.00	1.00
학교 소재지(중소도시 및 읍면)	0.58	0.50	0.00	1.00
평준화 여부(비평준화)	0.43	0.50	0.00	1.00
총 교사 수	60.93	24.43	8.00	122.00
저소득층 학생비	13.13	11.01	1.36	77.55
학교 과정 변인				
자율성	3.06	0.16	2.69	3.48
학교 경영 참여	1.60	0.33	0.62	2.32
협력성	2.14	0.21	1.69	2.71
학생 행동 관리	2.63	0.22	1.81	3.13
학습 기회	1.97	0.26	1.46	2.84
교장 지도성	2.27	0.42	0.72	3.19

* 주 1) ( )는 1로 입력된 더미 변인임.

2) 위에 제시된 연구변인 가운데 사회심리적 변인들과 학교 과정 변인들의 기술통계치는 원자료를 기준으로 분석한 결과이다. 위계적 선형 모형을 적용한 실제 분석에서는 이를 표준화하여 사용하였다.

2. 교사 헌신의 학교 간 변량 비율

본 연구의 일차적 관심은 교사 헌신의 수준이 학교에 따라 얼마나 차이가 있으며 그 차이가 왜 발생하는지를 밝히는 데 있다. 이를 설명하기 위해서는 교사 헌신의 총 변량 중에서 학교 간 변량과 학교 내 변량의 비율이 어떻게 구성되어 있는지를 먼저 파악해야 한다. 학교 간 변량은 전체 표집학교의 평균 헌신 점수로부터 개별 학교들의 평균 헌신 점수들이 차이가 나는 정도를 의미하며, 학교 내 변량은 개별 학교의 평균 헌신 점수에서 그 학교에 근무하는 교사들의 헌신 점수가 어느 정도 차이가 나는지를 나타내주는 지표이다. 본 연구의 주된 관심사는 교사 헌신 점수의 학교 간 변량이 어느 정도이며, 이러한 학교 간 변량 차이가 학교 수준 변인들을 통해서 어떻게 설명될 수 있는가에 있다. 따라서 학교 간 변량의 크기가 작다면 학교 수준 변인으로 설명할 수 있는 여지는 그만큼 줄어들게 된다.

개인 수준과 학교 수준의 변량 분할은 일원변량분석 모형(one-way ANOVA)을 통해서 산출할 수 있다. Ⅲ장에서 설명한 바와 같이, 이 모형은 위계적 선형 모형의 기초 모형으로서 개인 수준과 학교 수준의 변인을 전혀 투입하지 않은 채 분석이 이루어진다. 〈표 Ⅳ-2〉은 교사 헌신에 대한 일원변량분석 결과이다. 1수준(개인 수준)에서의 학교 평균 교사 헌신 점수(β_0)의 신뢰도는 비교적 신뢰할 만한 수준인 .604로 나타났으며, 이는 추후의 분석이 의미 있게 진행될 수 있다는 것을 시사해준다.

〈표 Ⅳ-2〉 교사 헌신에 대한 일원변량분석 결과

고정효과	계 수	표준오차	t비율
γ_{00}	0.003481	0.028461	-

무선효과	변 량	자유도	χ^2	유의도
학교 간 변량 $var(U_{ij})$	0.04647	97	236.22	0.000
학교 내 변량 $var(R_{ij})$	0.95452			

〈표 Ⅳ-2〉에서 고정효과(γ_{00})는 교사 헌신의 전체평균을 나타내며, 본 연구에서는 교사 헌신 점수를 표준화하여 분석하고 있기 때문에 0 또는 0에 근사한 값으로 나타나게 된다. 위 표에서 주목할 부분은 무선효과, 즉 학교 간 변량과 학교 내 변량이다. 제시된 결과에 기초하여 학교 수준과 개인 수준이 차지하는 변량은 다음과 같이 산출된다.

$$\bigcirc\ 학교간변량 = \frac{var(U_{ij})}{var(U_{ij}) + var(R_{ij})} \times 100$$

$$= \frac{0.04647}{0.04647 + 0.95452} \times 100 = 4.64\,(학교\ 수준\ 변량비)$$

$$\bigcirc\ 학교내변량 = \frac{var(R_{ij})}{var(R_{ij}) + var(U_{ij})} \times 100$$

$$= \frac{0.95452}{0.95452 + 0.04647} \times 100 = 95.36\,(교사\ 수준\ 변량비)$$

계산 결과, 종속변인이 교사 헌신인 경우 학교 간 변량은 4.64%이며, 학교 내 변량은 95.36%로 나타났다. 이러한 결과는 교사 헌신의 차이가 학교 수준에서보다는 동일한 학교에 근무하는 교사들 사이에 더 많이 일어나고 있다는 것을 의미한다. 한편, χ^2값(236.22)이 99% 신뢰수준에서 유의미하다는 분석 결과는 교사 헌신 수준이 학교에 따라서 의미 있게 차이가 있다는 것을 나타내며, 그 차이는 학교 수준 변인을 통해서 설명될 필요가 있다는 것을 시사한다. 위 계산 방식을 기초로 교사 헌신의 하위 요인별 점수에 대하여 일원변량분석을 실시하여 각 수준별 변량을 산출한 결과는 〈표 Ⅳ-3〉에 제시되어 있다.

〈표 Ⅳ-3〉 교사 헌신의 하위 요인별 변량 구성 비율

구 분	교사 헌신	수업 헌신	학생 헌신	학교 조직 헌신
학교 간 변량	0.04647(4.64%)	0.03621(3.61%)	0.03676(3.68%)	0.07885(7.89%)
학교 내 변량	0.95452(95.36%)	0.96549(96.39%)	0.96299(96.32%)	0.92015(92.11%)
χ^2	236.22***	204.02***	206.18***	347.98***

***$p < .01$

위 표에 제시된 바와 같이, 수업 헌신과 학생 헌신의 경우 학교 간 변량은 5%미만으로 매우 작게 나타난 반면, 학교 조직 헌신의 경우 학교 간 변량은 7.89%로 비교적 크게 나타났다. 그럼에도 불구하고 각 하위 요인별 헌신 수준의 학교 차이는 모두 $p < .01$ 수준에서 유의미한 것으로 확인되었다. 이것은 학교별로 교사 헌신의 하위 요인별 평균 점수가 의미 있게 차이가 난다는 것을 의미한다. 다시 말하여, 교사들의 수업, 학생, 학교 조직 헌신 모두 학교에 따라 동일하지 않으며, 이러한 차이를 설명할 학교 수준 변인이 필요하다는 것을 시사한다.

그런데, 위 분석에서 제시된 학교 간 변량은 아직 교사 개인 변인의 영향력을 통제하지 않은 상태에서 분석한 결과이다. 엄밀한 의미에서 학교 수준 변인들의 효과를 분석하기 위해서는 교사 개인 변인의 영향력을 통제한 후, 학교 간 변량을 추출해내야 한다. 본 연구에서 통제 변인으로 사용된 교사 수준 변인은 성, 결혼여부, 교직경력, 직위, 학력 등 5개 인구통계학적 변인과 개인적 교수 효능감, 일반적 교수 효능감, 긍정적 피드백 등 3개의 사회심리적 변인이다. 통제의 순서는 먼저 인구통계학적 변인들

을 투입한 후, 이어서 사회심리적 변인들을 함께 투입하는 방식을 택한다. 이는 두 변인군이 통제 변인으로서의 성격에 있어서 차이가 있기 때문이다. 인구통계학적 변인들은 비교적 순수한 의미의 교사 개인적 특성으로서 학교 조직의 영향을 덜 받는 반면, 사회심리적 변인들은 교사의 개인적 특성뿐만 아니라 학교의 조직적 특성의 영향을 강하게 받는다고 할 수 있다. 따라서 여기에서는 두 변인군의 영향력을 순차적으로 통제한 후에, 학교 간 변량 비율이 어떻게 변화하는지 살펴봄으로써 본 연구에서 설정한 학교 수준 변인으로 설명할 수 있는 최대 변량의 크기가 어느 정도인지 제시한다.

〈표 Ⅳ-4〉에 일원변량분석 모형의 제1수준 방정식에 교사 수준 변인들을 투입하여 그 영향력을 통지한 후 새로 산출된 학교 간 변량과 학교 내 변량이 제시하였다.

〈표 Ⅳ-4〉 교사 수준 변인 통제 전과 후의 교사 헌신의 요인별 변량 구성 비율

구 분		교사 헌신	수업 헌신	학생 헌신	학교 조직 헌신
통제 전	학교 간 변량	0.04647(4.64%)	0.03621(3.61%)	0.03676(3.68%)	0.07885(7.89%)
	학교 내 변량	0.95452(95.36%)	0.96549(96.39%)	0.96299(96.32%)	0.92015(92.11%)
	χ^2	236.22***	204.02***	206.18***	347.98***
인구통계학적 변인 통제 후	학교 간 변량	0.04487(4.54%)	0.03866(3.86%)	0.03758(3.83%)	0.06255(6.68%)
	학교 내 변량	0.94401(95.46%)	0.96307(96.14%)	0.94478(96.17%)	0.87414(93.32%)
	χ^2	232.00***	210.68***	210.06***	304.87***
인구통계학적 변인과 사회심리적 변인 통제 후	학교 간 변량	0.05740(9.09%)	0.04934(7.40%)	0.04576(6.45%)	0.07302(10.43%)
	학교 내 변량	0.57373(90.91%)	0.61707(92.60%)	0.66410(93.55%)	0.62713(89.57%)
	χ^2	380.20***	319.98***	291.90***	437.84***

***$p<.01$

우선 인구통계학적 변인을 통제한 후, 헌신의 학교 간 변량은 통제 이전과 비교하여 큰 차이를 보이지 않았다. 교사 헌신을 종속 변인으로 한 경우, 교사 수준 변인을 통제하기 전 학교 간 변량은 4.64%이었으나, 인구통계학적 변인을 통제한 후에는 4.54%로 줄어들었다. 인구통계학적 변인의 투입으로 인한 학교 간 변량의 감소분은 통제 이전 학교 간 변량의 2.2%에 불과하며,[25] 이는 인구통계학적 변인이 교사 헌신의 학교 간 차이에 거의 영향을 미치지 못한다는 것을 의미한다. 한편, 인구통계학적 변인을 통제한 후에도 교사 헌신의 학교 간 차이는 $p<.01$ 수준에서 유의미한 것으로 나타났다.

이러한 결과는 교사 헌신의 하위 요인에 대해서도 큰 차이가 없었다. 설명 변인이 수업 헌신인 경우 인구통계학적 변인을 통제하기 전의 학교 간 변량은 3.61%이었다. 그런데, 인구통계학적 변인을 통제한 후의 학교 간 변량은 3.86%로서 오히려 약간 증가하는 것으로 나타났다. 이러한 현상은 학생 헌신의 경우에도 동일하게 나타나, 통제 전후의 학교 간 변량이 각각 3.68%와 3.83%로 각각 산출되었다. 인구통계학적 변인을 통제했을 때 학교 간 변량이 오히려 증가했다는 것은 인구통계학적 변인이 학교에 따라 차이가 있으며 그 차이가 헌신의 학교 간 차이에 영향을 미치고 있다는 것을 의미한다. 그러나 학교 간 변량의 증가분이 수업 헌신의 경우 6.9%, 학생 헌신의 경우 4.1%로 매우 작게 나타났다는 점으로 미루어 볼 때, 교사의 인구통계학적 변인이 수업 헌신과 학생 헌신의 학교 간 차이에 미치는 영향력은 무시할 만한 수준이라고 할 수 있다. 이와는 약간 다르게, 학교 조직 헌신을 설명 변인으로 할 경우, 인구통계학적 변인을 통제하기 이전의 학교 간 변량은 7.89%이었으나, 통제 이후에는 6.68%로 감소하였다. 앞에서 사용한 계산 방식을 적용하여 학교 간 변량의 감소분을 산출하면 15.34%이며, 이러한 결과는 수업 헌신이나 학생 헌신의 경우와 달리 인구통계학적 변인이 학교 조직 헌신의 학교 간 변량 감소에 상당한 역할을

---

25) $\dfrac{4.64-4.54}{4.64} \times 100 = 2.2$

하고 있다는 것을 말해준다. 이러한 변량 감소에도 불구하고 인구통계학적 변인 통제 후 학교 간 변량은 여전히 유의미한 것으로 나타났다.

한편, 인구통계학적 변인과 사회심리적 변인을 동시에 통제한 후에 나타난 교사 헌신의 학교 간 변량은 전반적으로 크게 증가하고 있다. 〈표 Ⅳ-4〉에서 볼 수 있는 바와 같이, 교사 수준 변인을 모두 통제한 후, 교사 헌신의 학교 간 변량은 9.09%로 나타났으며, 각 하위 요인에 대해서도 수업 헌신의 경우 7.40%, 학생 헌신의 경우 6.45%, 학교 조직 헌신의 경우 10.43%로 나타났다. 사회심리적 변인의 통제 결과 헌신의 학교 간 변량이 증가한 것은 사회심리적 변인의 투입으로 헌신의 학교 내 변량이 크게 줄어들었기 때문이다. 이상의 결과는 순수하게 학교 수준 변인으로 교사 헌신도의 차이를 설명할 수 있는 최대 변량의 크기가 총 변량의 6.43%~10.43%라는 것을 보여준다. 이러한 학교 간 차이는 통계적으로 유의미한 것으로 나타났으며, 따라서 그것은 학교 수준 변인으로 설명할 여지가 있다는 것을 의미한다.

지금까지 분석한 결과를 종합해보면, 교사 헌신에 대한 학교 효과가 존재한다는 것을 확인하였으나, 학교 간 차이로 설명할 수 있는 변량은 교사 간 차이에 비해 크지 않다는 것을 알 수 있다. 즉, 교사 헌신도의 차이는 학교 수준에서보다는 동일한 학교에 근무하는 교사들 사이에 더 많이 나타난다고 할 수 있다. 그럼에도 불구하고, 교사 헌신의 학교 차이는 통계적으로 유의미한 것으로 나타났으며, 또한 교사 헌신이 학교 교육의 질을 좌우하는 결정적 요소라는 실제적 의미를 함께 고려할 때, 교사 헌신의 학교 차이를 유발하는 원인이 무엇인지 밝히는 일은 의미 있는 분석이라고 할 수 있다.

3. 교사 헌신의 학교 차이에 대한 가산적 효과 분석

앞의 분석에서 유의미한 것으로 나타난 교사 헌신의 학교 차이는 학교 수준 변인으로 설명되어야 할 부분이다. 이 문제는 위계적 선형 모형의 하위 모형 가운데 하나인 절편-결과 회귀모형(Regression with Mean-as-Outcome)을 적용하여 그 대답을 모색할 수 있다. 이하에서는, 먼저 학교 수준 변인들이 교사 헌신의 학교 차이에 미치는 효과를 분석하기 위한 사전 단계로서 제1수준 방정식에 교사 수준 변인들을 투입한 결과를 제시하고, 이어서 제2수준 방정식에 학교 수준 변인들을 투입하여 가산적 효과를 분석한다.

가. 교사 수준 변인들의 교사 헌신에 대한 효과 분석

본 연구의 초점은 교사 헌신의 학교 차이에 대한 학교 수준 변인들의 효과를 분석하는 것이다. 그런데, 이를 위해 사용되는 절편-결과 회귀모형은 학교 수준 변인들의 효과를 추정하는 것이 주된 목적이지만, 그와 동시에 통제 변인으로 투입된 교사 수준 변인들의 효과를 부수적 결과물로 제공해준다. 여기에서 교사 수준 변인들의 교사 헌신에 대한 효과가 어느 정도인지를 간단하게 살피는 것은 의미 있는 일이라고 본다. 본 연구의 문제의식이 교사의 헌신에 영향을 주는 변인들의 효과가 연구자에 따라 상이하게 나타나고 있다는 데에서 시작되었다는 것은 이미 밝힌 바 있다. 이러한 상이한 연구 결과는, 한편으로 헌신의 개념에 대한 상이한 규정에 의해서, 다른 한편으로 방법론상의 한계에 의해서 발생한다고 지적하였다. 이러한 문제의식을 바탕으로 본 연구는 교사 헌신에 대한 개념을 새롭게 규정하는 동시에 방법론상의 한계를 극복하기 위하여 위계적 선형 모형을 적용하여 분석을 실시하고 있다. 따라서 교사 수준 변인이건 학교 수준 변인이건, 그것들이 새롭게 규정된 교사 헌신에 대하여 어떤 효과를 갖는지를 밝히는 것은 후속 연구의 방향을 제공한다는 점에서 의미 있는 작업이라고 할 수 있다.

〈표 Ⅳ-5〉는 제1수준 방정식에 교사의 인구통계학적 변인을 투입하여 분석한 결과이다. 각 계수의 크기 및 방향에 대해서는 사회심리적 변인을 함께 투입한 다음 모형에서 살펴보기로 하고, 여기에서는 학교 내 변량 크기의 변화를 분석함으로써 5개 인구통계학적 변인의 효과의 크기를 파악하는 데 초점을 둔다.

〈표 Ⅳ-5〉 교사 헌신에 대한 인구통계학적 변인의 효과

고정효과	교사 헌신		수업 헌신		학생 헌신		학교 조직 헌신	
	계수	t-비율	계수	t-비율	계수	t-비율	계수	t-비율
절편	−0.038	−1.056	−0.044	−1.242	−0.072	−1.959*	0.004	0.105
인구통계학적 변인								
성(여교사)	−0.070	−1.544*	0.085	2.092**	0.011	0.229	−0.236	−4.978***
결혼여부(미혼)	−0.049	−0.871	−0.102	−1.703*	0.041	0.760	−0.056	−0.975
교직경력	−0.005	−1.737*	−0.003	−1.031	−0.018	−5.773***	0.005	1.680*
직위(보직교사)	0.255	4.793***	0.087	1.612*	0.203	3.982***	0.352	7.063***
학력(석사 이상)	0.065	1.574*	0.024	0.666	0.055	1.261	0.090	2.256**

무선효과	교사 헌신	수업 헌신	학생 헌신	학교 조직 헌신
학교 간 변량	0.04487	0.03866	0.03758	0.06255
χ^2	232.00	210.68	210.06	304.87
유의도	0.000	0.000	0.000	0.000
학교 내 변량	0.94401	0.96307	0.94478	0.87414

* $t > 1.5$ ** $t > 2.0$ *** $t > 3.0$

5개 인구통계학적 변인들이 교사 헌신에 미치는 효과의 크기는, 그것을 투입하기 이전의 학교 내 변량과 투입한 이후의 학교 내 변량을 비교함으로써 측정할 수 있다. 인구통계학적 변인을 통제하기 이전의 교사 헌신은

학교 내 변량은 0.95452이었으며(〈표 Ⅳ-4〉 참조), 통제한 이후 그 크기는 0.94401(〈표 Ⅳ-5〉 참조)로 줄어들었다. 이 두 통계치를 기초로 하여 인구통계학적 변인의 설명량(R^2)을 구하면 다음과 같다.

$$\bigcirc \ R^2 = \frac{투입전변량 - 투입후변량}{투입전변량} \times 100$$

$$= \frac{0.95452 - 0.94401}{0.95452} \times 100 = 1.10$$

위 계산 방식을 기초로 교사 헌신의 하위 요인별 점수에 대하여 인구통계학적 변인의 설명량을 산출한 결과는 〈표 Ⅳ-6〉과 같다.

〈표 Ⅳ-6〉 교사 헌신에 대한 인구통계학적 변인의 설명량(R^2)

구 분	교사 헌신	수업 헌신	학생 헌신	학교 조직 헌신
투입 전 학교 내 변량	0.95452	0.96549	0.96299	0.92015
투입 후 학교 내 변량	0.94401	0.96307	0.94478	0.87414
인구통계학적 변인의 설명량	1.10%	0.25%	1.89%	5.00%

계산 결과에 의하면, 인구통계학적 변인이 교사 헌신의 개인차에 미치는 효과는 1% 정도에 불과한 것으로 드러났다. 교사 헌신의 대상별로 보면, 수업 헌신의 경우 0.25%에 그치며, 학생 헌신의 경우 1.89%, 학교 조직 헌신의 경우 5%정도로 나타났다. 이러한 분석 결과는 교사 헌신의 개인차를 설명하기 위해서는 다른 변인을 탐색할 필요가 있다는 것을 말해준다.

〈표 Ⅳ-7〉에 인구통계학적 변인과 사회심리적 변인을 함께 투입한 분석 결과를 제시하였다.

〈표 Ⅳ-7〉 교사 헌신에 대한 인구통계학적 변인과 사회심리적 변인의 효과

고정효과	교사 헌신		수업 헌신		학생 헌신		학교 조직 헌신	
	계수	t-비율	계수	t-비율	계수	t-비율	계수	t-비율
절편	0.014	0.453	0.006	0.213	−0.021	−0.625	0.043	1.27
인구통계학적 변인								
성(여교사)	−0.070	−1.833*	0.080	2.549**	−0.002	−0.043	−0.228	−5.27***
결혼여부(미혼)	0.055	1.144	−0.002	−0.036	0.114	2.398**	0.044	0.85
교직경력	−0.005	−2.081**	−0.003	−1.286	−0.017	−6.803***	0.006	2.261*
직위(보직교사)	0.069	1.817*	−0.083	−2.029**	0.040	0.983	0.196	5.158***
학력(석사 이상)	−0.016	−0.520	−0.058	−1.970*	−0.014	−0.405	0.023	0.679
사회심리적 변인								
개인적 교수 효능감	0.400	17.767***	0.408	17.951***	0.328	14.859***	0.323	14.666***
일반적 교수 효능감	0.103	6.759***	0.086	5.622***	0.148	8.972***	0.046	2.868**
긍정적 피드백	0.313	15.658***	0.282	14.608***	0.275	13.731***	0.268	12.918**

무선효과	교사 헌신	수업 헌신	학생 헌신	학교 조직 헌신
학교 간 변량	0.05740	0.04934	0.04576	0.07302
χ^2	380.20	319.98	291.90	437.84
유의도	0.000	0.000	0.000	0.000
학교 내 변량	0.57373	0.61707	0.66410	0.62713

* t>1.5   ** t>2.0   *** t>3.0

〈표 Ⅳ-7〉에서 확인할 수 있는 것은 무엇보다도 교사 헌신에 대한 영향력에 있어서 사회심리적 변인의 효과가 인구통계학적 변인의 그것에 비해 훨씬 크다는 것이다. 특히, 개인적 교수 효능감 변인은 모든 교사 수준 변인 가운데 헌신에 미치는 효과가 가장 큰 것으로 나타났다. 사회심리적 변인의 효과가 어느 정도인지는 학교 내 변량의 변화를 통해서 정확하게 산출할 수 있다. 즉, 3개 사회심리적 변인들이 교사 헌신에 미치는 효과의 크기는, 인구통계학적 변인을 투입한 후의 학교 내 변량에서 사회심리적 변인을 함께 투입한 후의 학교 내 변량을 뺀 후, 다시 그것을 교사 수준 변인을 통제하기 이전 학교 내 변량으로 나누어 산출한다.

124

$$\bigcirc \ R^2 = \frac{0.94401 - 0.57373}{0.95452} \times 100 = 38.79$$

위 계산 방식을 기초로 교사 헌신의 각 하위 요인에 대한 사회심리적 변인의 설명량을 인구통계학적 변인의 설명량과 비교하여 제시하면 〈표 Ⅳ-8〉과 같다. 요컨대, 본 연구에서 사용된 3개 사회심리적 변인은 교사의 헌신 수준의 약 27%에서 39%정도를 설명한다. 이는 인구통계학적 변인이 5% 이하를 설명하는 것에 비해 매우 큰 설명량이라고 할 수 있다. 그렇다 하더라도, 전체 교사 수준 변인의 교사 헌신에 대한 설명량이 40% 이하라는 사실은 추가적인 변인 탐색이 필요하다는 것을 시사한다.

〈표 Ⅳ-8〉 교사 헌신에 대한 인구통계학적 변인과 사회심리적 변인의 설명량(R^2)

구 분	교사 헌신	수업 헌신	학생 헌신	학교 조직 헌신
인구통계학적 변인군의 설명량	1.10%	0.25%	1.89%	5.00%
사회심리적 변인군의 설명량	38.79%	35.84%	29.15%	26.84%
교사 수준 변인 전체의 설명량	39.89%	36.09%	31.04%	31.84%

〈표 Ⅳ-7〉에서 주목할 부분은 교사 헌신에 대한 인구통계학적 변인들의 효과가 헌신의 대상에 따라 상이하게 나타나고 있다는 점이다. 수업 헌신에 대해서는 성, 직위, 학력 변인이 유의미한 효과를 갖는 것으로 나타났다. 즉, 여교사가 남교사에 비해, 평교사가 보직교사에 비해, 대졸 학력의 교사가 석사 이상의 학력을 가진 교사에 비해 수업 헌신 수준이 더 높았다. 이와 달리, 학생 헌신에 대해서는 결혼여부와 교직경력 변인이 유의한 효과를 보였다. 즉, 미혼교사가 기혼 교사에 비해 학생 헌신 수준이 높았으며, 교직경력이 적을수록 학생 헌신 수준이 높게 나타났다. 학교 조직 헌신에 대해서는 성, 교직경력, 직위 변인이 유의미한 효과를 갖는 것으로 나타났으나, 그 효과의 방향은 수업 헌신이나 학생 헌신과 정반대인 것으

로 분석되었다. 성 변인의 경우, 수업 헌신과 달리, 남교사의 학교 조직 헌신 수준이 여교사의 그것에 비해 높았다. 교직경력의 경우에도, 학생 헌신과 달리, 경력이 많을수록 학교 조직 헌신 수준이 높았다. 직위의 경우에도 평교사에 비해 보직교사의 학교 조직 헌신도가 높게 나타났다.

교사 헌신의 결정 요인이 헌신의 대상에 따라 상이하다는 것은 헌신의 세 가지 대상이 별개의 요인이라는 것을 의미한다. 교사 헌신의 측정 도구를 설명하는 곳에서 요인분석 결과가 예비 조사 자료와 본 조사 자료의 경우에 서로 다르게 나타났다는 것을 이미 밝힌 바 있다. 예비 조사 자료의 분석 결과는 교사 헌신의 대상을 수업, 학생, 학교 조직의 세 가지로 규정한 이론적 모형을 지지한 반면, 본 조사 자료의 분석 결과는 수업 헌신과 학생 헌신이 하나의 요인으로 묶이고 그것이 학교 조직 헌신과 구분되는 2요인 구조로 나타났다. 이에 본 연구는 경험적 모형보다 이론적 모형을 택하여 분석을 실시하였으며, 그 결과 수업, 학생, 학교 조직에 영향을 미치는 선행 변인들이 서로 다르게 나타난 것이다. 이러한 분석 결과는, 물론 후속 연구를 통해 검증될 필요가 있지만, 교사 헌신의 대상을 세 가지로 구분한 본 연구의 이론적 모형이 타당하다는 것을 간접적으로 입증해주는 것이다.

나. 학교 수준 변인들의 교사 헌신에 대한 효과 분석

앞에서 제시한 바와 같이, 교사 수준 변인들을 통제한 후에도 교사 헌신의 학교 차이는 유의미한 것으로 나타났으며, 이러한 학교 차이는 학교 수준 변인으로 설명되어야 한다. 본 연구에서 학교 수준 변인은 5개의 학교 배경 변인과 6개의 학교 과정 변인으로 구성되어 있다. 여기에서는 각 변인군들의 설명량을 비교하기 위하여 변인들을 순차적으로 투입하였다.

〈표 Ⅳ-9〉는 교사 수준 변인을 통제한 후 학교 배경 변인들이 교사 헌신과 그 하위 요인에 미치는 효과를 분석한 결과이다. 학교 배경 변인들 각각의 효과에 대해서는 학교 과정 변인을 함께 고려한 다음 모형에서 살펴보기로 하고, 여기에서는 5개의 학교 배경 변인들이 헌신의 학교 간 차이에 미치는 효과의 크기를 분석한다.

〈표 Ⅳ-9〉 교사 수준 변인 통제 후 교사 헌신에 대한 학교 배경 변인의 효과

고정효과	교사 헌신		수업 헌신		학생 헌신		학교 조직 헌신	
	계수	t-비율	계수	t-비율	계수	t-비율	계수	t-비율
학교 수준								
절편(전체평균)	−0.098	−1.700*	−0.009	−0.154	−0.133	−2.316**	−0.113	−2.120**
학교 배경 변인								
설립 유형(사립)	0.165	3.126***	0.054	1.022	0.070	1.377	0.284	5.429***
소재지(중소도시/읍면)	−0.062	−0.939	−0.112	−1.822*	0.009	0.149	−0.059	−0.791
평준화여부(비평준화)	0.136	1.766*	0.112	1.369	0.159	2.422**	0.095	1.143
총 교사 수	−0.002	−1.423	0.000	0.056	0.000	−0.010	−0.005	−3.100***
저소득층 학생비	−0.008	−1.876*	−0.006	−1.673*	−0.007	−1.972*	−0.007	−1.818*
교사 수준 (통제 변인)								
인구통계학적 변인								
성(여교사)	−0.056	−1.454	0.086	2.743**	0.006	0.140	−0.208	−4.870***
결혼여부(미혼)	0.056	1.177	−0.005	−0.095	0.112	2.369**	0.045	0.888
교직경력	−0.004	−1.976*	−0.003	−1.313	−0.017	−6.757***	0.006	2.418**
직위(보직교사)	0.066	1.738*	−0.078	−1.889*	0.038	0.937	0.190	4.917***
학력(석사 이상)	−0.012	−0.374	−0.056	−1.902*	−0.011	−0.304	0.028	0.807
사회심리적 변인								
개인적 교수 효능감	0.400	17.764***	0.408	17.955***	0.328	14.868***	0.323	14.649***
일반적 교수 효능감	0.102	6.740***	0.086	5.612***	0.148	8.962***	0.045	2.843**
긍정적 피드백	0.313	15.597***	0.282	14.556***	0.275	13.689***	0.269	12.902***

무선효과	교사 헌신	수업 헌신	학생 헌신	학교 조직 헌신
학교 간 변량	0.04581	0.04574	0.03967	0.04138
χ^2	305.87	289.58	252.71	271.41
유의도	0.000	0.000	0.000	0.000
교사 간 변량	0.57391	0.61727	0.66433	0.62714

* t>1.5　　** t>2.0　　*** t>3.0

학교 배경 변인들의 설명량은 그것들을 투입하기 이전의 학교 간 변량과 투입한 이후의 학교 간 변량을 비교함으로써 측정할 수 있다. 학교 배경 변인을 투입하기 전의 교사 헌신의 학교 간 변량은 0.05740이었으며(〈표 Ⅳ-7〉 참조), 투입한 후 그 크기는 0.04581(〈표 Ⅳ-9〉 참조)로 줄었다. 이 두 통계치를 기초로 하여 학교 배경 변인의 설명량을 구하면 다음과 같다.

$$\circ\ R^2 = \frac{투입전변량 - 투입후변량}{투입전변량} \times 100$$

$$= \frac{0.05740 - 0.04581}{0.05740} \times 100 = 20.19$$

위 계산 방식을 기초로 교사 헌신의 하위 요인별 점수에 대하여 학교 배경 변인의 설명량을 산출한 결과는 〈표 Ⅳ-6〉과 같다.

〈표 Ⅳ-10〉 교사 헌신의 학교 차이에 대한 학교 배경 변인의 설명량(R^2)

구 분	교사 헌신	수업 헌신	학생 헌신	학교 조직 헌신
투입 전 학교 간 변량	0.05740	0.04934	0.04576	0.07302
투입 후 학교 후 변량	0.04581	0.04574	0.03967	0.04138
학교 배경 변인의 설명량	20.19%	7.30%	13.31%	43.33%

계산 결과에 의하면, 5개 학교 배경 변인은 교사 헌신의 학교 간 차이의 20.19%를 설명하고 있다. 이러한 학교 배경 변인의 설명량은 교사 헌신의 대상에 따라 상당한 차이를 보이고 있다. 수업 헌신(7.30%)과 학생 헌신(13.31%)에 대해서는 학교 배경 변인의 영향력이 비교적 작은 반면, 학교 조직 헌신에 대해서는 학교 배경 변인이 전체 학교 간 변량의 절반가량(43.33%)을 설명하는 것으로 나타났다.

학교 배경 변인과 학교 과정 변인을 모두 투입하여 분석한 결과는 〈표 Ⅳ-11〉에 제시하였다. 이 표의 절편 값은 헌신 점수의 전체평균(grand mean)으로서, 교사 수준 변인과 학교 수준 변인을 모두 통제한 후에 기대할 수 있는 헌신의 전체 학교 평균을 의미한다. 회귀계수는 교사 수준 변인 통제 후 교사 헌신의 학교 차이에 학교 수준 변인들의 독립적 영향력을 의미하며, 그 유의도는 t-비율을 통해 검증할 수 있다.

<표 Ⅳ-11> 교사 수준 변인 통제후 교사 헌신에 대한 학교 수준 변인의 가산적 효과

고정효과	교사 헌신		수업 헌신		학생 헌신		학교 조직 헌신	
	계수	t-비율	계수	t-비율	계수	t-비율	계수	t-비율
학교 수준								
절편(전체평균)	-0.138	-3.506*	-0.039	-0.901	-0.146	-3.067***	-0.169	-4.504***
학교 배경 변인								
설립 유형(사립)	0.184	3.882***	0.065	1.266	0.060	1.153	0.327	7.879***
소재지(중소도시/읍면)	-0.003	-0.057	-0.058	-1.183	0.050	0.935	0.000	-0.004
평준화여부(비평준화)	0.140	2.579**	0.109	1.737*	0.159	2.565**	0.107	2.065**
총 교사 수	0.001	0.492	0.002	1.850*	0.002	1.341	-0.002	-2.100**
저소득층 학생비	-0.006	-2.059**	-0.004	-1.605*	-0.005	-1.899*	-0.007	-2.223**
학교 과정 변인								
자율성	0.060	2.541**	0.076	3.078***	0.077	2.757**	0.012	0.570
학교 경영 참여	-0.002	-0.063	-0.011	-0.375	-0.038	-1.364	0.038	1.582*
협력성	0.006	0.179	0.005	0.137	0.014	0.323	-0.002	-0.081
학생 행동 관리	0.093	4.180***	0.096	4.443***	0.074	2.889**	0.075	3.639***
학습 기회	0.098	2.414**	0.072	1.566*	0.060	1.306	0.118	3.690***
교장지도성	-0.013	-0.522	-0.025	-0.940	-0.042	-1.376	0.025	1.177
교사 수준 (통제 변인)								
인구통계학적 변인								
성(여교사)	-0.053	-1.418	0.086	2.802**	0.007	0.155	-0.202	-4.872***
결혼여부(미혼)	0.057	1.245	-0.003	-0.062	0.115	2.481**	0.036	0.729
교직경력	-0.004	-1.885*	-0.003	-1.234	-0.017	-6.710***	0.006	2.442**
직위(보직교사)	0.064	1.722*	-0.081	-1.978*	0.037	0.913	0.188	5.085***
학력(석사 이상)	-0.021	-0.654	-0.062	-2.121**	-0.017	-0.483	0.014	0.419
사회심리적 변인								
개인적 교수 효능감	0.400	17.779***	0.408	17.972***	0.328	14.882***	0.323	14.646***
일반적 교수 효능감	0.102	6.734***	0.086	5.618***	0.148	8.955***	0.045	2.834**
긍정적 피드백	0.314	15.623***	0.282	14.577***	0.275	13.716***	0.270	12.915***

무선효과	교사 헌신	수업 헌신	학생 헌신	학교 조직 헌신
학교 간 변량	0.01761	0.02204	0.02375	0.01069
χ^2	164.25	177.02	177.09	128.52
유의도	0.000	0.000	0.000	0.002
교사 간 변량	0.57390	0.61717	0.66434	0.62718

* t〉1.5   ** t〉2.0   *** t〉3.0

먼저, 학교 과정 변인의 설명량과, 그것과 학교 배경 변인의 설명량을 합한 학교 수준 변인 전체의 설명 변량을 구해보기로 한다. 학교 과정 변인의 설명량은 학교 배경 변인을 투입한 후의 학교 간 변량에서 학교 과정 변인을 함께 투입한 후의 학교 간 변량을 뺀 후, 다시 그것을 학교 수준 변인을 통제하기 이전 학교 간 변량으로 나누어 산출한다. 교사 헌신의 경우, 학교 수준 변인을 전혀 투입하지 않았을 때의 학교 간 변량은 0.05740(〈표 Ⅳ-7〉 참조)이고, 학교 배경 변인만을 투입했을 때의 학교 간 변량은 0.4581(〈표 Ⅳ-9〉 참조)이며, 학교 과정 변인을 함께 투입했을 때의 학교 간 변량은 0.01761(〈표 Ⅳ-11〉 참조)이다. 이 세 가지 통계치를 기초로 순수한 학교 과정 변인의 설명량을 구하면 다음과 같다.

$$\bigcirc\ R^2 = \frac{0.04581 - 0.01761}{0.05740} \times 100 = 49.13$$

위 계산 방식을 기초로 교사 헌신의 각 하위 요인에 대한 학교 수준 변인의 설명량을 제시하면 〈표 Ⅳ-12〉과 같다.

〈표 Ⅳ-12〉 교사 헌신에 대한 학교 수준 변인의 설명량(R^2)

구 분	교사 헌신	수업 헌신	학생 헌신	학교 조직 헌신
학교 배경 변인군의 설명량	20.19%	7.30%	13.31%	43.33%
학교 과정 변인군의 설명량	49.13%	48.03%	34.79%	42.03%
학교 수준 변인 전체의 설명량	69.32%	55.33%	48.10%	85.36%

전반적으로 볼 때, 교사 헌신의 학교 차이에 대해서 학교 과정 변인군의 설명량은 학교 배경 변인군의 그것에 비해 매우 큰 것으로 분석되었다. 다만, 학교 조직 헌신의 경우 학교 배경 변인군과 학교 과정 변인군의 설명량이 비슷하게 나타났다. 그리고 11개 전체 학교 수준 변인은 교사 헌신의 학교차의 약 70%가량을 설명하는 것으로 나타났다. 학교 수준 변인의 설명력은 학생 헌신의 경우에 비교적 낮은 반면(48.10%), 학교 조직 헌신의 경우에는 매우 높게 나타났다(85.36%). 이러한 분석 결과는 교사 헌신의 학교 차이에 대해서 본 연구에서 설정된 학교 수준 변인들의 설명력이 매우 높다는 것을 보여주고 있으며, 또한 각 변인들의 상대적인 영향력의 크기와 방향이 어떠한지에 대해 보다 분석적으로 접근할 필요가 있다는 것을 시사한다.

각 학교 수준 변인들의 효과를 구체적으로 분석하기에 앞서 〈표 Ⅳ-11〉에 제시되어 있는 계수들의 의미를 어떻게 해석할 것인지 먼저 살펴본다. 설명 변인인 교사 헌신과 그 하위 요인은 모두 표집학교를 기준으로 표준화되어 있다. 따라서 이들 각 계수들은 기본적으로 학교 수준 변인들의 변화에 따른 설명 변인의 표준편차의 변화 정도를 의미하게 된다. 다만 각 학교 수준 변인의 입력 방식이 다르기 때문에 계수의 해석에 주의할 필요가 있다. 먼저 학교 배경 변인 가운데 설립 유형, 학교 소재지, 평준화 여부는 더미 변인이며, 각각 국공립학교, 대도시 지역 학교, 평준화 지역 학교가 0으로 입력되고, 사립학교, 중소도시 및 읍면 지역 학교, 비평준화 지역 학교가 1로 입력되었다. 따라서 세 변인의 경우 각 계수들은 각각 사립학교, 중소도시 및 읍면 지역 학교, 비평준화 지역 학교들만이 갖는 고유한 효과를 나타낸다. 이를 테면, 사립학교는 국공립학교에 비해 교사 헌신 수준이 0.184 표준편차만큼 높으며, 비평준화 지역에 있는 학교는 평준화 지역에 있는 학교에 비해 0.140 표준편차만큼 높다. 다음으로, 총 교사 수와 저소득층 학생비 변인은 원자료를 그대로 입력하여 분석하였기 때문에, 이 경우 각 계수는 독립변인을 한 단위 높일 때 변화되는 설명 변인의 표준편차를 의미하는 것으로 해석되어야 한다. 가령, 수업 헌신을 설명 변인으로 한 경우, 교사 수가 1명 증가할 때 학생 헌신의 표준편차는 0.002만큼 증가하며, 저소득층 학생비가 1% 증가할 때 수업 헌신의 표준편차는 0.004만큼 줄어든다. 마지막으로, 6개의 학교 과정 변인들의 값은 모두 표집 학교를 기준으로 표준화시켰기 때문에 그 해석이 매우 단순하다. 이 경우 각 계수들은 해당 학교 수준 변인이 1 표준편차만큼 변화할 때 설명 변인의 표준편차가 변화하는 정도를 의미한다. 예를 들어, 학생 행동 관리 변인이 1 표준편차 증가할 때, 교사 헌신의 학교 평균은 0.093 표준편차만큼 증가하는 것으로 해석할 수 있다.

사실 설명 변인을 표준화시켜 분석하는 것은 해석상의 어려움을 야기하는 원인이 된다. 이것은 교사 헌신이라는 개념 자체가 객관적 점수로 파악할 수 있는 것이 아니라 주관적 평가에 의해 추정할 수밖에 없다는 데에서 오는 한계라고 할 수 있다. 이 점을 고려하여 이하에서는 계수 자체에 대한 해석은 피하는 대신, 그것의 통계적 유의성과 다른 계수와의 비교를 통하여 영향력의 크기를 추정하는 방식으로 분석을 진행하고자 한다.

이제 각 학교 수준 변인들의 효과가 갖는 의미에 대해서 구체적으로 분석한다. 학교 배경 변인으로 설정한 5개의 변인 가운데 교사 헌신의 학교 차이에 유의미한 영향을 미치는 것으로 확인된 것은 설립 유형, 평준화 여부, 저소득층 학생비의 세 변인이다. 교사 헌신의 하위 요인을 구분하여 분석한 결과에 의하면, 이 세 변인 이외에도 총 교사 수 변인이 추가적인 설명력을 갖는 것으로 나타났다. 결과적으로 교사 헌신과 무관한 것으로 밝혀진 학교 배경 변인은 학교 소재지 변인 하나이다.

설립 유형의 교사 헌신에 대한 효과계수는 0.184로 나타나 사립학교가 국공립학교에 비해 다른 모든 조건이 동일한 경우 교사 헌신 수준이 0.184 표준편차만큼 높은 것으로 나타났다(t〉3.0). 그런데 이 변인이 교사 헌신의

132

하위 요인에 대하여 갖는 효과를 구분하여 분석한 결과에 의하면, 수업 헌신과 학생 헌신에 대한 효과는 나타나지 않은 반면, 학교 조직에 대한 효과(계수 0.329, t>3.0)는 더 커지는 것으로 나타났다. 다시 말하여, 사립학교에 근무하는 교사들은 공립학교에 근무하는 교사들에 비해 학교 조직 헌신도가 높지만, 수업 헌신이나 학생 헌신에 있어서는 양자의 차이가 없다고 할 수 있다.

평준화 여부 변인도 교사 헌신에 유의미한 효과를 보이는 것으로 나타났다(계수 0.140, t>2.0). 교사 헌신의 하위 요인별 분석 결과를 살펴보더라도, 비록 학생 헌신에 대한 효과(계수 0.159, t>2.0)가 학교 조직 헌신에 대한 효과(계수 0.107, t>2.0)나 수업 헌신에 대한 효과(계수 0.109, t>1.5)보다 다소 큰 것으로 나타나기는 했지만, 세 대상 모두에 동일한 효과를 보이고 있다. 즉, 비평준화 지역 학교가 평준화 지역 학교에 비해 학교 평균 교사 헌신 수준이 높으며, 이러한 현상은 헌신의 세 가지 대상 모두에서 나타나고 있다.

저소득층 학생비 변인 역시 교사 헌신에 유의미한 효과를 보이는 것으로 나타났다(계수 -0.006, t>2.0). 교사 헌신의 하위 요인별로 이 변인의 효과를 분석해보더라도, 유의도에 있어서 다소간의 차이가 있을 뿐 동일한 효과를 보이고 있다. 즉, 총 학생 수 대비 저소득층 학생 수가 많은 학교일수록 그 학교 교사들의 수업 헌신, 학생 헌신, 학교 조직 헌신의 수준이 모두 낮다.

총 교사 수 변인은, 학생 헌신과는 무관한 반면, 수업 헌신(계수 -0.004, t>1.5)과 학교 조직 헌신(계수 -0.007, 계수 t>2.0)에 대해서는 의미 있는 효과를 보이는 것으로 분석되었다. 그런데, 총 교사 수가 수업 헌신과 학교 조직 헌신에 미치는 효과는 정반대인 것으로 확인되었다. 즉, 교사 수가 많은 학교일수록 수업 헌신도는 높은 반면, 학교 조직 헌신은 낮았다.

한편, 본 연구에서 설정한 6개 학교 과정 변인 가운데 교사 헌신에 대하여 유의미한 효과를 보이는 것은 자율성, 학생 행동 관리, 학습 기회의 세 변인으로 나타났다. 교사 헌신의 하위 요인을 구분하여 분석한 결과에 의하면, 이 세 변인 이외에 학교 경영 참여가 추가적인 설명력을 갖는 것으로 밝혀졌다. 이에 비해, 협력성 변인과 교장 지도성 변인이 교사 헌신에 미치는 효과는 나타나지 않았다.

자율성 변인의 교사 헌신에 대한 효과계수는 0.060(t>2.0)으로 나타났다. 그런데 이 변인이 교사 헌신의 하위 요인에 대하여 갖는 효과를 구분하여 분석한 결과에 의하면, 수업 헌신(계수 0.076, t>3.0)과 학생 헌신(계수 0.077, t>2.0)에 대해서 유의미한 효과를 보이지만, 학교 조직 헌신에 대한 효과는 나타나지 않았다. 본 연구에서 자율성은 수업 교재와 자료의 선택, 수업 내용의 선택, 수업 방법과 기술의 결정, 과제물의 내용과 양의 결정, 학생 평가 방법의 결정, 학생 생활지도 방법의 결정 등의 6개 영역에서 각 학교 교사들이 실질적인 영향력을 행사하는 정도를 의미한다. 이들 영역은 수업이나 학생 지도와 밀접한 관련이 있으며, 따라서 이들 영역에서 교사들이 행사하는 영향력은 '교육 영역에서의 자율성'이라고 할 수 있다. 따라서 위 분석 결과는 교육 영역에서의 자율성이 잘 보장되는 학교일수록 그 학교 교사들의 수업 헌신과 학생 헌신 수준이 높아지지만, 그 영역의 자율성 보장이 학교 조직 헌신을 유발하지는 못한다는 것으로 정리할 수 있다.

학교 경영 참여는 수업 헌신이나 학생 헌신과 무관한 것으로 나타났으나, 학교 조직 헌신에 대해서는 유의한 효과를 갖는 것으로 분석되었다(계수 0.038, t>1.5). 본 연구에서 학교 경영 참여는 담임 배정, 보직교사 임명, 업무 분장, 학교 교육과정 편성, 학생의 학급 편성, 교내 연수 프로그램의 내용과 결정, 교원 포상대상자 결정, 예산 편성, 예산 지출의 우선순위 결정 등 10개 영역에서 교사들이 실제로 행사하고 있는 영향력 정도를 가리킨다. 따라서 위 분석 결과는 이들 경영 영역에 대한 교사의 참여가 활발하게 이루어지는 학교일수록 교사의 학교 조직 헌신도가 높아지는 반면, 수업이나 학생에 대한 헌신은 별다른 차이를 보이지 않는다는 것을 의미한다.

학생 행동 관리는 교사 헌신의 세 가지 대상 모두에 대해서 유의미한 효과를 갖는 유일한 학교 과정 변인이다. 각 대상에 대한 효과계수는 수업 헌신이 0.096(t>3.0), 학생 헌신이 0.074(t>2.0), 학교 조직 헌신이 0.075(t>3.0)로 나타났다. 본 연구에서 학생 행동 관리 변인으로 사용한 항목들을 고려할 때, 학생 행동을 통제하는 명시적인 규칙이 있는 학교일수록, 학생들이 행동 규칙을 제대로 준수하는 학교일수록, 교사들이 그 규칙을 모든 학생들에 대해서 일관되게 적용하는 학교일수록, 그리고 학생 행동 규칙이 수시로 변하지 않고 일관적인 학교일수록 교사의 수업, 학생, 학교 조직에 대한 헌신 수준이 높은 경향을 보인다고 할 수 있다.

학습 기회 변인은 교사 헌신에 대해서 가장 큰 효과를 갖는 학교 과정 변인이다(계수 0.098, t>2.0). 자율장학이나 교내 연수를 포함하여 학교 내에서 새로운 것을 지속적으로 학습할 수 있는 기회가 많은 학교일수록 교사 헌신이 높아진다. 학습 기회 변인의 효과가 헌신의 대상에 따라 차별적으로 나타난 점은 주목할 필요가 있다. 학습 기회는 학교 조직 헌신에 큰 효과를 갖는 반면(계수 0.118, t>3.0), 수업 헌신에 대해서는 비교적 약한 영향력을 가지며(계수 0.072, t>1.5), 학생 헌신에 대해서는 유의미한 효과를 갖지 않는다.

4. 교사 수준 변인과 학교 수준 변인의 상호작용 효과 분석

지금까지 교사 수준 변인의 영향력을 통제한 후 학교 수준 변인들이 교사 헌신에 미치는 효과를 살펴보았다. 이 효과는 교사 수준 변인들이 교사 헌신에 미치는 영향력이 동일하다는 가정하에 교사 헌신의 학교 차이에 영향을 미치는 학교 수준 변인들의 가산적 효과를 의미한다. 그러나 교사 수준 변인들이 교사 헌신에 미치는 효과가 모든 학교에서 동일하다는 가정은 재고의 여지가 있다. 만일 교사 수준 변인들의 교사 헌신에 대한 효과가 학교마다 차이가 있다는 가정을 받아들이게 되면, 가산적 효과만으로는 학교 수준 변인들의 교사 헌신에 대한 효과를 온전히 드러낼 수 없다. 이는 교사 수준 변인과 학교 수준 변인의 상호작용을 고려한 새로운 모형의 필요성을 말해준다. 여기에서는 본 연구에서 설정한 교사 수준 변인들의 효과가 학교에 따라 유의미한 차이를 보이는지를 먼저 확인하고, 차이를 보이는 교사 수준 변인들을 대상으로 그것들과 학교 수준 변인들의 상호작용 효과를 분석한다.

가. 교사 수준 변인 효과의 학교 차이

교사 수준 변인과 학교 수준 변인의 상호작용 효과를 분석하기 위해서는 본 연구에서 사용하고 있는 8개의 교사 수준 변인들의 영향력이 전집의 학교에서도 의미 있게 차이가 나는지를 검증해야 한다. 위계적 선형 모형의 하위 모형인 무선-계수 모형(random-coefficient model)은 교사 수준 변인들이 교사 헌신에 대해서 갖는 회귀계수, 즉 기울기 값이 전집에서 학교에 따라 무선적으로 변하는지 아니면 일정한 값을 갖는지 검증할 수 있도록 χ^2검증 결과치를 제공한다. 다만, 〈표 Ⅳ-11〉에서 보는 바와 같이, 8개의 교사 수준 변인 가운데 교사 헌신 및 그 하위 요인에 대해서 독립적인 영향력이 없는 것으로 판명된 변인들은 차이도 검증 대상에서 제외하였다.[26] 한편, 교사 수준 변인 기울기의 학교 간 차이 검증은, 위계적 선형 모형의 방법론적 제약을 고려하여, 변인들을 하나씩 투입하는 방식을 택하였다.[27]

---

26) 분석에서 제외된 변인들의 목록은 〈부록표 Ⅱ-6〉~〈부록표 Ⅱ-8〉의 하단에 제시되어 있다.

27) 교사 수준 변인 기울기의 무선효과 분석을 순차적으로 실시하는 것은 위계적 선형 모형의 방법론적 제약에 기인한 것이다. 전통적인 다중회귀분석의 경우

교사 헌신 점수가 세 가지 하위 요인별 헌신 점수의 합성이라는 점을 고려하여, 상호작용 효과는 교사 헌신의 세 하위 요인을 직접 분석 대상으로 삼는다. 우선, 수업 헌신을 종속변인으로 투입한 경우, 개인적 교수 효능감 변인의 기울기만이 전집에서도 무선적으로 변화하는 것으로 나타났다. 학교 조직 헌신을 종속변인으로 투입한 경우에는 성, 교직경력, 일반적 교수 효능감의 세 변인의 기울기 값이 학교별로 유의미한 차이를 보였다. 학생 헌신에 대해서는 유의미한 변인이 나타나지 않았다(〈부록표 Ⅱ-6〉~〈부록표 Ⅱ-8〉 참조). 〈표 Ⅳ-13〉은 그 기울기 값이 학교에 따라 유의미한 차이를 보이는 것으로 나타난 교사 수준 변인들을 종합적으로 제시한 것이다.

〈표 Ⅳ-13〉 교사 수준 변인 기울기의 학교 간 차이 검증

설명 변인	계 수	변 량	자유도	χ^2
수업 헌신	개인적 교수 효능감	0.01110	97	151.45***
	성	0.04926	94	136.20***
학교 조직 헌신	교직경력	0.00014	97	136.96***
	일반적 교수 효능감	0.00542	97	127.16**

** p<.05   *** p<.01

와 마찬가지로, 위계적 선형 모형의 각 수준별 방정식에서 독립변인의 수는 통상 변인 1개당 20개 정도의 사례 수가 적정한 것으로 알려져 있다. 특히, 제1수준 방정식에서 고정효과를 갖는 것으로 가정된 독립변인은 전체 사례 수와 관련되지만, 무선 효과를 갖는 것으로 가정된 독립변인은 한 학교 내의 사례 수와 직접 관련된다. 본 연구의 경우, 전체 사례 수가 매우 크기 때문에 제1수준에서 고정효과를 갖는 독립변인의 수는 문제 될 것이 없다. 그러나 한 학교 내의 사례 수가 평균 30개 정도이기 때문에 무선효과를 갖는 것으로 가정할 수 있는 독립변인의 수는 크게 제약될 수밖에 없다. 이러한 방법론상의 제약으로 본 연구에서는 먼저 교사 수준 변인들이 학교에 따라 무선적으로 변화하는지의 여부를 확인하기 위하여 8개의 교사 수준 변인들을 하나씩 차례대로 투입하는 방식을 택하였다(one-by-one test).

상호작용 효과 분석은, 그 기울기 값이 학교에 따라 유의미한 차이를 보이는 것으로 확인된 위 4개 교사 수준 변인들과 본 연구에서 설정된 11개 학교 수준 변인들의 관계에 대한 분석이다. 본 연구에서는, 연구 대상 학교가 98개교로 제한되어 있다는 점을 고려하여 11개 학교 수준 변인을 한꺼번에 투입하는 대신, 학교 배경 변인과 학교 과정 변인을 나누어 순차적으로 분석을 실시한 후, 각각의 경우에 상호작용 효과를 갖는 것으로 나타난 학교 수준 변인들을 대상으로 2차 분석을 실시하는 방식을 택하였다.[28]

나. 수업 헌신에 대한 상호작용 효과

〈표 Ⅳ-13〉의 무선-계수 모형 분석을 통해서 개인적 교수 효능감 변인의 기울기가 학교별로 차이가 나고 있다는 것을 확인할 수 있었다. 그리고 그 차이는 수업 헌신에 대한 효과라는 것도 이미 설명한 바 있다. 즉, 교사의 수업 헌신에 대한 성, 결혼여부, 교직경력, 직위, 학력, 일반적 교수 효능감, 긍정적 피드백 등 7개의 개인 수준 변인의 기울기는 학교별로 차이가 나지 않으나(fixed), 개인적 교수 효능감의 기울기는 학교에 따라 유의미한 차이를 보인다(random)는 것이다.

본 연구에서 설정한 11개 학교 수준 변인을 사용하여 개인적 교수 효능감 변인의 기울기와의 상호작용을 분석한 결과, 자율성과 협력성의 두 가지 변인이 개인적 교수 효능감의 기울기에 영향을 주는 것으로 나타났다.[29]

---

28) 앞에서 언급한 바 있는 위계적 선형 모형의 방법론적 제약, 다시 말하여 각 수준별 방정식에서 무선효과를 갖는 독립변인의 수가 자료 수에 의해 제한된다는 문제는 여기에서도 고려될 필요가 있다. 여기에서 문제가 되는 것은 2수준 방정식에 학교 수준 변인을 몇 개 투입할 것인가 하는 것이다. 본 연구에서 학교의 수는 98개이며, 따라서 적정한 학교 수준 독립 변인의 수는 5개 정도이다. 이러한 제약을 고려하여 본 연구에서는 학교 배경 변인(5개)과 학교 과정 변인(6개)을 별도로 투입하여 유의미한 학교 수준 변인들을 확인한 다음, 유의미한 것으로 나타난 변인들을 대상으로 2차 분석을 실시하였다.

〈표 Ⅳ-14〉 수업 헌신에 대한 개인적 교수 효능감과
학교 수준 변인의 상호작용 효과

고정효과	계 수	표준오차	t-비율
절편(개인적 교수 효능감 평균 기울기)	0.430	0.026	16.369***
협력성	−0.076	0.029	−2.576**
학습 기회	0.064	0.025	2.511**

* t〉1.5　　** t〉2.0　　*** t〉3.0

절편, 즉 개인적 교수 효능감의 평균 기울기는 0.430이며, 이는 개인적 교수 효능감이 1표준편차 증가할 때 교사의 수업 헌신 수준은 평균적으로 0.430표준편차 증가한다는 것을 의미한다. 주목할 것은 협력성 변인과 학습 기회 변인의 개인적 교수 효능감 기울기에 대한 효과가 서로 다르게 나타났다는 점이다. 즉, 협력성이 1표준편차 증가함에 따라 개인적 교수 효능감의 기울기 값은 0.076표준편차만큼 줄어드는 반면, 학습 기회가 1표준편차 증가함에 따라 개인적 교수 효능감의 기울기 값은 0.064표준편차만큼 증가한다. 이는 교사 간 협력 수준이 높은 학교에서는 개인적 교수 효능감이 수업 헌신에 미치는 효과가 줄어드는 반면, 학습 기회가 풍부한 학교에서는 개인적 교수 효능감이 수업 헌신에 미치는 효과가 오히려 증가한다는 것을 의미한다.

다. 학교 조직 헌신에 대한 상호작용 효과

〈표 Ⅳ-13〉에 제시된 바와 같이, 개인 수준 변인 가운데 성, 교직경력, 일반적 교수 효능감의 세 변인이 학교 조직 헌신에 대해 학교별로 차이를

---

29) 〈표 Ⅳ-14〉는 〈부록표 Ⅱ-9〉에서 〈부록표 Ⅱ-11〉까지에 제시되어 있는 개인적 교수 효능감과 학교 수준 변인의 상호작용 분석 결과 가운데, 유의미한 것으로 확인된 변인을 발췌하여 재구성한 것이다.

보인다. 이들 세 변인을 제외한 나머지 다섯 개 변인(결혼여부, 직위, 학력, 개인적 교사 효능감, 긍정적 피드백)의 영향은 학교별로 차이가 나지 않았다. 이하에서는 성, 교직경력, 일반적 교수 효능감 변인과 상호작용하는 학교 수준 변인들이 무엇이며, 그 효과는 어떠한지를 차례로 분석한다.

성 변인의 기울기와 상호작용 효과를 보이는 학교 수준 변인을 분석한 결과, 아래 〈표 Ⅳ-15〉에 제시된 바와 같이, 설립 유형, 총 교사 수, 저소득층 학생비, 학교 경영 참여, 교장 지도성 등 다섯 개 변인으로 나타났다.[30]

〈표 Ⅳ-15〉 학교 조직 헌신에 대한 성 변인과 학교 수준 변인의 상호작용 효과

고정효과	계 수	표준오차	t-비율
절편(성 변인의 평균 기울기)	−0.355	0.064	−5.533***
설립 유형(사립)	0.353	0.073	4.826***
총 교사 수	−0.005	0.002	−2.258**
저소득층 학생비	−0.010	0.005	−1.922*
학교 경영 참여	0.162	0.049	3.323***
교장 지도성	0.060	0.039	1.545*

* t>1.5　　** t>2.0　　*** t>3.0

성 변인이 더미 변인으로서 여교사를 1로 입력한 점을 고려할 때, 이 표의 절편이 −0.355로 나타난 것은 여교사가 남교사보다 학교 조직 헌신 수준이 낮다는 것을 의미한다. 이러한 성 변인의 효과에 대하여, 설립 유형, 학교 경영 참여, 교장 지도성은 정적 상관을 보이는 반면, 총 교사 수와 저소득층 학생비는 부적 상관을 보이고 있다.

설립 유형과 성 변인의 상호작용 효과가 정적으로 나타난 것은 남교사와 여교사의 학교 조직 헌신 차이가 국공립학교에 비해 사립학교에서 더 크다

---

30) 〈표 Ⅳ-15〉는 〈부록표 Ⅱ-12〉~〈부록표 Ⅱ-14〉에 제시되어 있는 성 변인과 학교 수준 변인의 상호작용 분석 결과 가운데, 유의미한 것으로 확인된 변인을 발췌하여 재구성한 것이다.

는 것을 의미한다. 또한 학교 경영 참여가 활발한 학교일수록, 교장의 변혁적 지도성이 잘 발휘되는 학교일수록 남녀교사의 학교 조직 헌신 격차는 커진다. 이와 달리, 학교 규모가 커서 교사 수가 많은 학교일수록, 저소득층 학생이 많은 학교일수록 남녀교사의 학교 조직 헌신 차이는 줄어든다.

교직경력과 상호작용하는 학교 수준 변인은, 〈표 Ⅳ-16〉에 제시된 바와 같이, 설립 유형과 학습 기회의 두 변인으로 나타났다.[31]

〈표 Ⅳ-16〉 학교 조직 헌신에 대한 교직경력 변인과
학교수준 변인의 상호작용 효과

고정효과	계 수	표준오차	t-비율
절편(교직경력 평균 기울기)	0.012	0.003	4.191***
설립 유형(사립)	−0.013	0.004	−3.136***
학습 기회	0.004	0.002	1.701*

* t〉1.5　　** t〉2.0　　*** t〉3.0

이 표에서 절편, 즉 학교 조직 헌신에 대한 교직경력 변인의 평균 기울기가 0보다 큰 값(계수 0.012, t〉3.0)으로 나타난 것은 교직경력이 많을수록 학교 조직 헌신도가 높아진다는 것을 의미한다. 이러한 교직경력의 효과에 대해서 설립 유형 변인은 부적 상관을 보이는 반면(계수 −0.013, t〉3.0), 학습 기회(계수 0.004, t〉1.5)는 정적 상관을 보이고 있다.

설립 유형과 교직경력의 상호작용 효과가 부적으로 나타난 것은 교직경력이 학교 조직 헌신에 미치는 효과가 국공립학교에 비해 사립학교에서 다소 완화된다는 것을 의미한다. 달리 말하면, 국공립학교의 경우 교직경력에 따른 학교 조직 헌신 수준 차이가 사립학교에 비해 상대적으로 크다

---

31) 〈표 Ⅳ-16〉는 〈부록표 Ⅱ-15〉~〈부록표 Ⅱ-17〉에 제시되어 있는 교직경력 변인과 학교 수준 변인의 상호작용 분석 결과 가운데, 유의미한 것으로 확인된 변인을 발췌하여 재구성한 것이다.

는 것이다. 반면에 학습 기회가 풍부한 학교에서는 교직경력의 학교 조직 헌신에 대한 효과가 오히려 확대되는 것으로 나타났다.

마지막으로, 〈표 Ⅳ-17〉에 일반적 교수 효능감과 상호작용 효과를 갖는 학교 수준 변인을 제시하였다.[32]

〈표 Ⅳ-17〉 학교 조직 헌신에 대한 일반적 교수 효능감과 학교 수준 변인의 상호작용 효과

고정효과	계 수	표준오차	t-비율
절편(일반적 교수 효능감 평균 기울기)	0.049	0.017	2.856**
학습 기회	-0.055	0.019	-2.898**
교장 지도성	-0.027	0.016	-1.660*

* t>1.5   ** t>2.0   *** t>3.0

절편 값이 0.049(t>2.0)로 나타난 것은 일반적 교수 효능감이 클수록 학교 조직 헌신 수준이 높다는 것을 의미한다. 이에 대해 학습 기회(계수 -0.055, t>2.0)와 교장 지도성(계수 -0.027, t>1.5) 변인은 부적 효과를 갖는 것으로 분석되었다. 이러한 결과치는 학습 기회와 교장 지도성이 일반적 교수 효능감의 영향력을 상쇄시킨다는 것을 의미한다. 다시 말하여, 학습 기회가 풍부한 학교일수록, 교장의 변혁적 지도성 수준이 높을수록 일반적 교수 효능감이 학교 조직 헌신에 미치는 영향력은 줄어든다.

이상의 분석 결과를 종합해볼 때, 교사의 개인적 특성이 헌신에 미치는 효과는 그가 어떤 특성을 지닌 학교에 근무하느냐에 따라 달라지는 것으로 나타났다. 즉, 교사 수준 변인들과 학교 수준 변인들의 상호작용 효과가 분명하게 존재하는 것으로 확인되었다. 교사 헌신에 대한 상호작용 효

---

32) 〈표 Ⅳ-17〉는 〈부록표 Ⅱ-18〉~〈부록표 Ⅱ-20〉에 제시되어 있는 일반적 교수 효능감 변인과 학교 수준 변인의 상호작용 분석 결과 가운데, 유의미한 것으로 확인된 변인을 발췌하여 재구성한 것이다.

과는 매우 다양한 형태로 나타나고 있다. 협력성이나 총 교사 수와 같이 헌신의 개인차를 감소시키는 학교 수준 변인들이 있는가 하면, 학교 경영 참여와 같이 헌신의 개인차를 확대시키는 학교 수준 변인들도 있다. 또한 설립 유형, 학습 기회, 교장 지도성과 같이 헌신의 대상에 따라 헌신의 개인차를 확대시키기도 하고 감소시키기도 하는 학교 수준 변인들도 있다.

V. 종합 논의

　본 연구의 목적은 교사 개인 변인을 통제한 후 교사 헌신에 미치는 학교 특성 변인들의 효과를 검증하는 것이다. 이에 본 연구는 먼저 학교 조직의 특성에 적합한 교사 헌신의 개념을 재규정하고 그것을 측정할 수 있는 도구를 개발하였으며, 이를 바탕으로 교사 헌신에 대한 학교 수준 변인들의 설명력이 어느 정도인지를 분석하였다. 여기에서는 분석 결과를 통해 밝혀진 사실들을 중심으로 교사 헌신의 특징과 그것에 대한 학교 효과를 종합적으로 고찰하고 학교를 통한 교사 헌신 제고의 가능성과 한계에 대해서 논의한다.

1. 교사 헌신의 특징

　본 연구는 헌신의 개념 논의에 대한 비판적 고찰을 바탕으로, 태도적 헌신과 행위적 헌신이 상이한 관점에서 상이한 신념 진술로 표현되는 별개의 개념이라는 전제 아래, 학교 조직에 근무하는 교사의 헌신을 개념화하는 데에는 태도적 접근이 유용하다는 입장을 취하고 있다. 다시 말하여, 본 연구에서 규정된 교사 헌신은 소극적 차원에서 조직에 남아 있고자 하는 욕구나 의지를 가리키는 것이 아니라, 헌신 대상의 가치를 지속적으로 실현하려는 적극적 의미를 가지고 있다는 점에서 헌신의 개념에 대한 기존 연구의 접근 방식과 차이가 있다. 이러한 관점에 따라 교사 헌신은 교사가 교육 활동과 관련하여 가치 있다고 여기는 특정한 대상에 대하여 갖는 심리적 유대의 정도로 규정되었으며, 그 대상에는 수업, 학생, 학교 조직의 세 가지가 포함되었다. 이러한 정의를 바탕으로, 본 연구는 교사 헌신의 측정 도구를 개발하여 그 수준을 측정하였고, 그것에 영향을 미치는 변인들을 탐색하였다. 본 연구 결과를 바탕으로 도출된 교사 헌신의 특징은 다음과 같다.

첫째, 교사 헌신의 세 가지 대상, 즉 수업 헌신, 학생 헌신, 학교 조직 헌신은 개념적 차원에서뿐만 아니라 경험적 차원에서도 서로 다른 특성을 지닌 별개의 요인이다. 본 연구에서 교사 헌신에 영향을 미치는 선행 변인들은 헌신의 대상에 따라 분명한 차이를 보이는 것으로 확인되었다. 이는 교사 헌신의 대상들이 일치하는 것이 바람직하다는 당위성에도 불구하고, 실지로 교사들은 다양한 대상에 다양한 정도로 헌신하고 있다는 것을 의미한다. 가령, 어떤 교사들은 가르치는 일에는 헌신적이지만 학생에게 무관심하거나 학교 조직의 목표를 실현하는 데 소극적일 수도 있고, 어떤 교사들은 학생들에게 희생적인 모습을 보이지만, 수업은 소홀히 할 수도 있으며, 또 어떤 교사들은 학교 조직에 충성을 다하면서도 정작 수업이나 학생을 경시할 수 있다는 것이다. 본 연구의 이러한 결과는, 학교 조직이 느슨하게 결합된 조직으로서 그 하위 단위와 사건들이 각각 자체의 정체성을 보존하면서 물리적, 논리적 독립성을 유지하고 있다는 Weick(1976)의 주장을 간접적으로 지지해주는 것이다.

둘째, 교사들의 헌신 수준은 헌신의 대상에 따라 상당한 차이를 보인다. 수업 헌신 수준이 가장 높고, 학생 헌신이 그 다음이며, 학교 조직 헌신은 가장 낮은 것으로 확인되었다. 지금까지 교사를 대상으로 하는 헌신 연구는 일반 조직 분야의 논의에 영향을 받아 학교 조직 헌신에 관한 논의가 주된 흐름을 형성해 왔으며(Reyes, 1989; 노민구, 1995; 유현숙, 1981), 최근 들어 교사 헌신의 대상을 구분하려는 노력이 일부 학자에 의해 시도되었다(Firestone & Pennell, 1993; Kushman, 1992; Somech & Bogler, 2002). 그런데, 학교 조직 헌신에 초점을 둔 연구는 물론, 헌신의 대상을 구분하려는 연구에서도 교사의 헌신 수준이 그 대상에 따라 어떤 차이를 보이는지에 대한 논의는 찾아보기 어렵다. 이는 헌신의 대상을 구분한 연구의 경우에도 그 대상에 따라 헌신의 개념적 속성이 다르게 규정되었기 때문에 교사 헌신 수준을 대상별로 비교한다는 것 자체가 불가능했기 때문인 것으로 판단된다. 본 연구에서는 교사 헌신을 그 대상에 따라 구분하되 그 개념적 속성을 동일하게 부여함으로써 대상에 따른 헌신 수준의 비교가 가능하게 되었다. 분석 결과에 의하면, 수업 헌신의 전체평균은 4점 만점에 3.18로 가장 높았으며, 이어서 학생 헌신이 2.96, 학교 조직 헌신이 2.32의 순으로 나타났다. 이러한 결과는 교사들이 학교 조직보다 수업과 학생에 대한 헌신을 더 중시한다는 Joffres와 Haughey(2001)의 주장을 지지하는 것이다. 다만, 그들의 연구 대상과 방법이 미국 초등학교 교사들을 대상으로 한 심층 면담이었다면, 본 연구는 우리나라 교사들을 대상으로 실증적 연구를 수행하였다는 점에서 차이가 있다.

셋째, 교사 헌신의 학교 차이는 통계적으로나 실제적으로 유의미하다. 교사 헌신의 학교 간 변량은 교사 개인 특성의 영향력을 통제한 후에도 3~10%로 나타났으며 이러한 수치가 통계적으로 유의미하다는 것은 이미 밝힌 바 있다. 그런데 통계적으로 유의미하다는 것은 실제적으로 유의미하다는 것과 별개의 문제이다. 위계적 선형 모형을 적용한 대부분의 연구에서 제2수준, 즉 조직 또는 기관 수준의 설명 변량은 제1수준, 즉 개인 수준의 그것에 비해 훨씬 작은 것이 일반적이다. 예를 들어, 미국 교사들의 효능감을 설명 변인으로 하여 위계적 선형 모형을 적용한 Bryk와

Driscoll(1988)의 연구에서 교사 효능감의 학교 간 변량은 8.4%인 것으로 보고된 바 있다. 그렇다면 이 정도 크기의 학교 간 변량이 실제적으로 의미가 있는 것인가? 학교 간 변량의 실제적 의미는 설명 변인의 현실적 중요도에 비추어 판단할 성질의 것이다. 가령, 학생들의 학업 성취도의 경우, 근소한 성적 차이가 대학 입학의 당락을 결정짓는 우리나라의 상황에서는 작은 비중의 학교 간 변량이라도 그 실제적 의미는 결코 작지 않다.

본 연구는 교사의 헌신이 교육의 성패를 가름하는 핵심적인 기제이며, 따라서 조직적 차원에서 그것을 높일 수 있다면 이는 매우 의미 있는 일이라는 가정하에서 논의를 시작하였다. 비록 교사 헌신의 학교 간 변량이 학교 내 변량에 비해 작기는 하지만, 학교 수준의 변인들에 의해서 설명될 수 있는 가능성이 있다는 점에서 그 의의는 충분하다고 본다. 뿐만 아니라 교사 헌신의 학교 간 변량은 학교 수준 변인들의 효과가 직접적으로 반영된 가산적 효과만을 의미한다는 것도 염두에 둘 필요가 있다. 교사 헌신에 대한 학교 수준 변인들의 효과는 이러한 직접적 효과 이외에도 개인 수준 변인들과의 상호작용을 통해서 간접적으로 반영될 수 있다. 이 경우의 학교 수준 변인들의 효과는 학교 내 변량에 반영되기 때문에 비가시적인 특성을 지닌다. 요컨대, 교사 헌신의 학교 간 변량, 즉 교사 헌신의 학교 차이는, 비록 그 비중이 작은 것으로 나타났지만, 교사 헌신의 현실적 중요도를 고려할 때, 그리고 학교 수준 변인들의 효과의 일부에 불과하다는 점을 고려할 때, 그 실제적 의의가 충분하다고 할 수 있다.

넷째, 교사 헌신의 학교 차이는 학교 조직 헌신 영역에서 두드러지게 나타난다. 본 연구에 의하면, 학교 조직 헌신의 학교 간 변량은 수업 헌신이나 학생 헌신의 학교 간 변량에 비해 두 배 이상이다. 이러한 분석 결과는 수업이나 학생에 대한 헌신은 학교에 따라 큰 차이가 없으나, 학교 조직에 대한 헌신은 학교에 따라 상당한 격차를 보이고 있다는 것을 의미한다. 이는 학교가 어떤 특성을 지니고 있느냐에 따라 교사들의 학교 조직 헌신은 상당한 정도로 달라지는 데 비해, 수업이나 학생에 대한 헌신은 별다른 차이를 보이지 않다고 해석할 수 있다.

　다섯째, 교사 헌신의 학교 차이는 비록 통계적으로나 실제적으로 유의미하다 하더라도 교사 헌신의 개인차에 비해 그 크기가 훨씬 작다. 변량 분할을 통하여 확인한 바에 의하면, 교사 헌신의 학교 내 변량, 즉 개인차는 90% 이상으로 나타났다. 다시 말하여, 교사 헌신에 대한 학교 특성의 효과가 존재한다는 것을 부분적으로 확인하였으나, 학교 차이로 설명할 수 있는 변량이 그다지 크지 않다고 할 수 있다. 이는 교사 헌신 수준의 차이가 학교 수준에서 보다 동일한 학교에 근무하는 교사들 사이에 더 많이 나타난다는 것을 의미한다.

　본 연구는 탐색적 차원에서 교사 헌신의 변량 분할을 시도하면서 헌신의 학교 차이에 주목하였다. 그 결과, 교사 헌신은 학교에 따라 유의한 차이를 보이는 것으로 나타났으나 그 비중은 교사들 개인차에 비해 매우 작았다. 비록 헌신의 대상별로 약간의 차이가 있다 하더라도 교사 헌신도에 있어서 개인차가 학교차보다 압도적으로 크게 나타났다는 것은, 향후 헌신 연구에 있어서 교사들의 개인차에 주목할 필요가 있다는 것을 시사한다. 본 연구에서도 교사 헌신의 개인차에 영향을 미치는 요인으로 5개의 인구통계학적 변인과 3개의 사회심리적 변인을 설정하였으나, 이는 학교 수준 변인들의 순수한 효과를 파악하기 위한 통제 변인으로 사용한 것이었다. 비록 교사 헌신의 개인차를 본격적으로 설명하기 위한 것은 아니었다 하더라도, 본 연구의 부수적 결과로서 8개의 교사 수준 변인들이 교사 헌신에 미치는 효과는 향후 연구에 시사하는 바가 적지 않다. 특히 교사 헌신의 개인차에는 인구통계학적 변인의 효과보다는 사회심리적 변인의 효과가 훨씬 크게 작용한다는 점은 후속 연구에서 고려되어야 할 것이다.

2. 학교 특성과 교사 헌신의 구조적 관계

본 연구에서는 교사 수준 변인을 통제한 후, 학교 수준 변인이 교사 헌신에 미치는 효과를 분석하였다. 11개 학교 수준 변인 가운데 가산적 효과를 갖는 것은 설립 유형, 평준화 여부, 총 교사 수, 저소득층 학생비 등 4개의 학교 배경 변인과, 자율성, 학교 경영 참여, 학생 행동 관리, 학습 기회 등 4개의 학교 과정 변인이다. 학교 소재지, 협력성, 교장 지도성 등 나머지 3개 변인의 가산적 효과는 나타나지 않았다. 한편, 교사 수준 변인과 상호작용 효과를 보이는 학교 수준 변인은 설립 유형, 총 교사 수, 저소득층 학생비 등 3개의 학교 배경 변인과 학교 경영 참여, 협력성, 학습 기회, 교장 지도성 등 4개의 학교 과정 변인이다. 이하에서는 학교 특성을 중심으로 그것이 교사 헌신에 미치는 가산적 효과 또는 상호작용 효과를 종합적으로 논의한다.

가. 학교 배경 변인의 효과

1) 설립 유형

설립 유형은 학교 조직 헌신에 대한 효과를 가질 뿐, 수업 헌신이나 학생 헌신에 대해서는 의미 있는 효과를 갖지 않는 것으로 나타났다. 이 점은 가산적 효과와 상호작용 효과 모두에서 동일하게 나타난 현상이다. 구체적으로 말하여, 사립학교의 학교 조직 헌신도는 국공립학교의 그것에 비해 높다. 전집의 수준에서 남교사는 여교사보다 학교 조직 헌신도가 높은 것으로 밝혀졌는데, 이러한 남녀교사의 학교 조직 헌신도 격차는 국공립학교보다 사립학교에서 더 크게 나타났다. 이와 달리, 경력이 많은 교사들은 상대적으로 학교 조직 헌신 수준이 높은데, 경력에 따른 학교 조직 헌신 수준의 차이는 사립학교에서 오히려 줄어드는 것으로 밝혀졌다. 한편, 수업 헌신이나 학생 헌신에 있어서 국공립학교와 사립학교의 차이는 발견되지 않았다.

선행 연구들은 설립 유형의 교사 헌신에 대한 효과에 대하여 일관된 분석 결과를 제시하지 않고 있다. 유현숙(1981)과 정우진(1994)은 사립학교 교사가 공립학교 교사에 비해 조직 헌신도가 높다고 보고한 반면, 신현석과 가신현(1997) 그리고 Park(2003)은 정반대의 결과를 보고하고 있다. 본 연구 결과는 전자를 지지한다.

사립학교 교사들의 학교 조직 헌신도가 국공립학교의 그것에 비해 높은 이유는 무엇인가? Godwin 등(1998)은 사립학교 교사들이 공립학교 교사들에 비해 더 많은 자율성과 학교에 대한 더 큰 영향력을 보유하고 있다고 주장한다. 이러한 자율성과 학교에 대한 영향력이 조직구성원의 헌신을 높인다는 것은 여러 연구들을 통해 확인된 바 있다(Hackman & Oldham, 1980; Deci & Ryan, 1985; Rosenholtz, 1989; Firestone & Pennell, 1993; Hausman & Goldring, 2001; 유현숙, 1981; 노민구, 1995). 그러나 사립학교가 국공립학교에 비해 교사의 학교 조직 헌신이 높게 나타난 것에 대해 교사의 자율성 또는 학교에 대한 영향력 차이를 그 근거로 제시하는 것은 본 연구의 경우 타당하지 않다. 왜냐하면 본 연구에서 설립 유형의 효과는 자율성이나 학교 경영 참여 변인의 효과를 통제한 상태에서 나타난 것이기 때문이다. 다시 말하여, 본 연구에서 사립학교와 국공립학교의 학교 조직 헌신도 차이는 학교 수준 변인으로 투입된 모든 변인들의 효과가 동일한 것으로 가정한 상태에서 나타난 것이기 때문에, 그 차이의 원인은 투입된 변인 이외의 다른 것에서 찾아야 한다.

그렇다면 학교 조직 헌신도에 있어서 국공립학교와 사립학교의 차이는 어떻게 설명될 수 있는가? 무엇보다도, 우리나라의 경우 사립학교와 국공립학교의 교원인사제도상의 차이를 들 수 있다. 사립학교의 경우 교사들은 본인이 원하는 학교에 지원하며, 채용될 경우에는 그 학교에서 평생 동안 근무하는 것이 일반적이다. 이에 비해 공립학교의 경우에는 순환근무 원칙에 따라 한 학교에 일정기간 근무한 교사는 반드시 타 학교로 전출되며, 이 과정에서 교사들의 의사에 반하는 인사이동도 빈번하게 발생한다. 요컨대, 사립학교 교사들에게 있어서 학교는 특별한 일이 없는 한평생 근무할 것으로 예상되는 직장인 반면, 국공립학교 교사들에게 있어서 그것은 교직에 종사하는 동안 거쳐야 하는 여러 학교들 중에 하나에 불과하다. 자신의 의사와 무관하게 그것도 일시적인 근무가 제도화되어 있는 공립학교보다 자신의 선택에 의해 가입이 결정되고 또한 장기적으로 근무하도록 제도화되어 있는 사립학교에서 조직 헌신도가 더 높게 나오는 것은 당연한 결과라고 할 수 있다. 그러나 사립학교와 국공립학교 교사들의 학교 조직 헌신 수준 차이를 단지 인사제도상의 차이로 설명하는 것은 미진한 감이 없지 않다. 사립학교와 국공립학교의 차이가 교원인사제도에 국한되는 것이 아니기 때문이다. 설립 유형에 따라서 어떤 학교 특성이 어느 정도 차이가 나며, 그러한 학교 특성의 차이가 학교 조직 헌신의 차이에 어느 정도 영향을 미치는지는 별도의 연구를 통해서 확인될 필요가 있다.

2) 평준화 여부

평준화 여부는 교사 헌신의 세 가지 대상 모두에 대하여 유의미한 영향을 미친다. 구체적으로, 비평준화 지역 학교는 평준화 지역 학교에 비해 수업, 학생, 학교 조직에 대한 헌신 수준이 모두 높았으며, 이러한 평준화 여부 변인의 효과는 특히 학생 헌신에서 두드러지는 것으로 확인되었다.

평준화 여부가 교사 헌신에 미치는 영향력에 대해서는 아직 보고된 바 없다는 점에서 이 부분에 대한 해석은 시론적인 성격이 강하다. 본 연구에 투입된 모든 학교 수준 변인들이 동일하다는 조건에서, 비평준화 지역에 위치한 학교가 평준화 지역에 위치한 학교에 비해 교사 헌신 수준이 높은 이유는 무엇인가? 이와 관련하여 학교 소재지 변인의 효과를 함께 고려하는 것은 해석에 큰 도움을 준다. 학교 소재지와 평준화 지역은 중복도는 부분이 있기 때문이다. 본 연구에서 학교 배경 변인의 하나로 투입된 학교 소재지 변인은 교사 헌신에 대하여 독립적인 영향력을 갖지 않는 것으로 분석되었다. 다시 말하여, 학교가 대도시에 위치해 있느냐 아니면 중소도시나 읍면 지역에 위치에 있느냐 하는 것은 그 학교의 교사 헌신 수준과 무관하다는 것이다. 이러한 분석 결과는 평준화 여부 변인의 교사 헌신에 대한 효과를 해석하는 데 있어서 지역적 차이로 인한 효과를 배제할 필요가 있다는 것을 의미한다.

지역적 차이를 배제할 경우, 평준화 지역 학교와 비평준화 지역 학교의 중대한 차이는 학생 유치 과정에 있다고 할 수 있다. 평준화 지역 학교들은 학군에 따라 학생들을 임의로 배정받는 반면, 비평준화 지역 학교들은 학생들을 유치하기 위해 교사들이 직접 나서야 한다. 비평준화 지역 학교 교사들의 학생 유치 노력이 그들의 헌신 수준을 높이는 과정은 Becker(1960)의 부수적 투자 이론으로 설명할 수 있다. 그에 의하면, 개인은 조직에 근무하면서 여러 가지 부수적 투자를 하게 되며 동시에 그 투자에 대한 보상을 기대하는데, 바로 그 기대감이 조직에 대한 헌신을 강화한다. 비평준화 지역 학교 교사들이 학생들을 유치하는 과정은 부수적 투자에 해당한다고 할 수 있다. 교사의 학생 유치 활동은 학교 조직에 대한 그의 관심과 밀접한 관련이 있을 뿐만 아니라, 애써 유치한 학생들을 보다 잘 가르치려는 태도를 유발할 가능성이 높다.

한편, 비평준화 지역 학교와 평준화 지역 학교는 입학 학생들의 학업 성취도에 있어서도 차이가 있을 수 있다. 이와 관련하여 본 연구는 입학 학생들의 학업 성취도를 별도의 변인으로 선정하여 그것이 교사 헌신에 미치는 효과를 검증하고자 하였으나, 자료 수집의 어려움으로 최종 분석에서 제외되었다. 학생들의 선행 학습 수준이 교사 헌신에 어떤 영향을 미치는지에 대해서는 후속 연구가 필요하다고 본다. 학생들의 선행 학습 정도가 교사 헌신에 일정한 효과를 갖는다면, 그것을 통제한 후에도 평준화 여부 변인의 효과가 나타나는지 확인되어야 할 것이다.

3) 총 교사 수

총 교사 수 변인은, 수업 헌신과 학교 조직 헌신에 의미 있는 효과를 보이는 반면, 학생 헌신에 대한 효과는 나타나지 않았다. 특이한 것은 총 교사 수 변인이 교사 헌신의 대상에 따라 차별적인 효과를 갖는다는 점이다. 즉, 수업 헌신은 교사 수가 많을수록 높아지는 데 반해, 학교 조직 헌신은 교사 수가 많을수록 낮아진다. 이러한 가산적 효과 이외에도, 총 교사 수는 성 변인이 학교 조직 헌신에 미치는 효과를 조절하는 기능도 갖고 있다. 즉, 교사 수가 많을수록 남교사와 여교사의 학교 조직 헌신 수준 차이는 줄어든다.

본 연구에서 총 교사 수는 학교 규모를 대표하는 변인으로 선정되었다. 대다수의 선행 연구들은 학교 규모가 교사 헌신과 무관하다는 분석 결과를 제시하고 있다(Kushman, 1992; Hausman & Goldring, 2001; Park, 2003; 노민구, 1995; 신현석, 가신현, 1997). 이에 비해, Riehl과 Sipple(1996)은 학교 규모(등록 학생 수)가 조직 헌신과는 무관하지만 전문직 헌신과는 정적인 상관이 있다고 밝히고 있다. 학교 규모가 클수록 교사의 전문직 헌신 수준이 높다는 그들의 연구 결과는 총 교사 수가 많을수록 교사의 수업 헌신 수준이 높다는 본 연구 결과와 일맥상통한다. 학교 규모와 학교 조직 헌신이 부적 관계를 가진다는 것은 본 연구에서 새롭게 나타난 현상이다.

먼저, 교사 수가 많은 학교일수록 그 학교의 수업 헌신 수준이 높은 이유는 무엇인가? 이에 대한 해석은 매우 어렵다. 많은 교사들이 근무하는 학교에서는 교사들 상호 간에 수업이나 학생 지도와 관련된 많은 의사소통과 협력이 가능해지기 때문에 헌신 수준이 높아진다고 추론할 수도 있다. 그러나 이러한 추론은 학교 과정 변인 가운데 하나로 설정된 협력성 변인의 효과가 없는 것으로 나타난 분석 결과를 함께 고려해볼 때 타당하지 않다. 같은 학교에서 근무하는 교사가 많을수록 교사로서의 자신의 모델을 찾을 가능성이 높을 수 있다고 추론할 수도 있으나, 이 역시 본 연구를 통해서는 검증되지 않는다. 한편, 이 변인이 갖는 효과의 통계적 유의도가 낮다는 점을 고려하면, 교사 수가 많은 학교의 수업 헌신이 높다는 본 연구의 결과는 보다 심층적인 후속 연구를 통해서 확인될 필요가 있다.

교사 수가 많은 학교에서 학교 조직 헌신 수준이 낮아지는 이유는 무엇인가? 이에 대해서는 Becker(1960)의 부수적 투자 이론이 적용될 수 있다. 앞에서 비평준화 지역 학교 교사들의 학생 유치 노력이 그들의 헌신 수준을 높일 가능성에 대하여 논의한 바 있다. 그와 동일한 맥락에서, 학교 업무에 대한 교사의 노력 투입 정도에 따라 그 교사의 학교 조직 헌신 수준이 달라진다고 볼 수 있다. 학교의 업무량은 학교 규모에 비례하여 증가하는 것이 아니다. 규모가 큰 학교에서 수행해야 하는 일은 규모가 작은 학교에서도 역시 수행되어야 한다. 학교 조직의 이러한 현실은, 교사 한 사람이 담당해야 할 업구량이 학교 규모에 따라 다르다는 것을 의미한다. 다시 말하여, 소규모 학교에서 교사는 많은 업무를 수행해야 하는 반면, 대규모 학교에서 교사의 업무 부담은 상대적으로 적어진다. Becker(1960)의 이론에 비추어 볼 때, 교사의 업무 부담은 부수적 투자라고 할 수 있으며, 이러한 부담에 대한 보상 기대가 학교 조직 헌신을 유발한다. 따라서 소규모 학교에 근무하면서 업무 부담이 상대적으로 많은 교사들의 학교 조직 헌신도가 대규모 학교 교사들의 그것에 비해 높을 수 있다. 한 가지 유의할 것은, 지나친 근무 부담 또는 역할 과중은 헌신 수준을 떨어뜨린다는 사실이다(Hrebiniak & Alluto, 1972; Mathieu & Zajac, 1990; Mowday et al, 1982; Reichers, 1985). 요컨대, 적정 수준의 근무 부담은 학교 조직 헌신을 유발하는 데 중요한 기여를 한다고 결론지을 수 있다.

4) 저소득층 학생비

저소득층 학생비가 교사 헌신에 미치는 효과는 세 가지 헌신 대상에 동일하게 나타났다. 즉, 총 학생 수 대비 저소득층 학생 수가 많은 학교일수록 그 학교 교사들의 수업, 학생, 학교 조직에 대한 헌신 수준은 전반적으로 낮아진다. 한편, 저소득층 학생이 많은 학교일수록 남녀교사의 학교 조직 헌신 차이는 줄어드는 것으로 나타났다. 성과 저소득층 학생비의 이러한 상호작용 효과는 그 유의도가 낮다는 점에서 추가적인 연구를 통해 검증될 필요가 있다.

학생의 가정경제적 배경이 교사 헌신에 미치는 영향과 관련하여 선행 연구들의 분석 결과는 일관되지 않다. 무료 급식 학생 수가 많은 학교일수록 교사 헌신도가 낮다고 보고한 연구들(Rosenholtz, 1985; Hausman & Goldring, 2001)도 있고, 학생들의 가정경제적 배경과 교사 헌신은 무관하다는 연구들(Rosenholtz & Simpson, 1990; Park, 2003)도 있다. 교사의 헌신을 조직 헌신과 학생 학습 헌신으로 구분한 Kushman(1992)에 의하면, 부유한 학생이 많은 학교일수록 조직 헌신은 높지만 학생 학습 헌신은 낮아진다. 이와 관련하여 국내 연구가 아직 축적되지 않은 가운데 실시된 본 연구의 분석 결과는, 교사 헌신의 대상에 관계없이 학교의 평균적인 학생 가정경제적 지위가 교사 헌신에 부적인 영향을 미치는 것으로 나타났다.

저소득층 학생비와 교사 헌신이 부적 상관을 갖는 이유는 무엇인가? 이에 대해 Rosenholtz(1985)는, 가정경제적 지위가 낮은 학생들이 많은 학교에 근무하는 교사들은 교육적 기능보다는 학생 보호 기능에 치중하게 되며 그것이 불만으로 이어져 결국 교사 헌신도가 낮아진다고 설명한다. Hausman과 Goldring(2001)은, 저소득층 학생들의 학업 성취가 좀처럼 향상되지 않는다는 점이 교사의 성취의식을 감소시키며 그 결과 교사의 헌신이 낮아진다고 주장한다. 요컨대, 교사가 교과를 가르치는 활동에 전념할 수 있을 때, 그리고 그렇게 가르친 결과 일정한 성과를 거둘 수 있다고 민을 때 교사의 헌신 수준은 높아지는데, 저소득층 학생이 많은 학교에서는 이 두 가지 요건을 충족시키기 어렵기 때문에 교사 헌신 수준이 낮다는 것이다.

이러한 설명 방식은 본 연구 결과에 비추어 볼 때 그 타당성이 간접적으로나마 입증된다. 먼저, 본 연구에서는 교사가 교육 활동에 전념할 수 있는 학교 여건의 조성이 교사 헌신에 긍정적 영향을 미칠 것으로 가정하고 이를 확인하기 위하여 학생 행동 관리 변인을 학교 과정 변인의 하나로 포함시켰다. 분석 결과에 의하면, 학생 행동 관리가 잘되는 학교일수록 교사 헌신은 그 대상에 관계없이 모두 높다. 저소득층 학생이 많다는 사실은 교사로 하여금 수업 활동이 아닌 여타의 활동에 시간과 노력을 더 투입하게 할 가능성이 높으며, 이는 낮은 수준의 교사 헌신으로 이어진다고 할 수 있다. 또한 본 연구에서는 교사 헌신이 교사의 효능감과 밀접하게 관련되어 있다고 보고 그 관계를 파악하기 위하여 교사의 효능감을 개인적 교수 효능감과 일반적 교수 효능감으로 구분하여 교사 수준 통제 변인으로 투입하였다. 뒤에서 다시 논의되겠지만, 교사는 자신의 교육적 느력이 일정한 성과로 나타날 수 있다고 믿을 때 더 헌신적이 된다. 이 점에 비추어 볼 때, 저소득층 학생들이 많은 학교에 근무하는 교사들의 경우, 학생들의 성취 가능성에 대한 믿음이 상대적으로 낮을 수 있고 그 결과 교사 헌신도가 낮아질 가능성이 있다.

저소득층 학생비와 교사 헌신의 부적 상관에 위 두 가지 설명 방식이 좀 더 설득력을 가지려면, 무엇보다도 두 변인의 관계에서 학업 성취 수준의 통제가 이루어져 한다. 미국에서 1966년 Coleman 보고서가 출간된 이래 많은 연구들은 학생의 가정경제적 지위와 학업 성취도가 높은 상관이 있다는 점을 지적하고 있다(성기선, 1997). 따라서 저소득층 학생비 변인의 교사 헌신에 대한 효과를 보다 엄밀하게 파악하기 위하기 위해서는 학업 성취도가 교사 헌신에 미치는 효과를 통제한 상태에서 분석이 이루어져야 한다. 이는 후속 연구를 통해서 검증되어야 할 부분이다.

나. 학교 과정 변인의 효과

본 연구에서 설정된 6개 학교 과정 변인은 헌신과 관련된 대부분의 연구에서 조직구성원의 헌신에 유의미한 영향을 미치는 변인들로 알려져 있다. 다시 말하여, 자율성이 높을수록, 교사들의 학교 경영 참여 수준이 높을수록, 교사들 사이에 협력이 활발하게 이루어질수록, 학생 행동 관리가 잘 되어 질서 수준이 높을수록, 학습 기회가 풍부할수록, 교장의 지도력이 뛰어날수록 교사들의 헌신 수준은 높다는 것이다. 이에 대하여 본 연구는, 분석의 단위를 고려하지 않은 대부분의 연구에서 조직 특성으로 분류된 변인들은 조직 특성에 대한 개인의 인식을 측정한 것이기에 때문에 엄밀한 의미에서 조직 수준 변인이라기보다 개인 수준 변인이라고 보는 것이 타당하다고 밝힌 바 있다. 이러한 분석 단위의 문제를 해결하기 위하여 본 연구는 6개의 학교 과정 변인을 그 본래 성격에 맞게 학교 수준 변인으로 설정하여 그 효과를 검증하였다.

6개 학교 과정 변인을 학교 수준 변인으로 설정할 경우 해석에 주의할 필요가 있다. 주지하다시피, 이들 변인들은 절편 – 결과 모형의 2수준 방정식의 독립변인으로 투입되며, 그 방정식의 종속변인은 교사 개인의 헌신 점수가 아닌 학교 내 교사들의 평균 헌신 점수이다. 독립변인과 종속변인이 모두 학교 수준 변인이기 때문에, 분석 결과는 각 학교 수준 변인 점수의 학교 간 차이가 그 학교 교사들의 평균적인 헌신에 미치는 효과로 해석되어야 한다. 이를 테면, 자율성이 높은 학교일수록 그 학교의 헌신 수준은 높다거나, 교장의 지도성과 그 학교의 평균적인 헌신 수준은 무관하다는 등으로 해석되어야 한다. 이하에서는 교사 헌신의 각 대상에 대한 학교 과정 변인들의 효과를 구체적으로 살펴보고, 그 효과가 나타나는 원인에 대하여 시론적 차원의 해석을 해보기로 한다. 본 연구의 해석이 시론적인 것은 헌신에 대한 조직적 특성의 효과와 관련하여 분석 단위를 고려하여 연구를 수행한 경우가 드물기 때문이다. 따라서 헌신에 대하여 유의미한 효과를 갖는 것으로 알려졌던 위 6개 학교 과정 변인들이 본 연구에서 그 효과가 없는 것으로 나타나거나 그 효과의 크기가 줄어든 현상에 대해서는 반복적인 연구를 통해서 검증될 필요가 있다.

1) 자율성

자율성은 수업 헌신과 학성 헌신에 대해서만 유의한 효과를 갖는 것으로 나타났다. 즉, 교육 활동을 수행하는 데 있어서 교사의 자율성을 잘 보장하는 학교일수록 그 학교 교사의 수업 헌신과 학생 헌신은 높지만, 그러한 자율성의 보장이 학교 조직 헌신을 유발하지는 못한다. 이러한 분석 결과는 교사 헌신을 전문직 헌신과 조직 헌신으로 구분하여 실증 조사를 실시한 Riehl과 Sipple(1996)의 연구 결과를 지지한다. 분석 단위를 고려하지 않은 그들의 연구에서도 자율성은 전문직 헌신에 긍정적인 효과를 갖고 있으나, 조직 헌신과는 무관한 것으로 나타났다.

자율성이 부여된 직무일수록 그 직무를 수행하는 담당자는 직무 결과에 대한 강한 책임감을 느끼며 그러한 책임감이 헌신을 유발한다(Deci & Ryan, 1985; Firestone & Pennell, 1993; Hackman & Oldham, 1980). 다시 말하여, 자율성이 많이 부여되는 직무일수록 그 직무를 수행하는 사람들은 더 많은 판단과 선택을 행사하게 되며, 그러한 과정을 통하여 그 직무 수행자는 스스로를 직무 성과에 결정적 영향력을 미치는 주요 원인 제공자로 여기게 되어 그 직무에 헌신하게 된다. 직무에 있어서의 자율성은 전문직의 경우 특히 강조된다. 특수한 새로운 상황 속에서 고도의 지식과 기술을 발휘해야 하는 전문가들은 스스로의 판단에 따라 자신의 일을 수행할 수 있는 자율성이 반드시 보장되어야 하며, 이러한 자율성의 수준은 전문직의 위상과 직결되어 있다(Hoyle, 1980). 요컨대, 교사들에게 교육 활동 영역에 대한 자율성을 부여하는 것은 실제 수업과 학생에 대한 책임감을 높일 뿐만 아니라, 전문직으로서의 자부심을 고양함으로써 그들의 헌신 수준에 긍정적인 영향을 미친다고 할 수 있다.

학교의 자율성 수준이 수업 또는 학생 헌신에 대하여 유의미한 효과를 보인 것과 달리, 학교 조직 헌신과 무관하게 나타난 것은 어떤 의미가 있는가? 이러한 현상은 무엇보다도 수업 헌신이나 학생 헌신과 학교 조직 헌신이 동일하지 않다는 것을 의미한다. 다시 말하여, 교사들이 보기에 수업을 열심히 하거나 학생들을 성실하게 지도하는 일은 학교 조직이 지향하는 바와 거리가 있을 수 있다는 것이다. 이에 대하여 학교의 존립 근거가 제도적 정당성의 확보에 있다는 Meyer와 Rowan(1978)의 주장은 주목할 만하다. 그들에 의하면, 학교는 고도로 제도화된 규칙과 신념에 따라 다양한 의례적 범주들을 갖추고 있는데, 이는 사회적 요구에 의한 것이다. 학교가 사회에서 요구하는 제도적 규칙에 순응하는 것은 조직의 존속을 위하여 필요한 자원과 권한을 확보하는 데 필수적인 과정이라고 그들은 주장한다. 본 연구와 관련하여 Meyer와 Rowan의 논의가 함의하는 바는 학교 조직의 목표와 학교구성원, 특히 교사들의 목표가 상이할 수 있다는 것이다. 학교는 조직의 존속을 위해 제도적 정당성 확보에 일차적 관심을 갖는 데 비해, 교사는 학생들을 잘 가르치는 일에 우선적 가치를 둔다고 가정하면, 교사들은 자신에게 부여되는 자율성을 수업이나 학생지도 영역에서 활용할 것이다. 학교 조직의 목표와 교사 집단의 목표가 상이하다는 가정은 Weick(1976)의 논의에 의해서도 뒷받침된다. 그는 학교 조직을, 그 하위 단위와 사건들이 각각 자체의 정체성을 보존하면서 물리적, 논리적 독립성을 유지하고 있는 '느슨하게 결합된 조직'이라고 규정한 바 있다. 그의 논의는 교사들이 특히 수업과 학생지도와 관련하여 상당한 재량권을 보유하고 있다는 것을 함의하며, 이것은 학교 조직의 목표와 교사 개인의 목표가 서로 상충될 가능성이 있다는 것을 시사한다. 요컨대, 교사들은 학생들을 열심히 가르치는 일과 학교 조직의 가치와 목표를 실현하는 일을 별개의 것으로 인식하고 있으며, 이러한 현실 속에서 교사에게 부여되는 자율성은 수업이나 학생에 대한 헌신을 높이지만, 학교 조직에 대한 헌신을 유발하지는 못한다.

학교의 자율성 수준이 수업-학생 헌신에 대해 긍정적 효과를 갖는 반면 학교 조직 헌신에 대해 유의미한 효과를 갖지 못하는 현상과 관련하여 Firestone과 Pennell(1993)의 통찰 역시 주목할 만하다. 그들에 의하면, 자율성의 헌신에 대한 효과는 상반되게 나타날 수 있는데, 이는 자율성과 고립이 서로 구별되지 않은 채 혼재되어 사용되어 온 교직 사회의 역사적 발달 과정과 관련되어 있다. 교직 사회에서 자율성과 고립은 서로 다르면서도 밀접한 관련을 맺고 있다. 역사적으로 볼 때, 교사들이 교실 내에서의 교사의 자율성을 줄이려는 시도에 대해서 지속적으로 불만을 표시하고 있음에도 불구하고, 수많은 개혁 방안들은 간접적인 방식을 통해 학교 조직의 구조적 느슨함을 극복하기 위하여 교사의 자율성을 줄여왔다(Corwin & Borman, 1988). 교사들이 배제된 가운데 이루어지는 교육과정 개발이라든가, 전국 차원의 학업 성취도 평가 실시 등이 그 예이다. 이러한 시도들은 교사의 자율성 수준을 감소시키며 이는 다시 교사 헌신의 감소로 이어진다(Rosenholtz, 1987). 요컨대, 자율성이 교사의 헌신을 촉진하느냐의 여부는 자율성이 허용되는 상황에 달려 있다. 다시 말하여, 일반적으로 직무 수행에 대한 자율성의 확대는 헌신 수준을 높이지만, 자율성이 외부의 위협이나 간섭을 줄이기 위한 고립 전략에서 제기된 경우 그 자율성의 확대는 교사 헌신의 감소를 가져올 수 있다. 이러한 논의가 시사하는 바는 다음과 같다. 우선, 자율성은 교육 활동의 성공에 대한 책임을 교사에게 부여함으로써 교사의 수업 헌신과 학생 헌신을 촉진할 수 있다. 반면 자율성과 학교 조직 헌신이 서로 무관하게 나타난 것은 학교 내에 교사의 자율성에 대한 위협 내지 간섭 요인이 존재한다는 것을 의미한다. 이를 터면, 독선적인 교장의 존재는 자율성에 대한 위협 요인이 될 수 있으며, 그러한 학교에 근무하는 교사들에게 자율성을 부여한다 하더라도 그것이 학교 조직에 대한 헌신으로 이어지지 않는다.

2) 학교 경영 참여

학교 경영 참여의 정도는 수업 헌신이나 학생 헌신과 무관한 반면, 학교 조직 헌신에 대해서 유의한 영향을 주는 것으로 나타났다. 즉, 경영 영역에 대한 교사의 참여 수준이 높은 학교일수록 학교 조직 헌신 수준이 높다. 한편, 학교 경영 참여 수준이 높은 학교에서는 남교사와 여교사의 학교 조직 헌신 격차가 오히려 커지는 것을 나타났다.

학교 경영 참여가 교사들의 학교 조직 헌신을 유발한다는 본 연구의 결과는 선행 연구들(Johnson, 1990; Kushman, 1992; Reyes, 1992)의 분석 결과와 일치한다. 교사들의 경영 참여는 학교의 의사결정 결과에 대한 교사들의 수용과 헌신을 유발할 뿐만 아니라(Smylie, 1992), 그들의 풍부한 정보를 활용하여 올바른 의사결정을 내리고(Bacharch & Conley, 1989) 조직에 대한 신뢰와 공정성을 증진시킴으로써(Firestone & Pennell, 1993) 장기적으로는 조직 전반에 대한 헌신을 고양한다. 전통적으로 학교 경영은 학교장을 비롯한 행정가의 역할로 인식되어 왔으며, 이 영역에 대한 교사들의 참여는 매우 미약한 것으로 알려져 왔다. 이 점은 본 연구에 의해서도 입증되고 있는데, 교사들의 학교 경영 참여도는 측정 도구를 사용한 모든 변인 가운데 가장 낮은 수준인 1.60으로 나타났다(⟨표 Ⅳ-1⟩ 참조). 이와 같이 교사들의 학교 경영 참여의 수준이 전반적으로 매우 낮음에도 불구하고, 학교 경영 참여가 학교 조직 헌신을 유발하는 것으로 나타난 것은 의미 있는 결과라고 할 수 있다.

학교 경영 참여가 학교 조직 헌신에 미치는 긍정적 효과는 참여가 유발하는 부담으로 인해 상쇄될 가능성이 있다는 점에 유의할 필요가 있다. 교사에게 있어서 학교 경영은 가르치는 일과 다소 거리가 있는 영역의 들이 며 그것에 대한 개입은 추가적인 노력과 시간을 요구한다. 이러한 부담이 역할 과중으로 이어질 때, 그것은 헌신 수준을 떨어뜨릴 수 있다(Matheu & Zajac, 1990; Mowday *et al*, 1982; Reichers, 1985). 요컨대, 학교 경영 참여는 의사결정에 대한 이해와 조직에 대한 신뢰를 높임으로써 교사의 학교 조직 헌신을 증진시킨다. 다만, 참여로 인한 근무 부담이 지나치지 않도록 경계해야 한다.

한편, 학교 경영 참여 수준이 높은 학교일수록 남교사와 여교사의 학교 조직 헌신도 차이가 확대되는 이유는 무엇인가? 이에 대해서는 두 가지 추론이 가능하다. 하나는 실제 학교 경영 참여의 수준이 교사의 성에 따라 다를 가능성이다. 다시 말하여, 학교 경영 참여가 남교사를 중심으로 이루어지며 그 결과 학교 경영 참여가 활발한 학교일수록 참여에서 배제되는 여교사들의 헌신 수준이 떨어진다는 것이다. 다른 하나는 성별에 따른 학교 경영 참여의 수준은 동일하지만 참여의 효과가 성별에 따라 다르게 나타날 가능성이다. 다시 말하여, 학교 경영 참여에 대해서 남교사는 긍정적으로 반응하는 데 비해 여교사는 부정적으로 반응하기 때문에 학교 경영 참여 수준이 높은 학교일수록 여교사의 헌신 수준이 낮아진다는 것이다. 어느 추론이 타당한가에 대해서는 후속 연구의 검증이 요구된다.

3) 협력성

협력성은 교사 헌신의 학교 차이를 유발하는 변인이 아니다. 다만, 그것은 개인적 교수 효능감 변인의 효과를 상쇄하는 역할을 하는 것으로 나타났다. 협력성의 헌신에 대한 효과에 대해 선행 연구들은 긍정적인 것으로 보고하고 있다(Louis & Smith, 1991; Kushman, 1992; Reyes, 1992). 그리고 그 근거로는 동료 교사와의 상호작용이 강력한 학습 기회를 제공한다거나(Little, 1990; Rosenholtz, 1989; Johnson, 1990), 교수 활동의 불확

162

실성을 극복하는 데 도움이 된다거나(Miles, 1981), 또는 교직 사회에 공동체 의식을 형성함으로써 교사들의 고립감을 극복하도록 도움을 주어 궁극적으로 교육 활동을 더욱 의미 있게 해준다(Firestone & Pennell, 1993)는 등의 설명이 제시되고 있다.

본 연구의 분석 결과가 선행 연구들의 그것과 상이하게 나타난 이유는 무엇인가? 무엇보다도 선행 연구에서 제시된, 협력이 헌신을 유발하는 과정에 문제가 있다고 추론할 수 있다. 이에 대해서는 본 연구에서 학교 과정 변인 가운데 하나로 설정된 학습 기회 변인과의 관련하에 해석하는 것이 도움이 된다. 후술하겠지만, 학습 기회는 교사 헌신의 학교 차이에 가장 큰 영향을 미치는 변인이다. 이러한 학습 기회 변인의 효과를 통제했을 때, 협력성이 헌신에 미치는 영향력은 나타나지 않았다. 이는, 학교 내 교사들 간에 이루어지는 다양한 협력적 활동이나 공유된 소속감이 학습 기회로 연결되지 않는 한 교사 헌신을 유발하지 못한다는 것으로 해석할 수 있다. 흔히 교직 사회는 개인주의와 고립주의를 특징으로 하며 교사들의 협력은 교육 활동과 관련된 전문적 기술을 축적하는 방향으로 나아가기보다 일상적인 친목 도모의 차원에 그치는 경우가 많은 것으로 알려져 있다(Lortie, 1975; 진동섭 외, 2002). 이러한 현실은 학교 내 교사들 간 협력적 활동이나 소속감이 교사 헌신과 무관하다는 본 연구 결과를 지지해준다.

한편, 학습 기회로 연결되지 않은 협력성이 교사 헌신을 유발하지 못한다는 본 연구 결과는, 협력성이 헌신을 유발하는 과정에 대한 선행 연구들의 설명 가운데 어느 것이 타당한 것인지를 밝혀주기도 한다. 앞에서 언급한 바와 같이, 협력성과 헌신 사이를 연결하는 기제로서 선행 연구들은 학습 기회의 제공, 교사 불확실성의 감소, 그리고 공동체 의식의 형성 등 다양한 과정을 제시하고 있다. 이 가운데 본 연구는 협력성이 학습 기회를 제공하고 그것이 다시 헌신을 유발한다는 설명 방식(Johnson, 1990; Little, 1990; Rosenholtz, 1989)이 타당하다는 것을 간접적으로 입증한 셈이다.

비록 협력성이 교사 헌신의 학교 차이에 유의미한 효과를 갖지는 않지만, 그것이 개인적 교수 효능감의 효과를 상쇄하는 것으로 나타난 점은 주목할 필요가 있다. 본 연구 결과에 의하면, 교사 헌신의 개인차는 교사의 개인적 교수 효능감 변인의 영향을 가장 크게 받으며, 이러한 효과는 수업 헌신 영역에서 두드러진다(〈표 Ⅳ-11〉 참조). 다시 말하여, 개인적 교수 효능감이 높은 교사는 수업 헌신 수준이 높다. 이에 대해 교사들의 협력이 활발하게 이루어지는 학교에서는 개인적 교수 효능감이 수업 헌신에 미치는 효과를 줄임으로써 결과적으로 헌신의 개인차를 감소시킨다. 개인적 교수 효능감이 교사의 개인적 성향에 크게 좌우되는 특성을 지니고 있어서 그것을 변화시키기가 쉽지 않다는 점을 고려할 때, 본 연구 결과는 단위학교의 정책적 노력과 지원을 통하여 협력성 수준을 높임으로써 개인적 교수 효능감 변인의 영향력을 줄일 가능성을 보여주고 있다.

4) 학생 행동 관리

학생 행동 관리 변인은 교사 헌신의 세 가지 대상 모두에 대해서 유의미한 효과를 보이는 것으로 나타났다. 특히 수업 헌신에 대한 영향력에 있어서 학생 행동 관리는 6개 학교 과정 변인 가운데 가장 큰 것으로 나타났다.

대다수의 교사 헌신 관련 연구들은, 학교의 질서 수준을 의미하는 학생 행동 관리 변인과 교사 헌신이 밀접하게 관련되어 있다고 보고하고 있다(Corcoran et al, 1988; Newmann et al, 1989; Reyes, 1992; Riehl & Sipple, 1996; Rosenholtz & Simpson, 1990). 이와 약간 다른 맥락에서, Kushman(1992)은 학교 질서 수준이 교사의 조직 헌신과 강한 상관을 갖는 반면, 학생 학습 헌신과는 무관하다는 분석 결과를 제시하였다. 본 연구 결과는 학교의 학생 행동 관리 수준이 그 학교의 수업, 학생, 학교 조직 헌신 모두에 대해서 긍정적인 효과를 보이고 있으며, 이 점에서 Kushman(1992)의 연구 결과와 차이가 있다.

Rosenholtz와 Simpson(1990)은 학생 행동 관리가 특히 초임 교사의 헌신을 좌우하는 결정적인 요인이라고 밝히고 있다. 질서 유지가 힘든 수업 상황에서 교사들은 가르치는 일에 열중하기보다 학생들의 행동을 통제하는 데 더 많은 시간과 노력을 쓸 수밖에 없을 것이며, 당연히 이러한 상황은 경험이 풍부한 교사보다 초임 교사에게 더 부담스럽다는 것이 그의 설명이다. 역으로, 질서 수준이 높은 학교 교사들은 상대적으로 더 많은 시간과 노력을 수업을 비롯한 여타 교육 활동에 쏟을 수 있으며, 바로 이 점이 높은 수준의 교사 헌신으로 이어진다고 볼 수 있다. 다만, Firestone과 Rosenblum(1988)이 잘 지적한 바와 같이, 처벌 위주의 지나친 학생 통제는 학생들의 반발심을 야기하여 결과적으로 교사가 학생과의 상호작용을 통해서 얻을 수 있는 심리적 보상의 토대를 약화시킬 수 있다는 사실을 염두에 두어야 할 것이다.

5) 학습 기회

학습 기회는 학교 조직 헌신에 대하여 가장 큰 효과를 갖는 학교 과정 변인으로 확인되었다. 그러나 수업 헌신에 대한 효과는 유의수준이 다소 낮게 나타났고, 학생 헌신에 대해서는 아예 의미 있는 효과를 보이지 않았다(〈표 Ⅳ-11〉 참조). 한편, 학습 기회 변인은 다양한 형태의 상호작용 효과를 갖는 것으로 나타났다. 그것은 개인적 교수 효능감이 수업 헌신에 미치는 효과와 교직경력이 학교 조직 헌신에 미치는 효과를 확대시키는 반면, 일반적 교수 효능감이 학교 조직 헌신에 미치는 효과를 감소시킨다.

학습 기회와 헌신의 관계에 대한 대다수의 선행 연구들은 양자의 정적 상관을 보고하고 있으며(Hausman & Goldring, 2001; Rosenholtz, 1989; Rosenholtz & Simpson, 1990, 노민구, 1995), 본 연구 결과도 이를 지지하고 있다. 학습 기회는 교사들의 지적 성장을 도움으로써 그들의 헌신에 기여한다(Firestone & Pennell, 1993). 그것은 수업 내용과 방법 또는 학급 관리 등에 관하여 배울 기회를 제공함으로써 교육 활동의 효과성을 늘여 주며, 이는 교사 효능감의 제고와 심리적 보상의 확대로 이어진다. 또한 학습 기회는 새로운 것을 경험하는 기회를 제공함으로써 교사들에게 도전 감과 개인적 성취감을 불러일으키며, 이는 다시 그들의 직무나 조직에 대한 헌신 수준을 높인다(Hackman & Oldham, 1980).

일반적으로 교직 사회에서 학습 기회는 제한적인 것으로 알려져 있다. Rosenholtz(1989)에 의하면, 교사 학습을 지원하는 풍토가 조성된 학교의 교사들은 동료 교사들 덕분에 교육에 필요한 지식을 습득하고 있다고 인식하는 반면, 교사 학습에 우호적이지 않은 풍토가 조성된 학교의 교사들은 교육 관련 지식의 습득을 각자의 내적 능력에 달린 문제라고 인식하고 있다. 교사들과 심층 면담을 수행한 Johnson(1990)은 교내 연수가 비정기적으로 개최되며 그 내용도 충실하지 못하여 교사의 학습 욕구를 충족시켜 주지 못한다고 주장한다. 진동섭 등(2003)은 상당수의 교사들이 공식적인 프로그램을 통해서는 교육 활동 수행과 관련된 지식을 습득하기 어렵다는 인식을 갖고 있다고 지적한다. 요컨대, 전문성 개발을 위하여 교사들에게 제공되는 공식적 프로그램은 그 내용과 효과가 매우 제한적이며, 따라서 교사들의 전문성 개발은 공식적, 체계적 프로그램을 통해서보다는 동료와의 비공식적인 의사소통이나 자기 계발 노력을 통해서 이루어진다. 그럼에도 불구하고 본 연구에서 학습 기회가 교사 헌신에 유의한 효과를 갖는 것으로 나타난 것은 교사의 전문성 개발과 관련하여 매우 중요한 의미를 내포하고 있다. 그것은 학교 조직에서 공식적인 학습 기회는 학교에 따라 차이가 있으며, 그 차이는 교사 헌신에 강한 영향을 미친다는 것이다. 뿐만 아니라, 학습 기회의 교사 헌신에 대한 효과가 수업 헌신이나 학생 헌신의 경우보다 학교 조직 헌신의 경우에 더 크게 나타난 점으로 미루어 볼 때, 학교 차원에서 제공되는 학습 기회는 그 내용에 있어서 교사의 수업 능력 또는 학생 지도 능력의 개발과 무관하지만, 학습 기회의 제공 자체가 학교 조직에 대한 일체감이나 그 목표와 가치의 중요성에 대한 인식을 상승시키는 것으로 해석할 수 있다.

한편, 학습 기회가 개인적 교수 효능감의 수업 헌신에 대한 효과를 확대시킨다는 분석 결과는 학습 기회가 교사들에게 차별적인 영향을 준다는 것을 의미한다. 다시 말하여, 개인적 교수 효능감이 높은 교사들은 학교의 다양한 학습 기회를 활용하여 결과적으로 더 높은 수업 헌신도를 보이는 반면, 개인적 교수 효능감이 낮은 교사들은 학교에서 제공되는 학습 기회를 제대로 활용하지 못한다고 해석할 수 있다. 이러한 해석은 학습 기회가 교직경력 변인의 학교 조직 헌신에 대한 효과를 확대시킨다는 분석 결과에 대해서도 적용이 가능하다. 즉, 학습 기회는 교직경력에 따른 헌신의 개인차를 오히려 증가시키고 있는데, 이는 단위학교 내의 다양한 학습 기회에 대해서 경력이 많은 교사들이 긍정적으로 평가하고 있다는 것을 의미한다. 이와 달리, 학습 기회는 일반적 교수 효능감이 학교 조직 헌신에 미치는 효과를 줄이는 것으로 나타났다. 이는 문자 그대로 학습 기회가 풍부하게 제공되는 학교일수록 학교 조직 헌신의 개인차가 감소한다는 것을 의미한다.

6) 교장 지도성

교장의 지도성은 교사 헌신의 학교 차이를 유발하지 못하는 것으로 밝혀졌다. 교사 헌신의 하위 대상별 분석에서도 동일한 결과가 나타났다. 이러한 분석 결과는 지도성과 헌신이 강한 상관관계에 있다는 기존 연구들의 결과와 커다란 차이가 있다. 본 연구에서 교장 지도성의 효과는 교사 헌신의 개인차를 확대하거나 감소시키는 형태로 나타났다. 즉, 교장의 변혁적 지도성이 높은 학교에서 남교사와 여교사의 학교 조직 헌신 차이는 더 크게 벌어지는 반면, 일반적 교수 효능감이 학교 조직 헌신에 미치는 영향력을 줄어든다.

본 연구 결과가 선행 연구와 다르게 나타난 원인과 관련하여, 무엇보다도 본 연구에서 설정된 지도성 변인이 학교 수준 변인으로 설정되었다는 점을 상기할 필요가 있다. 기존 연구에서 지도성은 개인 수준 변인이지만, 본 연구의 지도성 변인은 실제 지도성 수준을 측정하기 위하여 학교 수준 변인으로 설정되어 있으며, 이러한 분석 단위의 차이가 지도성 변인의 헌신에 대한 효과 차이로 나타났다고 추론할 수 있다. 다시 말하여, 개별 교사들의 교장 지도성에 대한 인식과 그 교사의 헌신 수준은 밀접한 관련이 있지만, 학교 차원의 교장 지도성 수준은 그 학교의 헌신 수준과 무관하다는 것이다. 실지로 본 연구 자료를 가지고 분석 단위를 개인으로 설정하여 지도성과 헌신의 관계를 분석한 결과에 의하면, 양자는 강한 상관을 갖고 있었다.

그렇다면 학교 수준 변인으로 설정된 교장 지도성 변인이 교사 헌신의 학교 차이를 유발하지 못하는 것으로 나타난 이유는 무엇인가? 본 연구에서 설정된 지도성의 개념을 고려할 때 이에 대한 해석은 쉽지 않다. 본 연구에서 지도성은 학교장의 변혁적 지도성을 가리키며, 여기에는 변화 선도와 인간 존중 그리고 솔선수범의 세 가지 요소가 포함되어 있다. 보다 구체적으로 말하여, 본 연구에서 지도성은 학교장이 낡은 관행에 문제를 제기하면서 교사들에게 도전적인 목표를 부과하고, 교사들을 신뢰하고 동등하게 대우하면서 그들에게 일정한 권한을 위임하며, 교육에 대한 열정을 가지고 자기희생의 태도를 보이는 수준을 의미한다. 이러한 의미의 지도성을 발휘하는 교장이 있는 학교와 그렇지 않은 학교 사이에 교사 헌신에 있어서 아무런 차이가 없는 것으로 나타난 것이다.

최근 등장한 새로운 지도성 이론들은 본 연구 결과에 대해 해석의 가능성을 열어준다. 그 가운데 하나가 Kerr와 Jemier(1978)에 의해 제시된 이른바 '지도성 대체(substitutes for leadership)' 이론이다. 그들에 의하면, 조직구성원은 자신에게 부여된 역할이나 과업으로부터 자신이 할 일이 구엇인지 알게 되고, 타인으로부터 인정을 받을 때 좋은 감정을 느낄 수 있는데, 이러한 요인들이 반드시 조직의 상사에 의해 제공될 필요는 없다. 다시 말하여, 공식적인 지도성을 대체하거나 대신할 수 있는 영향력의 출처들이 조직 환경 내에 존재할 경우, 지도성은 조직구성원들에게 별다른 영향력을 미치지 않는다는 것이다. 비슷한 맥락에서 Pierce 등(1984)은 지도성이 직무 자체나 기술 또는 작업 부서 등의 영향력이 약한 경우에만 조직구성원들에게 영향을 미친다는 것을 발견하였다. 요컨대, 직무 자체가 사람들에게 어떤 일을 해야 하는지에 관하여 알려주고, 작업 집단 구성원들이 서로를 도와주고 배려해주면 지도성의 효과는 크게 반감된다는 것이다(Muchinsky, 2003). 학교 조직의 경우 교사가 해야 할 일은 비교적 명백하며, 그 일의 수행 역시 스스로 터득해가거나 동료 교사들의 비공식적인 도움을 통해서 해나가는 것이 관행으로 되어 있다(Lortie, 1975; 진동섭 외, 2003). 학교 조직의 이러한 상황은 학교장의 지도성이 효과를 발휘하기 어려운 조건으로 작용할 수 있다.

내현적 지도성(implicit leadership) 이론은 지도성의 개념 자체에 대해 의문을 제기한다는 점에서 지도성 대체 이론보다 한 걸음 더 나아간다. Lord 등(1982)은, 사람들은 각자 자신이 생각하는 지도자에 대한 개념(prototypic leader)을 가지고 있으며, 그 개념에 따라 실제 지도자들을 평가한다고 주장한다. 그들에 의하면, 지도성의 효과는 객관적으로 판단되는 것이 아니라 사람들의 기대와 일치하는 정도에 따라 결정된다. 다시 말하여, 지도성은 객관적인 개념이 아니라 주관적으로 지각된 구성 개념이라는 것이다. 내현적 지도성 이론에 의하면, 학교장의 지도성은 실체가 없는 가상적, 상징적 개념에 불과하며, 단지 교사들의 마음속에 그 원형이 존재할 뿐이다. 좀 더 검증이 필요하겠지만 이 이론을 수용할 경우, 지도성의 효과에 대한 기존 이론들은 기본 가정에서부터 근본적인 재검토가 요구된다. 가령, LBDQ와 같은 질문지를 통하여 지도성을 평가하는 것은 지도자의 실제 행동을 측정하는 것인지 아니면 응답자들의 인지적 상태를 측정하는 것인지 불분명하게 된다(Muchinsky, 2003).

본 연구에서 지도성에 대한 응답자들의 반응을 학교별로 평균한 후 그 값을 그 학교의 지도성으로 설정한 것은 지도자의 실제 행동을 추정하기 위한 한 방편이라고 할 수 있다. 이러한 접근 방식의 타당성이 인정된다면, 분석 단위를 개인 수준으로 했을 경우와 학교 수준으로 했을 경우 지도성의 헌신에 대한 효과가 상이하게 나타난 결과에 대해서는 내현적 지도성 이론에 의해 해석할 수 있게 된다. 즉, 개인 수준 분석에서 지도성이 헌신에 유의한 효과를 갖는 것으로 나타난 것은 양자 모두 주관적인 심리적 개념이라는 공통점에 기인한 것이지만, 학교 수준 분석에서 지도성과 헌신이 무관한 것으로 나타난 것은 실제 학교장의 지도성이 헌신을 유발하는 데 기여하지 못하는 것으로 해석할 수 있다.

교직 사회에서 지도성과 헌신이 상호 무관하다는 것은 전문직으로서의 교직의 속성에 기인하는 것일 수도 있다. 교직은 전문직이며 전문직의 요체는 자율성과 전문성이라는 입장(진동섭, 2003)에서 보면, 학교장의 강력한 지도성 발휘는 자율성이 강조되는 전문가들에게 오히려 전문가로서의 자존심을 침해하는 것으로 비춰질 가능성이 있다. 이와 더불어, 본 연구에서 변혁적 지도성이 헌신과 무관하게 나타난 것은 교직 사회에 적합한 새로운 형태의 지도성 개념이 모색되어야 한다는 것을 시사한다.

3. 학교를 통한 교사 헌신 제고의 가능성과 한계

제도나 정책 위주의 교육 개혁이 성과를 거두지 못했다는 지적은 지속적으로 제기되어 왔다(김명한 외, 1997; 진동섭, 2003; 최희선, 김용식, 이시용, 1998). 이러한 상황 인식은 교육 개혁의 초점을 일선 학교의 교육력 제고에 두어야 한다는 주장으로 이어지며(진동섭, 2004), 그 과정에서 자연스럽게 교사의 적극적 참여와 노력의 중요성이 강조된다. 다양한 교육 세력 가운데 교사가 교육 개혁의 최종 결정자라는 지적(정범모, 2000) 역시 교사의 역량과 헌신이 교육의 질을 좌우하는 핵심 기제임을 강조한 것이다. 요컨대, 교육의 질을 높이려는 모든 시도는 어떻게 교사의 헌신을 제고할 것인가 하는 문제와 긴밀한 관련하에서 추진되어야 그 성과를 거둘 수 있다는 것이다.

모든 교사는 학교라는 조직 속에서 교육 활동을 수행한다는 점에서, 학교 조직이 교사의 헌신 수준을 높일 수 있느냐 하는 것은 교육행정의 중요한 탐구 주제이다. 그런데, 학교는 다양한 역사적 배경과 지역적 여건, 다양한 구성원들의 참여를 바탕으로 형성되며, 그 발달 과정을 통하여 각기 독특한 이념과 풍토를 지니게 된다. 학교의 이러한 독특한 성격은 그 구성원들에 의해 형성되기도 하지만, 역으로 그 구성원들의 사고와 행동에 영향을 미치기도 한다. 헌신과 관련하여 논의하자면, 교사들은 어떤 특성을 지니고 있는 학교에 근무하느냐에 따라 상이한 경험을 하게 될 것이며, 학교의 다양한 특성들은 교사의 개인적 특성과 상호작용하면서 그들의 헌신 수준에 영향을 미칠 것이다. 이러한 인식하에 본 연구는 교사들의 헌신 수준 차이를 개인차와 학교차로 구분하되, 후자에 주목하여 그 원인을 밝히고자 하였다. 여기에서는 본 연구 결과를 토대로 하여 학교를 통한 교사 헌신 제고의 가능성과 한계에 대해서 논의하고자 한다.

첫째, 교사의 수업, 학생, 또는 학교 조직에 대한 헌신은 교사 개인차의 영향을 강하게 받고 있음에도 불구하고, 학교 차원의 정책적 노력을 통해서 그 수준을 높일 수 있다. 본 연구는 교사 헌신 수준을 향상시킬 수 있는 단위학교의 효과가 분명하게 나타나고 있다는 사실을 확인하였다. 교사 헌신은 교사 개인의 인구통계학적, 사회심리적 특성의 영향을 강하게 받고 있다. 그런데 이들 개인 특성을 통제한 후에도 설립 유형, 평준화 여부, 총 교사 수, 저소득층 학생비, 자율성, 학교 경영 참여, 학생 행동 관리, 학습 기회 등 다양한 학고 특성들이 교사 헌신 수준을 높이는 데 유의미한 효과를 보이는 것으로 나타났다. 이들 변인들의 효과는 학고의 물리적 여건에서부터 학교의 조직 풍토에 이르는 전반적인 학교 체지의 효과를 포괄하는 것으로, 교사 헌신의 학교 간 차이에 직접적으로 나타나고 있었다. 특히 본 연구에서 학교 조직 풍토를 파악하기 위해 사용된 학교 과정 변인들은 모두 학교에 따라 하나의 고유한 값을 갖도록 설정되었다는 존에서, 이들이 교사 헌신에 미치는 효과는 개별 교사들의 인식의 효과가 아닌 실제 학교 특성의 효과라고 할 수 있다. 이러한 결과는 교사 개인 변안들의 영향력을 통제한 이후에 나타난 것으로서 순수하게 학교의 노력을 통해서 교사 헌신을 높일 수 있는 가능성의 범위를 제시하고 있다는 점어서 의의가 있다.

둘째, 정책적, 제도적 변화를 통해서 교사 헌신 수준을 높이기 위한 광안을 모색할 경우, 헌신의 대상과 관계없이 공통적으로 적용될 수 있는 전략과 헌신의 대상에 따라 차별적으로 적용될 수 있는 전략을 구분할 필요가 있다. 평준화 여부, 저소득층 학생비, 학생 행동 관리의 세 가지 학교 특성은 교사의 수업, 학생, 학교 조직에 대한 헌신 모두에 유의미한 영향을 주고 있어 정책적 관심의 대상이 된다. 또한 자율성의 확대는 수업 헌신과 학생 헌신을 높이는 데, 그리고 학습 기회의 확대는 수업 헌신과 학교 조직 헌신을 높이는 데 유용한 전략이 될 수 있다. 학교 조직 헌신을 제고할 목적이라면 교사의 학교 경영 참여를 강화하는 것도 한 가지 방안일 수 있다. 다만, 학교 규모의 확대는 수업 헌신을 높일 수 있는 반면, 학교 조직 헌신을 낮출 수 있다는 점에서 신중을 기할 필요가 있다.

본 연구 결과에 비추어 볼 때, 평준화 정책의 변화, 지역 소득 수준의 개선, 학교 규모의 적정화, 교사 근무 연한의 확대와 같은 중장기적 전략들도 교사 헌신 수준을 제고할 수 있는 방안으로 제시될 수 있다. 그러나 이러한 전략들은 교육 제도 운영에 대한 국가의 정책적 의지가 반영되어 있거나 장기적으로 그 개선을 도모할 수밖에 없다는 점에서 단시일에 변화를 기대하기 어려운 영역의 과제들이다. 이에 비해, 교사 자율성의 강화나 학생 행동 관리의 강화, 풍부한 학습 기회의 제공, 또는 학교 경영 참여의 확대와 같은 전략들은 단위학교 경영 차원에서도 충분히 시도할 수 있는 현실적 방안이라고 할 수 있다.

셋째, 학교 차원의 정책적 실천은 교사들 사이의 헌신 격차를 확대할 가능성이 있다는 점에 유의해야 한다. 본 연구 결과에 의하면, 학교의 조직적 특성은 교사들의 개인적인 특성에 따라 차별적으로 작용하며, 그 결과 개별 교사들의 헌신에 상이한 영향을 준다. 단위학교 입장에서 주어진 여건이라고 할 수 있는 학교 배경 변인을 논외로 할 때, 협력성은 개인적 교수 효능감에 따른 수업 헌신의 개인차를 감소시키는 반면, 학교 경영 참여는 성별에 따른 학교 조직 헌신의 개인차를 확대시킨다. 이와 달리 상반된 효과를 갖는 경우도 있어서, 학습 기회와 교장 지도성은 교직경력에 따른 학교 조직 헌신의 개인차를 확대시키는 효과도 있으나, 일반적 교수 효능감에 따른 학교 조직 헌신의 개인차를 감소시키는 효과도 동시에 가지고 있다. 교사 헌신의 개인차가 감소되는 것이 바람직하다는 관점에서 볼 때, 교사들 사이의 협력적 활동을 강화하는 것은 적절한 정책 대안이 될 수 있다. 그러나 학교 경영 참여의 확대나 학습 기회의 제공, 교장의 변혁적 지도성의 강화는 그것이 초래할 부정적 효과를 미연에 방지한 뒤 실시될 필요가 있다. 요컨대, 교사 헌신을 제고하기 위한 방안을 마련할 때에는 그 방안이 모든 교사들의 헌신 수준을 높이는지, 아니면 특정 집단의 교사들에게만 효과를 거둘 것인지에 대하여 신중하게 고려할 필요가 있다.

지금까지의 논의를 종합해볼 때, 교사 헌신은 여러 가지 한계에도 불구하고 단위학교의 적극적인 지원과 노력에 의해 향상될 수 있다는 것이 분명하다. 평준화 제도의 개선, 지역 소득 수준의 향상, 교원순환근무제도의 보완과 같은 중장기적이고 거시적인 정책적, 사회적 변화도 요구되지만, 학생들의 행동을 질서 있게 관리하고 교사들에게 교육 활동에 관한 자율성을 부여하며 교사의 전문성 개발을 위한 학습 기회를 제공하는 것은 단위학교의 노력을 통해서 변화 가능한 영역이다.

Ⅵ. 요약 및 결론

1. 요 약

1980년대 이후 교사 헌신은 교육행정의 이론과 실제에서 주요한 주제로 부각되고 있다. 교사의 자발적 헌신이 학교 교육의 질을 확보하는 데 결정적인 요인이 된다는 사실이 규범적 차원에서뿐만 아니라 경험적 차원에서도 확인되면서, 교사가 교육 활동에 어느 정도 헌신하며, 그 헌신에 영향을 주는 요인은 무엇인가 하는 질문들은 교육행정의 이론가나 실무자들의 주목을 받게 되었다. 문제는 교사 헌신에 대한 많은 관심과 연구의 축적에도 불구하고, 기존 연구들이 서로 상이하거나 모순되는 연구 결과를 제시하고 있으며, 이러한 현상이 교사 헌신에 영향을 미치는 요인에 관한 연구에서 더욱 심각하게 나타나고 있다는 것이다. 이와 같이 모순된 연구 결과들이 양산되고 있는 것은, 한편으로는 교사 헌신에 대한 명확한 개념 규정이 없이 다른 분야에서 사용되었던 조직 헌신의 개념을 그대로 차용해 왔다는 점과, 다른 한편으로는 연구방법론상의 한계로 인해 연구 결과의 타당성을 확보하지 못했다는 점에서 그 원인을 찾을 수 있다. 이러한 상황에서 위계적 선형 모형의 등장은 연구방법론상의 문제들을 해결할 수 있게 해주었을 뿐만 아니라 그동안 밝혀낼 수 없었던 교사 헌신의 학교 차이에 주목할 수 있도록 해주었다. 이에 본 연구는 학교 조직의 특성에 적합한 교사 헌신의 개념을 새롭게 규정하고 이를 측정한 다음, 교사 헌신의 학교 차이에 주목하여 그것에 영향을 미치는 학교 조직의 특성들을 밝힘으로써 교사 헌신의 제고 방안에 기여하는 정책적 시사점을 도출하고자 하였다. 이러한 목적을 달성하기 위해 본 연구에서 규명하고자 했던 연구문제는 다음과 같다.

첫째, 학교 조직의 특성에 적합한 교사 헌신의 개념은 무엇인가?
둘째, 교사 헌신 수준은 학교에 따라 어느 정도 차이가 있는가?
셋째, 교사 수준 변인의 영향력을 통제한 후 교사 헌신 수준이 학교별로 의미 있게 차이 난다면, 이러한 차이는 어떠한 학교 특성들로 설명될 수 있는가?
넷째, 교사들의 배경에 따른 교사 헌신 수준은 학교 특성에 따라 달라지는가?

교사 헌신의 개념을 재규정하기 위해서는 기존 연구에서 그 개념이 어떻게 규정되고 있는지를 확인하는 일이 선행되어야 한다고 보고 일차적으로 헌신의 개념에 관한 국내외 선행 문헌들을 비판적으로 검토하였다. 대부분의 연구에서 헌신은 조직 헌신을 의미하며, 그 본질에 대해서는 태도적 접근을 취하는 입장과 행위적 접근을 취하는 입장으로 구분된다. 태도적 헌신은 조직의 가치와 목적을 자신의 것으로 수용하고 그 가치와 목적을 실현하기 위해 적극적으로 노력하려는 의지를 가리키는 반면, 행위적 헌신은 어떤 이유에서건 조직에 잔류하고자 하는 의지를 의미한다. 헌신의 개념에 대한 두 접근 방식에 대해서 최근에는 양자를 통합하여 조직 헌신이라는 개념의 하위 요인으로 규정하려는 움직임이 큰 흐름을 형성하고 있다.
이에 대해 본 연구는 두 가지 접근 방식이 상이한 관점에서 상이한 신념 진술로 표현되는 별개의 개념이라는 전제 아래, 학교 조직에 근무하는 교사의 헌신을 개념화하는 데에는 태도적 접근이 더 타당하다는 입장을 취하고 있다. 이는 순환근무를 특징으로 하는 우리나라 교직 사회의 특징을 고려할 때, 학교 조직에 얼마나 오래 근무하고자 하는가 하는 것보다 그 학교의 가치와 목표를 실현하는 데 얼마나 기여하고자 하는가 하는 것이 보다 더 의미 있는 지표라고 판단했기 때문이다. 이러한 관점에서 본 연구는 교사 헌신을 교사가 교육 활동과 관련하여 가치 있다고 여기는 특정한 대상에 대하여 갖는 심리적 유대의 정도로 정의하였다. 보다 구체적으로, 교사 헌신은 교사가 수업이나 학생 또는 학교 조직에 대하여 갖는 인지적 측면의 가치인식, 정의적 측면의 동일시, 행위적 측면의 관여의 정도를 의미한다. 여기에서 가치인식은 개인이 헌신 대상을 중요하다고 인식하는 정도를, 동일시는 개인이 헌신 대상과 정서적으로 일체감을 느끼는 정도를, 그리고 관여는 개인이 헌신 대상의 가치 실현을 위해 적극적으로 노력하는 의지를 각각 의미한다. 교사 헌신이 이들 세 가지 요소로 구성되어 있다는 것은 그것들이 개념적으로 구분되는 것이지 사실적으로 분리되는 것이 아니라는 것을 전제한다. 본 연구에서 규정된 교사 헌신은 소극적 차원에서 조직에 남아 있고자 하는 욕구나 의지를 가리키는 것이 아니라, 헌신 대상의 가치를 지속적으로 실현하려는 적극적 의미를 가지고 있다는 점에서 기존 연구의 접근 방식과 차이가 있다.

한편, 교사 헌신에 대한 학교 특성 변인들의 순수한 효과를 검증하기 위해 교사 개인 수준과 학교 조직 수준으로 나누어 관련 변인을 탐색하였다. 먼저, 교사 헌신과 관련된 교사 수준 변인은 크게 인구통계학적 변인과 사회심리적 변인으로 구분하여 살펴보았다. 인구통계학적 변인 가운데 성, 연령, 교직경력, 직위, 학력, 결혼여부의 6개 변인이; 사회심리적 변인 가운데 개인적 교수 효능감, 일반적 교수 효능감, 긍정적 피드백의 3개 변인이 교사 헌신에 영향을 주는 것으로 확인되었다. 이 교사 수준 변인들을 본 연구 모형에 사용한 것은 그것을 통제함으로써 학교 수준 변인들의 순수한 효과를 파악하기 위한 방편이었다. 본 연구에서 수집된 자료를 분석한 결과, 개인 수준 변인 가운데 연령과 교직경력 변인은 상관이 매우 높은 것으로 나타나 최종 분석에서는 연령 변인을 제외한 나머지 8개 변인이 투입되었다.

헌신에 영향을 주는 학교 특성은 학교 배경 변인과 학교 과정 변인으로 나누어 탐색하였다. 학교 배경 변인에서는 설립 유형, 총 교사 수, 저소득층 학생비 등이 교사 헌신과 유의미한 관련 변인으로 파악되었다. 여기에 우리나라 학교 현실을 고려하여 학교 소재지와 평준화 여부가 학교 배경 변인으로 추가되었다. 학교 과정 변인으로는 자율성, 학교 경영 참여, 협력성, 학생 행동 관리, 학습 기회, 교장 지도성 등 6개 변인이 선정되었다. 본 연구의 6개 학교 과정 변인은 기존 연구의 그것들과 비교할 때 그 명칭은 동일하지만 그 성격이 근본적으로 다르다. 기존 연구에서 학교 과정 변인들은 학교 특성에 대한 교사들의 인식을 의미하며, 따라서 개인에 따라 상이한 값을 갖는다. 이에 비해, 본 연구에서 학교 과정 변인들은 학교별로 하나의 값을 갖도록 설정되었으며, 따라서 보다 객관적인 학교 특성을 나타낸다고 할 수 있다.

교사 헌신의 개념과 관련 변인들에 대한 검토를 거쳐, 이를 측정할 수 있는 도구를 개발하였다. 교사 헌신의 측정 도구 개발은 심리측정의 원리와 절차를 따라 이루어졌으며, 이 과정에 10명의 현직 교사와 10명의 전문가들이 참여하였다. 본 연구의 실증 자료를 가지고 요인분석을 실시한 결과, 교사 헌신은 그 대상에 따라 수업 헌신, 학생 헌신, 학교 조직 헌신으로 구분되었다. 한편, 교사 헌신에 영향을 주는 관련 변인 가운데 교사의 사회심리적 변인과 학교 과정 변인에 대해서는 선행 연구를 참조하여 그것들을 측정할 수 있는 도구를 개발하였다.

본 연구에서는 교사 수준 변인과 학교 수준 변인이 상호 상관을 맺으면서 학교 내부의 과정을 거쳐 교사 헌신에 영향을 미치고 있다는 가정 아래 다층 연구 모형을 설정하였다. 본 연구에서 설정한 연구 모형을 검증하기 위해 전국의 1,297개 인문계 고등학교 가운데 100개교를 표집하고 그 학교에 근무하는 교사들 가운데 총 3,730명의 교사를 대상으로 질문지 검사를 실시하였다. 98개교 2,913명(유효응답률, 78.1%)의 교사들이 본 조사에 응했으며, 수합된 자료는 분석 단위의 수준을 고려한 다층자료분석 방법인 위계적 선형 도형(HLM)을 적용하여 교사 헌신의 학교 차이와 그에 대한 학교 특성의 영향력을 분석하였다.

본 논문의 연구문제 대한 경험적 분석 결과는 다음과 같다.

첫째, 교사 헌신의 세 가지 대상, 즉 수업 헌신, 학생 헌신, 학교 조직 헌신은 서로 다른 특성을 지니고 있다. 본 연구에서 교사 헌신의 세 가지 대상은 별도의 요인을 구성하는 것으로 분석되었으며, 그것에 영향을 미치는 선행 변인들 역시 헌신의 대상에 따라 상이한 것으로 나타났다. 이는 대상에 따른 교사 헌신 수준이 일치하는 것이 바람직하다는 당위성에도 불구하고, 실지로 교사들은 다양한 대상에 다양한 정도로 헌신하고 있다는 것을 의미한다.

둘째, 교사 헌신의 학교 차이, 즉 교사 헌신의 학교 간 변량은 4.64%로 나타났다. 헌신의 대상별 분석 결과, 수업 헌신의 경우 3.61%, 학생 헌신의 경우 3.68%, 학교 조직 헌신의 경우 7.9%로, 헌신 대상에 따른 학교 간 변량 차이가 큰 것으로 나타났다. 이러한 결과는 교사 헌신의 차이가 학교 수준에서보다는 동일한 학교에 근무하는 교사들 사이에서 더 크게 나타난다는 것을 의미한다. 교사 헌신에 대한 학교 간 변량 비율은 교사의 인구통계학적 변인을 통제하면 4.54%로 줄어들며, 수업 헌신은 3.86%, 학생 헌신은 3.83%, 학교 조직 헌신은 6.68%로 변화되었다. 한편, 교사의 인구통계학적 변인과 사회심리적 변인을 모두 통제한 후 교사 헌신의 학교 간 변량은 9.09%로 증가하였는데, 이러한 변화는 헌신의 하위 요인에 대해서도 그대로 나타나 수업 헌신은 7.40%, 학생 헌신은 6.45%, 학교 조직 헌신은 10.43%로 각각 그 학교 간 변량이 증가하였다.

셋째, 교사 수준 변인을 통제한 후에도 교사 헌신의 학교 차이는 유의미한 것으로 나타났다. 수업 헌신에 대해서는 평준화 여부, 저소득층 학생비, 총 교사 수, 자율성, 학생 행동 관리, 학습 기회 등 6개 변인의 효과가 유의한 것으로 나타났다. 즉, 비평준화 지역 학교가 평준화 지역 학교에 비해 수업 헌신 수준이 높으며, 저소득층 학생이 적을수록, 총 교사 수가 많을수록, 교사의 자율성 수준이 높을수록, 학생 행동 관리가 잘 될수록, 학습 기회가 풍부할수록 그 학교의 수업 헌신 수준이 높다. 학생 헌신에 대해서는 평준화 여부, 저소득층 학생비, 자율성, 학생 행동 관리 등 4개 변인의 효과가 유의미한 것으로 밝혀졌으며, 그 효과의 방향은 수업 헌신의 경우와 동일한 것으로 확인되었다. 한편, 학교 조직 헌신에 대해서는 설립 유형, 평준화 여부, 저소득층 학생비, 총 교사 수, 학교 경영 참여, 학생 행동 관리, 학습 기회 등 7개 변인의 영향력이 큰 것으로 나타났다. 즉, 사립 학교가 국공립학교보다, 비평준화 지역 학교가 평준화 지역 학교보다 학교 조직 헌신 수준이 높으며, 저소득층 학생이 적을수록, 교사의 학교 경영 참여 수준이 높을수록, 학생 행동 관리가 잘 될수록, 학습 기회가 풍부할수록 그 학교의 학교 조직 헌신 수준이 높다.

넷째, 교사 헌신에 대한 개인 수준 변인과 학교 수준 변인의 상호작용 효과를 분석하는 과정에서, 개인적 교수 효능감이 수업 헌신에 미치는 효과와, 성, 교직경력, 일반적 교수 효능감이 학교 조직 헌신에 미치는 효과가 학교에 따라 유의미한 차이를 보이는 것으로 나타났다. 개인적 교수 효능감과 상호작용 효과를 갖는 학교 수준 변인은 협력성과 학습 기회의 두 가지로 나타났다. 구체적으로 말하여, 교사 간 협력이 활발한 학교에서는 개인적 교수 효능감이 수업 헌신에 미치는 효과가 줄어드는 반면, 학습 기회가 풍부한 학교에서는 오히려 개인적 교수 효능감이 수업 헌신에 미치는 효과가 확대된다. 성 변인과 상호작용 효과를 갖는 학교 수준 변인은 설립 유형, 총 교사 수, 저소득층 학생비, 학교 경영 참여, 교장 지도성 등 다섯 가지이다. 국공립학교에 비해 사립학교에서는 남교사와 여교사의 학교 조직 헌신 차이가 확대되며, 교사 수가 적은 학교일수록, 저소득층 학생이 적은 학교일수록, 학교 경영 참여 수준이 높은 학교일수록, 교장의 변혁적 지도성이 강한 학교일수록 성별에 따른 학교 조직 헌신도 차이가 커진다. 일반적 교수 효능감과 상호작용 효과를 보이는 학교 수준 변인은 학습 기회와 교장 지도성의 두 변인이다. 학습 기회가 풍부한 학교와 교장의 변혁적 지도성이 강한 학교에서 일반적 교수 효능감이 학교 조직 헌신에 미치는 효과는 작아지며 결과적으로 헌신의 개인차가 감소한다.

2. 결론 및 제언

교사 헌신에 대한 학교 효과를 분석한 결과를 바탕으로, 본 연구에서 규명하고자 했던 연구문제에 대한 결론을 도출하면 다음과 같다.

첫째, 수업 헌신, 학생 헌신, 학교 조직 헌신은 별개의 것이다. 교사 헌신에 영향을 주는 요인들 역시 헌신의 대상에 따라 상이한 것으로 나타났다. 이는 세 가지 대상에 대한 교사들의 헌신 수준이 일치해야 한다는 규범적 차원의 논의에도 불구하고 실제 현장 교사들은 헌신 대상에 따라 차별적인 헌신 수준을 경험할 수 있다는 것을 의미한다.

둘째, 교사 헌신에 대한 학교 효과의 크기는 4.64%로 나타났으며, 교사의 인구통계학적 변인을 통제하면 그 크기가 4.54%로 줄어드는 반면, 교사의 사회심리적 변인을 함께 통제하면 그 크기가 9.09%로 증가한다. 이러한 수치는 교사 수준 변인을 통제한 후 교사 헌신에 대해 학교 차이로 설명할 수 있는 최대 변량의 크기를 의미한다. 결론적으로 우리나라 인문계 고등학교의 경우, 학교 특성이 교사 헌신에 미치는 효과가 부분적으로 존재하고 있으나, 그 효과의 크기는 개인 특성이 교사 헌신에 미치는 효과에 비해 매우 작다고 할 수 있다.

셋째, 교사 수준 변인을 통제한 후에도 교사 헌신의 학교 차이는 통계적으로나 실제적으로 유의미한 것으로 밝혀졌으며, 이러한 차이를 유발하는 학교 특성은 매우 다양하게 나타났다. 설립 유형, 평준화 여부, 저소득층 학생비 등 3개의 학교 배경 변인과 자율성, 학생 행동 관리, 학습 기회 등 3개의 학교 과정 변인이 교사 헌신의 학교 차이를 유발하는 주요 특성이다. 한편, 교사 헌신의 대상에 따라 학교 특성 변인들의 효과가 달리 나타나고 있어, 교사 헌신을 제고하기 위해서는 각 대상별로 서로 다른 정책적 방안이 요구된다.

넷째, 동일한 특성을 가진 교사라고 할지라도 근무하고 있는 학교의 특성에 따라 헌신 수준이 달라진다. 수업 헌신에 대해서는 개인적 교수 효능감 변인이, 학교 조직 헌신에 대해서는 성과 교직경력 그리고 일반적 교수 효능감 변인이 각각 학교 수준 변인들과 상호작용 효과가 있는 것으로 나타났다. 이러한 결과는 학교 조직의 다양한 특성과 환경의 효과가 모든 교사들에게 동일하게 작용하지 않는다는 것을 의미한다.

이상의 결론을 바탕으로 교사 헌신 제고와 관련된 정책적 제언을 다음과 같이 제시한다.

첫째, 학교 경영의 관점에서 주목해야 하는 것은 교사들이 학교 조직에서 경험하는 다양한 사회심리적 과정들이 교사 헌신에 결정적인 영향을 미친다는 사실이다. 교사의 헌신은 교사가 학생을 변화시킬 수 있다고 믿는 정도에 따라, 학교 내 다양한 구성원들로부터 인정받는 정도에 따라, 교육 활동을 자율적으로 수행할 수 있는 정도에 따라, 근무하는 학교 학생들의 질서 수준에 따라, 풍부한 학습 기회가 제공되는 정도에 따라 크게 달라진다.

이러한 사회심리적 과정들은 단위학교의 경영상의 노력을 통하여 개선이 가능한 부분이다. 비록 본 연구에서는 교장 지도성이 교사 헌신에 직접적인 영향을 주지 않는 것으로 나타났으나, 교장이 학교 조직 풍토를 개선함으로써 교사 헌신을 제고할 수 있는 여지는 충분하다고 할 수 있다.

둘째, 교사 개인의 특성에 따라 헌신의 대상과 수준이 상이하다는 것은 학교 경영자, 교육행정기관, 또는 교원연수기관들이 주지해야 할 사실이며, 경우에 따라서 인사 정책에 반영할 필요도 있다. 남교사가 여교사보다 학교 조직 헌신 수준이 높고, 미혼교사가 기혼교사보다 학생 헌신 수준이 높다는 것은, 그 원인을 심층 분석하거나 대처 방안을 마련하려는 노력도 필요하지만, 그 사실을 인지하는 것 자체가 중요하다. 교직경력과 직위의 경우에는 헌신의 대상에 따라 상이한 효과를 갖는다는 사실에 주목할 필요가 있다. 경력이 많을수록 학교 조직 헌신 수준은 높지만 학생 헌신 수준은 낮으며, 보직교사는 평교사에 비해 학교 조직 헌신 수준은 높지만 수업 헌신 수준은 낮다. 이것은 현재의 교원인사제도에서 수업이나 학생에 대한 헌신보다는 학교 조직에 대한 헌신이 더 중시된다는 것을 암시한다. 수업 또는 학생에 대한 헌신이 교육 활동의 핵심이라고 할 때, 현재의 교원인사제도는 보완될 필요가 있다. 한편, 교사의 학력 수준이 높을수록 수업 헌신 수준이 떨어지며 그 밖의 다른 헌신 수준에는 변화가 없다는 사실은, 현직교육의 일환으로 이루어지고 있는 현재의 교육대학원 체제에 문제가 있다는 것을 간접적으로 보여준다. 현행 교육대학원 체제는 운영상의 변화뿐만 아니라 교원인사제도상의 변화와 병행하여 교사의 헌신 수준을 높일 수 있는 방향으로 개선이 이루어져야 할 것이다.

셋째, 교사 헌신의 관점에서 볼 때 현행 평준화 정책과 공립학교 교의 순환근무제도는 재고될 필요가 있다. 평준화 지역 학교의 교사들은 전반적으로 교사 헌신 수준이 낮으며, 특히 학생에 대한 헌신도가 비평준화 지역 학교 교사들에 비해 현저히 낮은 것으로 밝혀졌다. 특히 이러한 효과는 학교 소재지의 영향력을 배제한 상태에서 나타났다는 점에서 더 의미 있는 결과라고 할 수 있다. 학생의 학교 선택권과 학교의 학생 선택권이 전혀 보장되지 않는 상황 속에서 교사의 헌신은 낮을 수밖에 없다는 것이 본 연구의 결과이다. 한편, 공립학교 교사는 순환근무 원칙에 따라 주기적으로 근무처를 변경하게 되며, 이 과정에서 교사들의 의사에 반하는 인사이동도 빈번하게 발생한다. 자신의 의사와 무관하게, 그것도 일시적인 근무가 제도화되어 있는 공립학교의 현실에서 교사에게 학교 조직에 대한 헌신을 기대하는 것은 애당초 무리이다. 교사의 학교 선택권 확대 또는 순환근무 주기의 연장과 같은 인사상의 보완책이 요구된다.

넷째, 보다 장기적인 과제로서 교사들의 헌신 수준이 그 대상에 따라 달라지는 현상을 방지할 대책이 강구되어야 한다. 수업이나 학생에 헌신하는 교사가 학교 조직에 헌신하지 않거나, 반대로 학교 조직에 헌신하는 교사가 수업이나 학생에 헌신하지 않는 것은, 학교 조직의 운영 체제에 근본적인 문제가 있다는 것을 의미한다. 다시 말하여 그것은 학교 조직의 목표와 가치가 학생을 잘 가르치는 데 있지 않다는 것을 함의한다. 이러한 모순은 공교육 제도의 성격과도 관련이 있기 때문에 단기적인 처방을 통해서는 해결할 수 없다. 이에 대해서는 긴 안목을 가지고 심층적인 연구와 폭넓은 의견 수렴을 통하여 신중하게 접근할 필요가 있다.

본 연구의 진행 과정에서 나타난 다음과 같은 제한점을 통해 후속 연구 과제를 제시하면 다음과 같다.

첫째, 본 연구에서는 교사 헌신의 개념을 교직 사회의 특성에 적합하게 재규정하고 이를 측정할 수 있는 도구를 개발하였다. 이론적 검토를 바탕으로 잠정적으로 제시된 교사 헌신의 대상은 수업, 학생, 학교 조직의 세 가지이었으며, 예비 조사 자료의 분석 결과도 이를 지지하는 것으로 나타났다. 그러나 본 조사 자료에 의하면, 수업 헌신과 학생 헌신은 별개의 요인을 구성하지 않는 것으로 나타났다. 본 연구는 이론적 모형에 따라 헌신의 대상을 세 가지로 구분하여 분석을 실시하였다. 그 결과 교사 헌신에 영향을 주는 변인들이 헌신의 세 대상에 따라 상이하게 나타났으며, 이는 헌신의 세 대상이 별개의 요인이라는 간접적인 증거라고 할 수 있다. 그럼에도 불구하고 예비 조사 결과와 본 조사 결과가 상이하게 나타난 것은 본 연구의 한계로 지적될 수 있다. 따라서 본 연구에서 개발된 교사 헌신 측정 도구는 요인 구조의 안정성에 의해 다양한 표집을 통한 반복 연구가 필요하다.

둘째, 교사 헌신에 영향을 주는 교사 수준 변인들에 대해 더 탐색할 필요가 있다. 본 연구에서는 8개의 개인 수준 변인과 11개의 학교 수준 변인의 효과를 검증하였다. 학교 수준 변인의 경우 교사 헌신의 학교차 총변량의 70~85%를 설명하는 것으로 나타나 추가적인 변인의 탐색의 필요성이 그다지 크지 않은 것으로 나타났으나, 개인 수준 변인의 경우 교사 헌신의 개인차 총변량의 30~40% 정도만을 설명할 수 있는 것으로 나타났다. 이로 인해 나타나는 변인 측정의 오류와 안정성의 문제는 엄밀한 이론적 결과를 통해 도출된 추가적인 독립변인을 탐색함으로써 해결해 나가야 할 것이다.

셋째, 본 연구는 교사 헌신을 단일한 시점에서 측정한 횡단적 연구의 형태를 띠고 있다. 따라서 교사 헌신이 장기적으로 어떻게 변화되는지, 이에 영향을 주는 변인들과는 어떤 관계를 지니는지에 대해서는 확인할 수 없다는 한계를 지니고 있다. 이러한 문제는 종단적인 연구 설계를 통해서 추후 보완되어야 하며, 이러한 종단 연구는 교사 헌신과 관련 변인 사이의 인과 관계를 확인할 수 있다는 점에서 더욱 의미 있는 작업이라고 할 수 있다.

넷째, 본 연구는 우리나라 인문계 고등학교를 대상으로 연구를 수행하였다. 그러나 교사 헌신은 모든 학교 급에서 탐구될 필요가 있는 중요한 연구 주제이다. 연구 대상을 초등학교, 중학교, 또는 실업계 고등학교 등으로 확대하는 연구나 각 학교 급별 교사 헌신에 관한 비교 연구가 이루어질 필요가 있다.

강상진(1995). 다층통계모형의 방법론적 특성과 활용 방법. 교육평가연구, 8(2), 63-94.

김경성(1991). 다층자료분석에 관한 연구: 분석 방법의 고찰. 교육평가연구, 4(1), 5-31.

김남현, 김종우, 이자우(2003). 리더-구성원 교환관계, 조직 몰입, 조직시민행동의 관계. 경영연구, 18(2), 185-210.

김명한, 박종렬(1997). 1996년 교육 개혁 조치의 교육현장 정착상의 저해 요인분석과 그 해결 전략. 교육행정학연구, 16(3), 411-437.

김민희(2003). 학생 정보격차에 대한 학교 효과 분석. 서울대학교 박사학위논문.

김정주(1999). 청소년 지도자의 조직 몰입과 관련 변인. 서울대학교 박사학위논문.

김창걸(2000). 학교 조직문화와 교사의 조직 헌신성과의 관계 연구. 인하교육연구, 6, 139-172.

김형균(1999). 농업계 고등학교 교사의 조직 몰입과 관련 변인. 서울대학교 박사학위논문.

노민구(1995). 사립 중등학교 교사의 조직 헌신도 선행 변인 탐색. 교육캣

정학연구, 13(4), 225-247.

노종희(2004). 초·중등교사의 교직헌신의 개념화 및 측정 도구 개발. 교육행정학연구, 22(2), 215-232.

마상진(2004). 실업계 고등학교 교사의 직업교육 가치성향과 조직 몰입의 관계. 서울대학교 박사학위논문.

서민원(1996). 대학교육의 효과성 변인의 측정과 분석. 서울대학교 박사학위논문.

성기선(1998). 학교 효과 연구의 이론과 방법론. 서울: 원미사.

성기선, 김주후(2001). 시·도교육청별 교육효과 분석을 위한 탐색적 연구: 위계적 선형 모형(HLM)과 군집분석의 활용. 교육행정학연구, 19(4), 267-289.

손소빈(2001). 교장의 변혁적 리더십과 거래적 리더십이 교사의 조직 몰입에 미치는 영향. 한양대학교 박사학위논문.

신현석, 가신현(1997). 교사의 학교 조직 헌신도에 영향을 미치는 선행 요인의 탐색적 연구. 교육연구, 5(1), 89-112.

심원술(1998). 조직 몰입과 업무성과의 관계에 대한 상황이론 개발을 위한 연구. 인사조직연구, 6, 93-115.

안관영, 김준기, 이한주(2002). 교사들의 임파워먼트와 조직 몰입, 직업몰입의 관계 및 재직기간의 조절효과에 관한 연구. 경영교육논총, 27, 135-156.

양관석(2001). 교사 집단의 변혁적·거래적 리더십이 조직 몰입 및 직무 만족에 미치는 영향. 대전대학교 박사학위논문.

오영식(2000). 심리적 분위기가 직무 관여, 직무 만족, 및 조직 몰입에 미치는 영향에 관한 연구. 한남대학교 박사학위논문.

유현숙(1981). 공·사립 교사 집단의 학교 조직에 대한 헌신도. 고려대학교 석사학위논문.

윤정일, 송기창, 조동섭, 김병주(2003). 교육행정학원론. 서울: 학지사.

윤홍주(2004). 교육재정의 공평성 분석: 단위학교재정을 중심으로. 서울대
학교 박사학위논문.

이기은(2003). 전문직 종사자의 경력 몰입과 조직 몰입이 직무 태도어 미
치는 영향력 비교. 대한경영학회지, 37, 799-813.

이병직(1999). 교사들의 조직시민행동에 관한 연구: 조직 몰입을 통한 매
개효과를 중심으로. 상지대학교 박사학위논문.

이일권(2003). 교원느조 가입 교사의 이중 몰입에 관한 연구. 고려대학교
박사학위논문

임인재, 김신영, 박현정(2003). 심리측정의 원리. 서울: 학연사.

장재윤(1996). 연구개발 전문가의 조직 적응: 조직 몰입 및 전문 분야몰
입. 서울대학교 박사학위논문.

정범모(2000). 한국의 교육 세력. 서울: 나남출판.

정우진(1994). 체육교사의 학교 조직에 대한 헌신도와 효과성과의 관계에
관한 실증적 연구. 고려대학교 박사학위논문.

조경호(1993). 한국공무원의 조직 몰입도 결정 요인에 관한 연구: 선형구
조모형의 적용. 한국행정학보, 27(4), 1203-1226.

진동섭(2003). 학교 컨설팅: 교육 개혁의 새로운 접근. 서울: 학지사.

진동섭, 김병찬(2004). 단위학교 자율경영체제 연구. 한국교육개발원 수탁
연구.

진동섭, 이윤식, 유현숙(2003). 교원 전문성 신장을 위한 학교 지원체제 구
축방안 연구. 학술진흥재단 연구보고서.

최길찬(1995). 학생의 변화점수에 기초한 교수효과 측정모형 간의 비교 연
구. 서울대학교 석사학위논문.

최희선, 김용식, 이시용(1998). 교육 개혁 추진과정에 관한 분석적 연구.
초등교육연구 12(2), 85-97.

Allen, N. J., & Meyer, J. P. (1990). The measurement and antecedents of affective, continuance, and normative commitment to the organization. *Journal of Occupational Psychology, 63,* 1−18.

Allen, N. J., & Meyer, J. P. (1993). Organizational commitment: Evidence of career stage effects? *Journal of Business Research, 26,* 49−61.

Angle, H. L., & Perry, J. (1983). Organizational commitment: Individual and organizational effectiveness. *Work and Occupations, 10,* 123−146.

Ashton, P.T. & Webb, R. B. (1986). *Making a difference: Teachers' sense of efficacy and student achievement.* New York: Longman.

Aven, F. F. Jr., Parker, B., & McEvoy, G. M. (1993). Gender and attitudinal commitment to organizations: A meta−analysis. *Journal of Business REsearch, 26,* 63−73.

Bacharach, S. B., & Conley, S. C. (1989). Uncertainty and decisionmaking in teacher: Implications for managing line professionals. In T. J. Sergiovanni & J. H. Moore (Eds.), *Schooling for tomorrow: Directing reforms to issues that count* (pp.311−329). Boston: Allyn & Bacon.

Bacharach, S. B., Bamberger, P., Conley, S. C., & Bauer, S. (1990). The dimensionality of decision participation in educational organizations: The value of a multi−domain evaluative approach. *Educational Administration Quarterly, 26(2),* 126−167.

Bandura, A. (1977). Self−efficacy: Toward a unifying theory of behavioral change. *Psychological Review, 84,* 191−215.

Becker T. E., Billings, R. S., Eveleth, D. M., & Gilbert, N. L. (1996). Foci and bases of employee commitment: Implementations for job performance. *Academy of management Journal, 39,* 464−482.

Becker, H. S. (1960). Notes on the concept of commitment. *American Journal of Sociology, 66,* 32-42.

Becker, T. E. (1992). Foci and bases of commitment: Are they distinctions worth making? *Academy of management Journal, 35,* 232-244.

Becker, T. E., & Billings, R. S. (1993). Profiles of commitment: A empirical test. *Journal of Organizational Behavior, 14,* 177-190.

Bidwell, C. E. (1965). The school as a formal organization. In J. G. March (ed.). *Handbook of Organizations.* Chicago: Rand McNally & Company.

Blau, G. J. & Boal, K. B. (1987). Conceptualizing How Job Involvement and Organizational Commitment Affect Turnover and Absenteeism. *Academy of Management Review, 12(2),* 288-300.

Brooke, Jr., P.P, Russell, D. W., & Price, J. L. (1988). Discriminant Validation of Measures of Job Satisfaction, Job Involvement, and Organizational Commitment. *Journal of Applied Psychology, 73(2),* 139-145.

Bryk, A. S., & Driscoll, M. E. (1988). *An empirical investigation of school as a community.* Madison: University of Wisconsin Research Center of Effective Secondary School. In Raudenbush, S. W., & Bryk, A. S. (2002). *Hierarchical Linear Models: Applications and data analysis methods(2nd),* LThousand Oaks, California: Sage Publications, Inc.

Bryk, A. S., & Raudenbush. S. W. (1992). *Hierarchical Linear Models: Applications and data analysis methods,* London: Sage Publications.

Buchanan, B. (1974). Building organizational commitment: The socialization of managers in work organizations. *Administrative Science Quarterly, 19,* 533-546.

Caldwell, D. F., Chatman, J. A., & O'Reilly, C. A. (1990). Building organizational commitment: A multi-firm study. *Journal of Occupational Psychology, 80,* 468-478.

Charters, W. W. Jr., Bogen, G. K., Dunlap, D. M., Harris, P. L., & Landry, M. (1984). *Feasibility studies of teacher core job characteristics.* Eugene, OR: University of Oregon, Center for Educational Policy and Management. (ERIC Document Reproduction Service No. ED 245 383)

Chelte, A. F., & Tausky, C. (1986). A note on organizational commitment. *Work and Occupations, 13*(4), 553-561.

Cohen, A. (1993). Age and tenure in relation to organizational commitment: A meta-analysis. *Basic and Applied Social Psychology, 14,* 143-159.

Cohen, A. (1999). Relationships among five forms of commitment: An empirical assessment. *Journal of Organizational Behavior, 20,* 285-308.

Coladarci, T. (1992). Teachers' sense of efficacy and commitment to teaching. *Journal of Experimental Education, 60,* 323-337.

Corcoran, T. B., Walker, L. J., & White, J. L. (1988). *Working in urban schools.* Washington, DC: Institute for Educational Leadership.

Corwin, R. G., & Borman, K. M. (1988). School as workplace: Structural constraints o administration. In Boyan (Ed.), *Handbook of research on educational administration* (pp.209-238). New York: Longman.

Dannetta, V. (2002). What factors influence a teacher's commitment to student learning? *Leadership and Policy in Schools, 1*(2), 144-171.

Deci, E. L., & Ryan, R. M. (1985). *Intrinsic motivation and self-determination in human behavior.* New York: Plenum.

Firestone, W. A. & Pennell, J. R. (1993). Teacher commitment, working Conditions, and differential incentive policies. *Review of Educational*

Research, *63*(4), 489−525.

Firestone, W. A., & Rosenblum, S. (1988). Building commitment in urban high schools. *Educational Evaluation and Policy Analysis*, *10*(4), 285−299.

Firestone, W. A., Fuhrman, S. H., & Kirst, M. W. (1991). State educational reform since 1983: Appraisal and the future. *Educational Policy*, *5*(3), 233−250.

Fishbein, M., & Ajzen, I. (1975). *Belief, attitude, intention and behavior: An introduction to theory and research*. Reading, MA: Addison−Wesley.

Fresko, B., Kfir, D., & Nasser, F. (1997). Predicting teacher commitment. *Teaching and Teacher Education*, *13*(4), 429−438.

Gecas, V. & Schwalbe, M. L. (1983). Beyond the looking−glass self: Social structure and efficacy−based self−esteem. *Social Psychology Quarterly*, *46*, 77−88.

Getzels, J. W. & Thelen, H. A.(1960). The Classroom Group as a Unique Social System. In N. B. Henry(ed.). *The Dynamics of Instructional Group*. The 59th Yearbook of NSSE. Chicago: University of Chicago Press.

Getzels, J. W., Lipham, J. M., & Campbell, R. E. (1968). *Educational Administration as a Social Process: Theory, Research, and Practice*. New York: Harper & Row.

Gibson, S., & Dembo, M. H. (1984). Teacher efficacy: a construct validation. *Journal of Educational Psychology*, *76*(4), 569−582.

Godwin, R. K., Kemerer, F. R., & Martinez, V. J. (1998). Comparing public school and private voucher programs in San Antonio. In P.

Peterson & B. Hassel (Eds.), *Learning from school choice*(pp.275 -306). Washington, DC: Brookings Institute.

Gouldner, A. W. (1957). Cosmopolitans and locals: Toward an analysis of latent social roles - I. *Administrative Science Quarterly, 2,* 281-306.

Gouldner, A. W. (1958). Cosmopolitans and locals: Toward an analysis of latent social roles - II. *Administrative Science Quarterly, 2,* 440-480.

Graham, K. C. (1996). Running ahead: Enhancing teacher commitment. *Journal of Physical Education, Recreation, and Dance, 67*(1), 45-47.

Hackman, R. J. & Oldham, G. R. (1980). *Work redisign.* Reading, MA: Addison-Wesley.

Hall, D. T., Schneider, B., & Nygren, H. T. (1970). Personal factors in organizational identification. *Administrative Science Quarterly, 15,* 176-190.

Hall, R. H. (1968). Professionalization and bureaucratization. *American Sociological Review, 33,* 92-104.

Hausman, C. S., & Goldring, E. B. (2001). Sustaining teacher commitment: The role of professional communities. *Peabody Journal of Education, 76*(2), 30-51.

Hirsch, P. (1987). *Pack your own parachute: How to survive mergers, takeovers, and other corporate disasters.* Reading, MA: Addison-Wesley.

Hoyle, E. (1980). Professionalization and deprofessionalization in education. In E. Hoyle & J. Megarry (Eds.), *World Yearbook of Education 1980: Professional Development of Teachers.* London: Kegan Paul.

Hrebiniak, L. G., & Alutto, J. A. (1972). Personal and role-related factors in the development of organizational commitment.

Administrative Science Quarterly, 17, 555 – 573.

Hunt, S. D., & Morgan, R. M. (1994). Organizational commitment: One of many commitments or key mediating construct? *Academy of Management Journal, 37,* 1568 – 1587.

Ingersoll, R. M., Alsalam, N., Quinn, P., & Bobbitt, S. (1997). *Teacher Professionalization and Teacher Commitment: A Multilevel Analysis.* American Institutes for Research in the Behavioral Sciences, Washington, D. C.: National Center for Education Statistics. (ERIC Document Reproduction Service No. ED 406 349).

Jaros, S. J., Jermier, J. M., Koehler, J. W., & Sincich, T. (1993). Effects of continuance, affective, and moral commitment on the withdrawal process: An evaluation of eight structural equation models. *The Academy of Management Journal, 36(5),* 951 – 995.

Jaros, S. T., Jermier, J. M., Koehler, J. W., & Sincich, T. (1993). Effects of continuance, affective, and moral commitment ton the withdrawal process: An evaluation of eight structural equation models. *Academy of Management Journal, 36,* 951 – 995.

Joffres, C., & Haughey, M. (2001). Elementary teachers' commitment declines: Antecedents, process, and outcomes. *The Qualitative Report, 6(1).* (http://www.nova.edu/ssss/QR/QR6 – 1/joffres.html).

Johnson, S. M. (1990). *Teachers at work: Achieving success in our schools.* New York: Basic.

Kanter, R. M. (1968). Commitment and social organization: A study of commitment mechanisms in utopian communities. *American Sociological Review, 33,* 499 – 517.

Kanungo, R. N. (1979). The concept of alienation and involvement revisited. *Psychological Bulletin, 86*, 119−138.

Kanungo, R. N. (1982). Measurement of Job and Work Involvement. *Journal of Applied Psychology, 67*(3), 341−349.

Kasten, K. L. (1984). The efficacy of institutionally dispensed rewards in elementary school teaching. *Journal of Research and Development in Education, 17*, 1−13.

Kelman, H. C. (1958). Compliance, identification, and internalization: Three processes of attitude change. *Journal of Conflict Resolution, 2*, 51−60.

Kerr, S., & Jermier, J. M. (1978). Substitutes for leadership: Their meaning and measurement. *Organizational Behavior and Human Performance, 22*, 375−403.

Ko, J., Price, L., & Muller, C. W. (1997). Assessment of Meyer and Allen's three components model of organizational commitment in South Korea. *Journal of Applied Psychology, 82*, 961−973.

Kushman, J. W. (1992). The organizational dynamics of teacher workplace commitment: A study of urban elementary and middle schools. *Educational Administration Quarterly, 28*(1), 5−42.

Lawler, E. E. & Hall, D. T. (1970). Relationship of Job Characteristics to Job Involvement, Satisfaction, and Intrinsic Motivation. *Journal of Applied Psychology, 54*(4), 305−312.

Lawler, E. J. (1992). Affective attachment to nested groups: A choice process theory. *American Sociological Review, 57*, 327−339.

Lee, K., Carswell, J. J., & Allen, N. J. (2000). A meta−analytic review of organizational commitment: Relations with person and work−related variables. *Journal of Applied Psychology, 85*, 799−811.

Little, J. W. (1990). The mentor phenomenon and the social organization of teaching. In C Cazden (Ed.), *Review of research in education* (Vol. 16, pp.297－352). Washington, DC: American Educational Research Association.

Lodahl, T. M. & Kejner, M. (1965). The Definition and Measurement of Job Involvement. *Journal of Applied Psychology, 49*(1), 24－33.

Lord, R. G., Foti, R. J., & Philips, J. S. (1982). A theory of leadership organization. In J. G. Hunt, U. Sekaran, & Schriesheim (Eds.), *Leadership: Beyond establishment views*. Carbondale: Southern Illinois University.

Lortie, D.(1975). *School Teacher*. Chicago and London: The University of Chicago Press. 진동섭 역(1993). 교직 사회: 교직과 교사의 삶. 서울: 양서원.

Louis, K. S. (1995). *Organizational Structure to Promote Teacher Engagement in Urban Schools*. North Central Regional Educational Lab., Oak Brook, IL.: Office of Educational Research and Improvement. (ERIC Document Reproduction Service No. ED 387 573).

Louis, K. S., & Smith, B. (1991). Restructuring, teacher engagement and school culture: Perspectives on school reform and the improvement of teacher's work. *School Effectiveness and School Improvement, 2*(1), 34－52.

Louis, K. S., & Smith, B. (1992). Cultivating teacher engagement: Breaking the iron law of social class. In F. Newmann (Ed.), *Student engagement and achievement in American secondary schools* (pp.119－152) New York: Teachers College Press.

March, J. G. & Simon, H. A. (1958). *Organizations*. New York: Wiley

Marsden, P. V., Kalleberg, A. L., & Cook, C. R. (1993). Gender differences

198

in organizational commitment: Influences of work positions and family roles. *Work and Occupations, 20,* 368-390.

Mathieu, J. E. & Zajac, D. M. (1990). A review and meta-analysis of the antecedents, correlates, and consequences of organizational commitment. *Psychological Bulletin, 108,* 171-194.

McGee, G. W., & Ford, R. C. (1987). Two (or more?) dimensions of organizational commitment: Reexamination of the affective and continuance commitment scales. *Journal of Applied Psychology, 72.*

McPherson, R. B., Crowson, R. L., & Pitner, N. J. (1986). *Managing uncertainty: Administrative theory and practice in education.* Columbus, OH: Merrill.

Meyer, J. P., & Allen, N. J. (1984). Testing the side-bets theory of organizational commitment: Some methodological consideration. *Journal of Applied Psychology, 69,* 372-378.

Meyer, J. P., & Allen, N. J. (1991). A three-component conceptualization of organizational commitment. *Human Resource Management Review, 1,* 61-89.

Meyer, J. P., & Allen, N. J. (1996). Affective, continuance and normative commitment to organization: An examination of construct validity. *Journal of Vocational Behavior, 49,* 252-276.

Meyer, J. P., & Allen, N. J. (1997). *Commitment in the Workplace: Theory, Research, and Application,* Thousand Oaks, CA: Sage Publications, Inc.

Meyer, J. P., Allen, N. J., & Smith, C. A. (1993). Commitment to organizations and occupations: Extension and test of a three-component conceptualization. *Journal of Applied Psychology, 78,* 538-551.

Meyer, J. P., Paunonen, S. V., Gellatly, I. R., Goffin, R. D., & Jackson, D. N. (1989). Organizational Commitment and Job Performance: It's the Nature of the Commitment That Counts. *Journal of Applied Psychology, 74*(1), 152-156.

Meyer, J. P., Paunonen, S. V., Gellatly, J. R., Goffin, R. D., & Jackson, D. N. (1989). Organizational commitment and job performance: It's the nature of the commitment that counts. *Journal of Applied Psychology, 74,* 152-156.

Meyer, J. P., Stanley, D. J., Herscovitch, L., & Topolnytsky, L. (2002). Affective, continuance, and normative commitment to the organization: A meta-analysis of antecedents, correlates, and consequences. *Journal of Vocational Behavior, 61,* 20-52.

Meyer, J. W. & Rowan, B. (1978). The structure of educational organizations. In M. W. Meyer (ed.). *Environments and Organizations.* San Francisco: Jossey-Bass. 78-109.

Miles, M. B. (1981). Mapping the common properties of schools. In R. Lehming & M. Kane (Eds.), *Improving schools: Using what we know* (pp.42-114). Beverly Hills: Sage.

Miller, G. A., & Wagner, L. W. (1971). Adult socialization, organizational structure, and role orientations. *Administrative Science Quarterly, 16(2),* 151-163.

Morris, J. H., & Sherman, J. D. (1981). Generalizability of organizational commitment model. *Academy of Management Journal, 24(3),* 512-526.

Morrow, P. C. (1983). Concept redundancy in organizational research: The case of work commitment. *Academy of Management Review, 8,* 486-500.

Morrow, P. C. (1993). *The Theory and Measurement of Work Commitment.*
    Greenwich, Connecticut: JAI Press Inc.

Morrow, P. C., & Wirth, R. E. (1989). Work commitment among
    salaried professionals. *Journal of Vocational Behavior. 34,* 40－56.

Mowday, R. T., Steers, R. M., & Porter, L. W. (1979). The measure-
    ment of organizational commitment. *Journal of Vocational Behavior,
    14,* 224－247.

Mowday, R. T., Steers, R. M., & Porter, L. W. (1982). *Employee－
    organizational linkages: The psychology of commitment, Absenteesim,
    and turnover.* New York: Academic Press.

Muchinsky, P. M. (2003). Psychological Applied to Work: An Introduc-
    tion to Industrial and Organizational Psychology(7th ed.). 유태용
    역(2003). 산업 및 조직심리학. 서울: 시그마프레스(주).

Newmann, F. M., Rutter, R. A., & Smith, M. S. (1989). Organizational
    factors that affect school sense of efficacy, community and exp-
    ectations. *Sociology of Education, 62*(4), 221－238.

Nir, A. E. (2002). School－based management and its effect on teacher
    commitment. *Learship in Education, 5*(4), 323－341.

O'Reilly, C. A., & Chatman, J. (1986). Organizational commitment and
    psychological attachment: The effects of compliance, identification,
    and internalization o prosocial behavior. *Journal of Applied Psychology,
    71,* 492－499.

O'Reilly, C. A., Chatman, J., & Caldwell, D. F. (1991). People and
    organizational culture: A profile comparison approach to assessing
    person－organization fit. *Academy of Management Journal, 34,* 487－516.

Park, I. S. (2003). The effects of teacher empowerment on teacher commitment. *The Journal of Educational Administration, 21*(2). 179-203.

Pierce, J. L, Dunham, R. B., & Cummings, L. L. (1984). Sources of environment structuring and participant responses. *Organizational Behavior and Human Performance, 33,* 214-242.

Porter, L., Steers, R. M., Mowday, R. T., & Boulian, P. (1974). Organizational commitment, job satisfaction, turnover among psychiatric technicians. *Journal of Applied Psychology, 59,* 603-609.

Raelin, J. A. (1989). An anatomy of autonomy: Managing professionals. *Academy of Management Executive, 3,* 216-228.

Raudenbush, S. W., & Bryk, A. S. (2002). *Hierarchical Linear Models: Applications and data analysis methods(2nd),* L.Thousand Oaks, California: Sage Publications, Inc.

Reichers, A. E. (1985). A review and reconceptualization of organizational commitment. *Academy of Management Review, 10*(3), 465-476.

Reichers, A. E. (1986). Conflict and organizational commitment. *Journal of Psychology, 71,* 508-514.

Reyes, P. (1989). The relationship of autonomy in decision making to commitment to schools and job satisfaction: A comparison between public school teachers and mid-level administrators. *Journal of Research and Development in Education, 22,* 62-69.

Reyes, P. (1990). Organizational commitment of teachers. In Pedro Reyes (ed). *Teachers and Their Workplace.* Newbury Park, CA: Sage Publications, Inc.

Reyes, P. (1992). *Preliminary models of teacher organizational commitment: Implications for restructuring the workplace.* Washington, DC: Office

of Education Research and Improvement. (ERIC Document Repro-
duction Service No. ED 349 680).

Reyes, P., & Fuller, E. J. (1995). *The effects of selected elements of communal schools and middle and high school mathematics achievement.* Wisconsin: Center for Education Research, Madison: Center on Organization and Restructuring of Schools, Madison, WI. (ERIC Document Reproduction Service No. ED 384 955).

Reyes, P., & Shin, H. S. (1990). Meta-analysis on organizational commitment: Any implications for school administrators? Paper presented at the annual meeting of the Mid-Western Educational Research Association. Chicago, IL.

Riehl, C., & Sipple, J. W. (1996). Making the most of time and talent: Secondary school organizational climates, teaching task environments, and teacher commitment. *American Journal of Educational Research, 33*(4), 873-901.

Robertson, S. D., Keith, T. Z., & Page, E. B. (1983). Now who aspires to teach? *Educational Researcher, 12*(6), 499-517.

Rosenholtz, S. J. (1985). Effective schools: Interpreting the evidence. *American Journal of Education, 93,* 352-388.

Rosenholtz, S. J. (1987). Education reform strategies: Will they increase teacher commitment? *American Journal of Education, 95,* 534-562.

Rosenholtz, S. J. (1989). *Teachers' Workplace: The Social Organization of Schools.* New York: Teachers College Press.

Rosenholtz, S. J., & Simpson, C. (1990). Workplace conditions and the rise and fall of teachers' commitment. *Sociology of Education, 63,* 241-257.

Rutter, R. A., & Jacobson, J. D. (1986). *Facilitating teacher engagement.* University of Wisconsin, Madison: National Center on Effective Secondary Schools. (ERIC Document Reproduction Service No. ED 303 438).

Salancik, G. (1977). Commitment and the control of organizational behavior and belief. In B. Staw & G. Salancik (Eds.), *New directions in organizational behavior.* Chicago: St. Clair.

Saleh, S. D. & Hosek, J. (1976). Job Involvement: Concepts and Measurement. *The Academy of Management Journal, 19(2),* 213–224.

Scholl, R. W. (1981). Differentiating commitment from expectancy as a motivating force. *Academy of Management Review, 6,* 589–599.

Shaw, J., & Reyes, P. (1992). School cultures: Organizational value orientation and commitment. *Journal of Educational Research, 85,* 295–302.

Sheldon, M. E. (1971). Investments and involvements as mechanisms producing commitment to the organization. *Administrative Science Quarterly, 16,* 143–150.

Sheppard, B. (1996). Exploring the transformational nature of instructional leadership. *Alberta Journal of Educational Research, 42(4),* 325–344.

Shore, L. M., & Wayne, S. J. (1993). Commitment and employee behavior: Comparison of affective commitment continuance commitment with perceived organizational support. *Journal of Applied Psychology, 78,* 774–780.

Singh, K., & Billinsgey, B. S. (1998). Professional support and its effects on teachers' commitment. *Journal of Educational Research, 91(4),* 229–239.

Smylie, M. A. (1992). Teacher participation in school decisionmaking: Assessing willingness to participate. *Educational Evaluation and Policy Analysis, 14*(1), 53−67.

Somech, A. & Bogler, R. (2002). Antecedents and consequences of teacher organizational and professional commitment. *Educational Administration Quarterly, 38,* 555−577.

Staw, B. M. (1977). *Two sides of commitment.* Paper presented at the annual meeting of the Academy of Management, Orlando, FL.

Steers, R. M. (1977). Antecedents and outcomes of organizational commitment. *Administrative Science Quarterly, 22*(1), 46−56.

Stevens, J. M., Beyer, J. M., & Trice, H. M. (1978). Assessing personal, role, and organizational predictors of managerial commitment. *Academy of Management Journal, 21*(3), 380−396.

Tetrick, L. E. & Farkas, A. J. (1988). A longitudinal examination of the dimensionality and stability of the organizational commitment questionnaires. *Educational and Psychological Measurement, 48,* 723−735.

Wallace, J. E. (1993). Professional and organizational commitment: Compatible or incompatible? *Journal of Vocational Behavior, 42,* 333−349.

Weick, K. E. (1976). Educational organizations as loosely coupled systems. *Administrative Science Qurarterly, 21,* 1−19.

Wiener, Y. (1982). Commitment in organization: A normative view. *Academy of Management Review, 7,* 418−428.

Wiener, Y., & Gechman, A. S. (1977). Commitment: A behavioral approach to job involvement. *Journal of Vocational Behavior, 10,* 47−52.

부 록

〈부록 Ⅰ〉 설문지

〈부록 Ⅰ-1〉 교사용 설문지

교직생활 설문지
- 교사용 -

　　귀중한 시간을 할애하여 주셔서 감사합니다. 본 설문지는 교사의 교직 활동에 영향을 주는 요인들이 무엇인지를 알아보고자 하는 것입니다.

　　이 설문지에는 개인의 성명을 기재할 필요가 없습니다. 다만, 무기명이라 할지라도, 한 문항도 빠짐없이 솔직하게 응답해주시는 것이 무엇보다도 중요합니다.

　　응답에 소요되는 시간은 약 10분 정도입니다. 언뜻 보기에 문항이 많아 오래 걸릴 것으로 생각되지만, 쉽게 응답할 수 있는 간단한 문항들로 구성되어 있습니다.

　　응답 요령에 따라 성실하게 응답하여 주시면 감사하겠습니다. 이 자료는 우리나라 교육 현실을 이해하고 개선하기 위한 학술연구 자료로만 활용될 것입니다.

　　감사합니다.

서울대학교 대학원 교육학과 박사과정 홍창남

※ 이 조사에 관해 의견이나 의문이 있으신 분께서는 아래로 문의하여 주시기
　바랍니다.

주소 : 서울특별시 관악구 신림동 산 55-1 서울대학교 교육연구소

전화 : 02-880-7616 / 016-9344-2443　　E-mail : cnhong99@snu.ac.kr

교   사   배   경

☞ **응답요령:** 각 번호 앞의 밑줄 위에 ___√___ 표를 하거나, 해당 사항을 빈 칸
에 기입하여 주십시오.

1. 성별은?　　　　　___① 남,　　　　　___② 여
2. 연령은?　　　　　(만)___세
3. 결혼여부는?　　　　___① 기혼,　　　　　___② 미혼
4. 총 교직경력은?　　　___년　　　　　　___월
5. 현재 학교에 근무한 경력은?　___년　　　　　___월
6. 현재 학교에서의 직위는?　　___① 평교사,　___② 부(과)장교사
7. 현재 담임 여부는?　　　　___① 담임,　___② 비담임
8. 교원 자격증을 취득한 경로는?
　　　　　　　___① 사범대학,　　　___② 일반대학 교직과정 이수,
　　　　　　　___③ 교육대학원,　　　___④ 기타
9. 학력은?　　　　　___① 대학 졸업 이하,　___② 석사학위 이상

교   사   참   여

☞ 다음 각 영역에 대한 의사결정에 있어서 귀교의 교사들이 실제로 행사하고 있
는 영향력은 어느 정도인지, 오른쪽 응답 번호에 ___○___ 표를 하여 주십시오.

문　　항	강함	보통	약함
10-1. 수업 교재와 자료의 선택 ······················	① ② ③ ④ ⑤		
10-2. 수업 내용의 선택 ·····························	① ② ③ ④ ⑤		
10-3. 수업 방법과 기술의 결정 ·····················	① ② ③ ④ ⑤		
10-4. 과제물의 내용과 양의 결정 ····················	① ② ③ ④ ⑤		
10-5. 학생 평가 방법의 결정 ·······················	① ② ③ ④ ⑤		
10-6. 학생 생활지도 방법의 결정 ····················	① ② ③ ④ ⑤		
11-1. 담임 배정 ·································	① ② ③ ④ ⑤		

문 항	강함		보통		약함
11-2. 보직교사 임명 ······················	①	②	③	④	⑤
11-3. 업무 분장 ························	①	②	③	④	⑤
11-4. 학교 교육과정 편성 ················	①	②	③	④	⑤
11-5. 학생의 학급 편성 ·················	①	②	③	④	⑤
11-6. 교내연수 프로그램의 내용의 결정 ······	①	②	③	④	⑤
11-7. 교원 포상대상자 결정 ··············	①	②	③	④	⑤
11-8. 예산 편성 ······················	①	②	③	④	⑤
11-9. 예산 지출의 우선순위 결정 ··········	①	②	③	④	⑤

교 직 생 활

☞ 다음 각 진술문을 읽고, 오른쪽 응답 번호에 ＿○＿ 표를 하여 주십시오.

문 항	매우 그렇다		보통		전혀 그렇지 않다
12-1. 나는 가르치는 일이 즐겁다.	①	②	③	④	⑤
12-2. 가르치는 일만큼은 완벽하게 하고 싶다.	①	②	③	④	⑤
12-3. 나는 학생들과 상담하는 것이 즐겁다.	①	②	③	④	⑤
12-4. 퇴근 후 집에 와서도 학생들을 생각할 때가 많다.	①	②	③	④	⑤
12-5. 나는 진정으로 우리 학교의 장래를 염려한다.	①	②	③	④	⑤
12-6. 내가 직접 담당하는 업무가 아니더라도 학교 안 에서 행해지는 일들은 기꺼이 참여하겠다.	①	②	③	④	⑤
12-7. 수업은 교사로서의 나의 삶에 즐거움과 활력을 주는 일이다.	①	②	③	④	⑤
12-8. 학생들과 직접 부딪치는 일은 수업 시간이면 충 분하다.	①	②	③	④	⑤
12-9. 우리 학교가 성공적인 학고가 되도록 기꺼이 기 대 이상의 노력을 하겠다.	①	②	③	④	⑤

문　　　항	매우 그렇다	보통	전혀 그렇지 않다
	←		→
12-10. 나는 수업을 잘하는 교사라는 평가를 받고 싶다.	① ② ③ ④ ⑤		
12-11. 내가 가르치는 학생이 잘 되는 것은 곧 내가 잘 되는 것이라고 생각한다.	① ② ③ ④ ⑤		
12-12. 우리 학교의 발전이 곧 나의 발전이다.	① ② ③ ④ ⑤		
12-13. 내 삶에 있어서 보람과 만족은 대부분 가르치는 일에서 온다.	① ② ③ ④ ⑤		
12-14. 어려움에 처한 학생들이 나를 찾아오면 교사로서 보람을 느낀다.	① ② ③ ④ ⑤		
12-15. 나는 우리 학교를 위해 개인적인 일을 다소 희생하는 것이 당연하다고 여긴다.	① ② ③ ④ ⑤		
12-16. 교사로서 나에게 가장 중요한 일은 교과를 가르치는 일이다.	① ② ③ ④ ⑤		
12-17. 학생들의 어려움을 해결할 수 있다면 다른 사람의 도움을 받기 위해 기꺼이 노력하겠다.	① ② ③ ④ ⑤		
12-18. 학교에서 요구하는 일 때문에 근무시간이 초과될 때도 기꺼운 마음으로 그 일을 수행하겠다.	① ② ③ ④ ⑤		
12-19. 나는 퇴직을 할 때까지 가르치는 일을 멈추지 않을 것이다.	① ② ③ ④ ⑤		
12-20. 내 삶에서 학생들은 중요한 위치를 차지하고 있다.	① ② ③ ④ ⑤		
12-21. 우리 학교에 오겠다는 교사와 학생이 있으면 적극 권장하겠다.	① ② ③ ④ ⑤		
12-22. 교사 평가의 주된 기준은 수업과 관련된 것이어야 한다.	① ② ③ ④ ⑤		
12-23. 학생들을 잘 성장하도록 도울 수만 있다면 시간이나 돈을 들이는 것이 별로 아깝지 않다.	① ② ③ ④ ⑤		
12-24. 현재 내가 하고 있는 일이 학교에 좀 더 도움이 되도록 하려면 어떻게 해야 할 것인가를 많이 생각한다.	① ② ③ ④ ⑤		

교 사 효 능 감

☞ 다음 각 진술문을 읽고, 오른쪽 응답 번호에 ___○___ 표를 하여 주십시오.

문 항	매우 그렇다	보통	전혀 그렇지 않다
13-1. 어떤 학생이 새로운 개념을 빨리 이해했다면, 그것은 내가 그 개념을 가르치는 데 필요한 절차를 잘 알고 있었기 때문일 것이다.	①	② ③ ④	⑤
13-2. 내가 가르치는 학생들의 성적이 향상되었다면, 그것은 내가 보다 효과적인 수업 방법을 알고 있기 때문일 것이다.	①	② ③ ④	⑤
13-3. 내가 정말 열심히 노력하기만 한다면, 나는 가르치기 힘든 학생들에게도 수업 내용을 이해시킬 수 있다.	①	② ③ ④	⑤
13-4. 어떤 학생이 내가 수업 시간에 가르쳤던 내용을 기억하지 못한다면, 나는 그 다음 시간에 그 학생의 기억력을 높이는 방법을 찾아낼 것이다.	①	② ③ ④	⑤
13-5. 내가 가르치는 어떤 학생의 성적이 평상시보다 높게 나왔다면, 그것은 내가 좀 더 노력했기 때문일 것이다.	①	② ③ ④	⑤
14-1. 학생의 학업 성취에 있어서 그의 가정환경의 영향력은 매우 크기 때문에 교사의 영향력은 매우 미미하다.	①	② ③ ④	⑤
14-2. 가정교육이 제대로 되어 있지 않은 학생은 교사의 어떤 지도도 잘 받으려고 하지 않을 것이다.	①	② ③ ④	⑤
14-3. 학생의 가정환경의 영향력과 비교할 때, 학교의 교육 활동은 학생들에게 거의 영향을 주지 못한다.	①	② ③ ④	⑤
14-4. 학생 가정환경의 영향력은 학교의 좋은 교육 활동을 통해서 극복될 수 있다.	①	② ③ ④	⑤
14-5 만일 학부모가 자기 자녀교육에 좀 더 적극적이면, 나도 좀 더 적극적으로 가르칠 것이다.	①	② ③ ④	⑤

학 교 풍 토

☞ 다음 각 진술문을 읽고, 오른쪽 응답 번호에 ___○___ 표를 하여 주십시오.

문 항	매우 그렇다		보통		전혀 그렇지 않다
15-1. 내가 가르치는 학생들은 내게 감사하다는 표시를 한다.	①	②	③	④	⑤
15-2. 우리 학교 교장은 내가 잘 가르치고 있다는 것을 인정해준다.	①	②	③	④	⑤
15-3. 우리 학교의 동료 교사들은 내가 잘 가르치고 있다는 것을 인정해준다.	①	②	③	④	⑤
15-4. 내가 가르치는 학생들의 학부모들은 대부분 나의 교육 활동을 지지한다.	①	②	③	④	⑤
15-5. 나는 내가 가르치는 학생들이 성취한 것에 대해서 자부심을 갖고 있다.	①	②	③	④	⑤
16-1. 우리 학교 교사들은 정기적으로 교육 활동에 관한 아이디어나 교육 자료를 공유한다.	①	②	③	④	⑤
16-2. 우리 학교 교사들은 자기 수업에 관해서 다른 사람들과 대화를 나누지 않는 편이다.	①	②	③	④	⑤
16-3. 우리 학교 교사들은 한 팀에 소속되어 있는 것처럼 서로 호흡이 잘 맞는다.	①	②	③	④	⑤
16-4. 우리 학교 교사들은 서로 배타적인 경향이 있다.	①	②	③	④	⑤
16-5. 우리 학교 교사들은 수업을 개선하거나 학급 문제를 해결하는 데 있어서 동료 교사들에게 상당한 도움을 받고 있다.	①	②	③	④	⑤
16-6. 우리 학교에서는 교사들 사이에 서로 도움을 주고받는 일이 바람직한 것으로 받아들여진다.	①	②	③	④	⑤
16-7. 나는 우리 학교에서 내 수업에 관하여 누구와도 대화를 나누지 않고서 하루를 지내는 경우가 많다.	①	②	③	④	⑤
17-1. 우리 학교에는 학생 행동을 통제하는 명시적인 규칙들이 있다.	①	②	③	④	⑤

문 항	매우 그렇다		보통		전려 그렇지 않다
17-2. 우리 학교에는 학생 행동을 통제하는 규칙들이 있지만, 아무도 그것을 다르지 않는다.	①	②	③	④	⑤
17-3. 우리 학교 교사들은 자신이 가르치지 않는 학생들에 대해서도 학생 행동 규칙을 일관되게 적용한다.	①	②	③	④	⑤
17-4. 우리 학교에서 학생 행등을 통제하는 규칙들은 수시로 변한다.	①	②	③	④	⑤
18-1. 나는 우리 학교에서 새로운 것을 배울 기회가 많다.	①	②	③	④	⑤
18-2. 우리 학교는 내가 지속적으로 학습할 수 있는 기회를 제공하고 있다.	①	②	③	④	⑤
18-3. 우리 학교의 자율장학은 교사들이 전문적으로 성장하는 데 도움이 된다.	①	②	③	④	⑤
18-4. 우리 학교의 교내 연수 프로그램은 교사들이 전문적으로 성장하는 데 도움이 된다.	①	②	③	④	⑤
18-5. 우리 학교 교사들은 외부 연수에 참여하여 새로운 아이디어를 얻었을 때 그것을 교내 다른 교사들과 공유하도록 권장 받는다.	①	②	③	④	⑤
18-6. 우리 학교 동료 교사들은 내가 새로운 아이디어를 생각해내도록 격려한다.	①	②	③	④	⑤

교 장 지 도 성

☞ 귀교 교장 선생님의 특성과 관련하여 다음 각 진술문을 읽고, 오른쪽 응답
번호에 ○ 표를 하여 주십시오.

문　　　항	매우 그렇다	보통	전혀 그렇지 않다
	←		→
우리 학교 교장은.........			
19-1. 교사들을 동등하게 대우한다. …………	① ② ③ ④ ⑤		
19-2. 교사들에 권한을 위임한다. …………	① ② ③ ④ ⑤		
19-3. 교사들의 의견을 존중한다. …………	① ② ③ ④ ⑤		
19-4. 교사들이 따라야 할 모델이다. ………	① ② ③ ④ ⑤		
19-5. 사심 없이 의사결정을 한다. …………	① ② ③ ④ ⑤		
19-6. 직무 수행에 헌신적이다. …………	① ② ③ ④ ⑤		
19-7. 문제의식을 가지고 교육현장을 본다. ……	① ② ③ ④ ⑤		
19-8. 미래지향적인 목표를 추구한다. ………	① ② ③ ④ ⑤		
19-9. 교사들에게 도전적인 과업을 부과한다. …	① ② ③ ④ ⑤		
19-10. 창의적인 사고와 발상을 한다. ………	① ② ③ ④ ⑤		

－－ 협조해주셔서 감사합니다 －－

〈부록 Ⅰ-2〉 학교용 설문지

교직생활 설문지
- 학교 기초자료 조사용 -

귀중한 시간을 할애하여 주셔서 감사합니다. 본 조사지는 교사의 교직 활동에 영향을 주는 요인들이 무엇인지를 알아볼 목적으로 학교에 대한 기초자료를 수집하고자 하는 것입니다.

이 조사지에는 학교의 명칭을 기재할 필요가 없습니다. 다만, 한 문항도 빠짐없이 응답해주시는 것이 무엇보다도 중요합니다.

응답요령에 따라 성실하게 응답하여 주시면 감사하겠습니다. 이 자료는 우리나라 교육 현실을 이해하고 개선하기 위한 학술연구 자료로만 활용될 것입니다.

감사합니다.

서울대학교 대학원 교육학과 박사과정 홍창남

※ 이 조사에 관해 의견이나 의문이 있으신 분께서는 아래로 문의하여 주시기 바랍니다.

주소 : 서울특별시 관악구 신림동 산 55-1 서울대학교 교육연구소

전화 : 02-880-7616 / 016-9344-2443   E-mail : cnhong99@snu.ac.kr

학 교 배 경 요 인

☞ **응답요령:** 각 번호 앞의 밑줄 위에 ___√___ 표를 하거나, 해당 사항을 빈 칸에 기입하여 주십시오.

1. 학교의 설립 유형은?
　　___① 국, 공립, ___② 사립
2. 학교의 소재지는?
　　___① 특별시 및 광역시 지역, ___② 시 지역, ___③ 군 지역
3. 학교 설립연도는? ___년
4. 학교가 속한 지역의 평준화 실시 여부는?
　　___① 평준화 지역, ___② 비평준화 지역
5. 학교의 남녀공학 여부는?
　　___① 남학교, ___② 여학교, ___③ 남녀공학
6. 학교 규모는?
　　6-1. 학급 수 　:___학급
　　6-2. 총 학생 수 :___명

학 교 투 입 요 인

☞ **응답요령:** 각 번호 앞의 밑줄 위에 ___√___ 표를 하거나, 해당 사항을 빈 칸에 기입하여 주십시오.

7. 교직원 현황은?
7-1. 총 교사 수 :___명
7-2. 여교사 수 :___명

8. 귀교 학생들 가운데 다음 사항에 해당하는 학생 수를 기입하여 주십시오.
8-1. 2004년 11월 현재, 전교 학생 중 **생활보호대상자 자녀수**
　　　　　:___명

8-2. 2004학년도 **등록비 감면대상 저소득층 학생 수** (생활보호대상자 제외

       : __________ 명

※ 감면 금액에 관계없이 학생 수가 겹치지 않도록 기입하여 주십시오.
※ 저소득층 학생이 아닌 체육 특기자, 성적 장학생 등은 제외하여 주십시오.

- - 협조해주셔서 감사합니다 - -

〈부록 Ⅱ〉 설문지 분석 결과

〈부록표 Ⅱ-1〉 교사 헌신 측정 문항의 대상별, 개념요소별 상관분석

	①	②	③	④	⑤	⑥	⑦	⑧	⑨
①	1.000								
②	**.425****	1.000							
③	**.482****	**.746****	.000						
④	−.011	.453**	.358**	1.000					
⑤	.016	.351**	.275**	**.698****	1.000				
⑥	.165	.291**	.282**	**.514****	**.522****	1.000			
⑦	.040	.331**	.173	.399**	.332**	.453**	1.000		
⑧	.041	.312**	.208*	.340**	.269**	.382**	**.768****	1.000	
⑨	−.012	.304**	.215*	.364**	.351**	.509**	**.821****	**.746****	1.000

*p<.05 **p<.01

* 구분: ①수업 가치인식,   ②수업 동일시,   ③수업 관여
       ④학생 가치인식,   ⑤ 학생 동일시,   ⑥학생 관여,
       ⑦학교 조직 가치인식,   ⑧학교 조직 동일시,   ⑨학교 조직 관여,

〈부록표 Ⅱ-2〉 본 조사 자료의 교사 헌신 척도 요인분석 결과 및 신뢰도 (N=2,913)

변인/문항	수업-학생 헌신	학교 조직 헌신	신뢰도
교사 헌신			.92
수업 - 학생 헌신			.89
수업 관여(12-2)	.750		
수업 관여(12-10)	.701		
수업 동일시(12-1)	.682		
수업 동일시(12-7)	.659		
학생 가치인식(12-20)	.602		
학생 가치인식(12-11)	.581		
학생 가치인식(12-14)	.580		
학생 동일시(12-3)	.580		
수업 가치인식(12-16)	.556		
수업 동일시(12-13)	.549		

변인/문항	수업-학생 헌신	학교 조직 헌신	신뢰도
교사 헌신			.92
수업 - 학생 헌신			.89
수업 가치인식(12-22)	.532		
학생 관여(12-17)	.530		
수업 관여(12-19)	.514		
학생 관여(12-23)	.492		
학생 동일시(12-4)	.329		
학생 가치인식(12-8)	.098		
학교 조직 헌신			.87
학교 조직 가치인식(12-15)		.753	
학교 조직 관여(12-9)		.729	
학교 조직 가치인식(12-24)		.718	
학교 조직 관여(12-6)		.714	
학교 조직 관여(12-18)		.713	
학교 조직 가치인식(12-12)		.663	
학교 조직 동일시(12-5)		.652	
학교 조직 동일시(12-21)		.531	

〈부록표 Ⅱ-3〉 표집학교별 유효사례 수

학교 코드	유효 사례 수	비율	학교 코드	유효 사례 수	비율	학교 코드	유효 사례 수	비율
001	39	1.3	035	34	1.2	069	37	1.3
002	33	1.1	036	27	0.9	070	16	0.5
003	38	1.3	037	37	1.3	071	19	0.7
004	30	1.0	038	33	1.1	072	29	1.0
005	34	1.2	039	30	1.0	073	31	1.1
006	14	0.5	040	37	1.3	074	40	1.4
007	35	1.2	041	38	1.3	075	37	1.3
008	38	1.3	042	28	1.0	076	35	1.2
009	35	1.2	043	36	1.2	077	39	1.3
010	30	1.0	044	36	1.2	078	13	0.4

218

학교 코드	유효 사례 수	비율	학교 코드	유효 사례 수	비율	학교 코드	유효 사례 수	비율
011	37	1.3	045	35	1.2	079	37	1.3
012	36	1.2	046	22	0.8	080	31	1.1
013	38	1.3	047	21	0.7	081	37	1.3
014	29	1.0	048	25	0.9	082	22	0.8
015	26	0.9	049	25	0.9	083	39	1.3
016	25	0.9	050	28	1.0	084	32	1.1
017	35	1.2	051	36	1.2	085	32	1.1
018	20	0.7	052	33	1.1	086	32	1.1
019	28	1.0	053	30	1.0	087	8	0.3
020	20	0.7	054	32	1.1	088	31	1.1
021	35	1.2	055	18	0.6	089	25	0.9
022	30	1.0	056	20	0.7	090	18	0.6
023	37	1.3	057	16	0.5	091	27	0.9
024	27	0.9	058	21	0.7	092	18	0.6
025	40	1.4	059	15	0.5	093	26	0.9
026	20	0.7	060	27	0.9	094	33	1.1
027	35	1.2	061	20	0.7	095	36	1.2
028	31	1.1	062	31	1.1	096	34	1.2
029	31	1.1	063	32	1.1	097	36	1.2
030	37	1.3	064	34	1.2	098	39	1.3
031	–	–	065	38	1.3	099	15	0.5
032	30	1.0	066	30	1.0	100	–	–
033	28	1.0	067	35	1.2			
034	23	0.8	068	25	0.9			

전체 유효 사례 수 : 2,913

〈부록표 Ⅱ-4〉 교사 수준 변인 간 상관관계

	①	②	③	④	⑤	⑥	⑦	⑧	⑨	⑩	⑪	⑫
①	1.000											
②	.304**	1.000										
③	−.285**	−.507**	1.000									
④	−.200**	−.186**	.345**	1.000								
⑤	−.115**	−.145**	.197**	.145**	1.000							
⑥	−.040*	−.096**	.104**	.110**	.075**	1.000						
⑦	.086**	.099**	−.101**	−.013	−.035	.033	1.000					
⑧	−.082**	−.079**	.074**	.144**	.097**	.513**	.053**	1.000				
⑨	−.065**	−.027	.012	.101**	.037*	.564**	.147**	.527**	1.000			
⑩	.024	−.013	−.015	.021	.011	.543**	.132**	.483**	.869**	1.000		
⑪	.025	.075**	−.136**	.030	.005	.455**	.204**	.435**	.889**	.711**	1.000	
⑫	−.193**	−.115**	.153**	.194**	.073**	.489**	.063**	.469**	.877**	.605**	.659**	1.000

*p<.05 **p<.01

* 변인명: ①성, ②결혼여부, ③교직경력, ④직위, ⑤학력, ⑥개인적 교수 효능감, ⑦일반적 교수 효능감, ⑧긍정적 피드백, ⑨교사 헌신, ⑩수업헌신, ⑪학생 헌신, ⑫학교 조직 헌신

〈부록표 Ⅱ-5〉 수업 헌신에 대한 교사 수준 변인 기울기의 학교 차이 검증

계 수	변 량	자유도	χ^2	유의도
성	0.00054	94	72.54149	>.500
학력	0.00165	97	85.87428	>.500
개인적 교수 효능감	0.01110	97	151.44886	0.001***
일반적 교수 효능감	0.00188	97	105.08404	0.270
긍정적 피드백	0.00353	97	94.23652	>.500

** p<.05   *** p<.01

※ 결혼여부, 교직경력, 직위 변인은 회귀계수의 유의도가 낮아 분석 대상에서 제외됨

〈부록표 Ⅱ-6〉 학생 헌신에 대한 교사 수준 변인 기울기의 학교 차이 검증

계 수	변 량	자유도	χ^2	유의도
결혼여부	0.02235	91	103.76719	0.170
교직경력	0.00009	97	120.00716	0.056
개인적 교수 효능감	0.00566	97	120.34308	0.054
일반적 교수 효능감	0.00435	97	109.07035	0.189
긍정적 피드백	0.00052	97	78.98421	>.500

** $p<.05$ *** $p<.01$

※ 성, 직위, 학력 변인은 회귀계수의 유의도가 낮아 분석 대상에서 제외됨

〈부록표 Ⅱ-7〉 학교 조직 헌신에 대한 교사 수준 변인 기울기의 학교 차이 검증

계 수	변 량	자유도	χ^2	유의도
성	0.04926	94	136.20442	0.003***
교직경력	0.00014	97	136.96165	0.005***
직위	0.00559	96	86.81213	>.500
개인적 교수 효능감	0.00389	97	110.78428	0.160
일반적 교수 효능감	0.00542	97	127.16136	0.021**
긍정적 피드백	0.00083	97	87.95979	>.500

** $p<.05$ *** $p<.01$

※ 결혼여부와 학력 변인은 회귀계수의 유의도가 낮아 분석 대상에서 제외됨

〈부록표 Ⅱ-8〉 개인적 교수 효능감과 학교 배경 변인의 상호작용 효과(1차 분석)

고정효과	계 수	표준오차	t-비율	자유도
절편(수업 헌신 전체평균)	0.002	0.031	0.072	97
성 기울기	0.084	0.031	2.717**	2886
결혼여부 기울기	0.007	0.052	0.139	2886
교직경력 기울기	−0.003	0.002	−1.199	2886
직위 기울기	−0.077	0.040	−1.910*	2886
학력 기울기	−0.054	0.029	−1.848*	2886
개인적 교수 효능감 기울기				
절편	**0.409**	**0.037**	**11.135*****	**92**
설립 유형(사립)	**0.017**	**0.032**	**0.515**	**92**
학교 소재지(중소도시/읍면)	**−0.076**	**0.037**	**−2.063****	**92**
평준화 여부(비평준화)	**0.072**	**0.053**	**1.351**	**92**
총 교사 수	**0.001**	**0.001**	**0.597**	**92**
저소득층 학생비	**−0.002**	**0.002**	**−1.035**	**92**
일반적 교수 효능감 기울기	0.088	0.015	5.775***	2886
긍정적 피드백 기울기	0.281	0.019	14.536***	2886

무선효과	변 량	자유도	χ^2	유의도
절편(U0)	0.04939	97	326.00	0.000
개인적 교수 효능감 기울기 (U6)	0.01429	92	156.89	0.000
제1수준 잔여 변량	0.60583			

* t〉1.5   ** t〉2.0   *** t〉3.0

222

<부록표 Ⅱ-9> 개인적 교수 효능감과 학교 과정 변인의 상호작용 효과(1차 분석)

고정효과	계 수	표준오차	t-비율	자유도
절편(수업 헌신 전체평균)	0.005	0.031	0.152	97
성 기울기	0.080	0.031	2.616**	2885
결혼여부 기울기	0.009	0.052	0.173	2885
교직경력 기울기	−0.003	0.002	−1.176	2885
직위 기울기	−0.080	0.040	−2.011**	2885
학력 기울기	−0.056	0.029	−1.905*	2885
개인적 교수 효능감 기울기				
절편	0.406	0.021	19.721***	91
자율성	−0.008	0.018	−0.411	91
학교 경영 참여	0.014	0.019	0.715	91
협력성	−0.076	0.029	−2.606**	91
학생 행동 관리	−0.016	0.018	−0.872	91
학습 기회	0.057	0.024	2.351**	91
교장 지도성	0.013	0.021	0.629	91
일반적 교수 효능감 기울기	0.087	0.015	5.668***	2885
긍정적 피드백 기울기	0.280	0.019	14.551***	2885

무선효과	변 량	자유도	χ^2	유의도
절편(U0)	0.04906	97	325.38	0.000
개인적 교수 효능감 기울기 (U6)	0.00849	91	132.50	0.003
제1수준 잔여 변량	0.60648			

* t>1.5　　** t>2.0　　*** t>3.0

〈부록표 Ⅱ-10〉 개인적 교수 효능감과 학교 수준 변인의 상호작용 효과(2차 분석)

고정효과	계 수	표준오차	t-비율	자유도
절편(수업 헌신 전체평균)	0.003	0.031	0.096	97
성 기울기	0.082	0.031	2.634**	2888
결혼여부 기울기	0.011	0.052	0.204	2888
교직경력 기울기	−0.003	0.002	−1.179	2888
직위 기울기	−0.077	0.040	−1.930*	2888
학력 기울기	−0.055	0.029	−1.887*	2888
개인적 교수 효능감 기울기				
절편	0.430	0.026	16.369***	94
학교 소재지(중소도시/읍면)	−0.042	0.030	−1.386	94
협력성	−0.076	0.029	−2.576**	94
학습 기회	0.064	0.025	2.511**	94
일반적 교수 효능감 기울기	0.087	0.015	5.695***	2888
긍정적 피드백 기울기	0.280	0.019	14.516***	2888

무선효과	변 량	자유도	χ^2	유의도
절편(U0)	0.04929	97	326.04	0.000
개인적 교수 효능감 기울기 (U6)	0.01079	94	142.10	0.001
제1수준 잔여 변량	0.60542			

* t〉1.5　　** t〉2.0　　*** t〉3.0

〈부록표 Ⅱ-11〉 성 변인과 학교 배경 변인의 상호작용 효과(1차 분석)

고정효과	계 수	표준오차	t-비율	자유도
절편(학교 조직 헌신 전체평균)	0.056	0.033	1.694*	97
성 기울기				
절편	−0.235	0.065	−3.644***	92
설립 유형(사립)	0.175	0.071	2.458**	92
학교 소재지(중소도시/읍면)	−0.195	0.099	−1.967*	92
평준화 여부(비평준화)	0.124	0.126	0.981	92
총 교사 수	−0.007	0.002	−3.003***	92
저소득층 학생비	−0.010	0.005	−2.250**	92
결혼여부 기울기	0.042	0.052	0.812	2886
교직경력 기울기	0.006	0.002	2.413**	2886
직위 기울기	0.194	0.037	5.201***	2886
학력 기울기	0.014	0.033	0.417	2886
개인적 교수 효능감 기울기	0.327	0.022	15.004***	2886
일반적 교수 효능감 기울기	0.043	0.016	2.709**	2886
긍정적 피드백 기울기	0.266	0.021	12.768***	2886

무선효과	변 량	자유도	χ^2	유의도
절편(U0)	0.05520	94	238.85	0.000
성 변인 기울기 (U1)	0.04207	89	132.82	0.002
제1수준 잔여 변량	0.61936			

* t>1.5   ** t>2.0   *** t>3.0

<부록표 Ⅱ-12> 성 변인과 학교 과정 변인의 상호작용 효과(1차 분석)

고정효과	계 수	표준오차	t-비율	자유도
절편(학교 조직 헌신 전체평균)	0.054	0.033	1.638*	97
성 기울기				
절편	−0.233	0.044	−5.307***	91
자율성	0.031	0.045	0.682	91
학교 경영 참여	0.087	0.054	1.622*	91
협력성	−0.058	0.050	−1.151	91
학생 행동 관리	0.053	0.043	1.211	91
학습 기회	0.044	0.084	0.521	91
교장 지도성	0.067	0.042	1.579*	91
결혼여부 기울기	0.046	0.052	0.890	2885
교직경력 기울기	0.006	0.002	2.455**	2885
직위 기울기	0.188	0.038	5.010***	2885
학력 기울기	0.014	0.033	0.424	2885
개인적 교수 효능감 기울기	0.325	0.022	14.801***	2885
일반적 교수 효능감 기울기	0.044	0.016	2.799**	2885
긍정적 피드백 기울기	0.269	0.021	12.813***	2885

무선효과	변 량	자유도	χ^2	유의도
절편(U0)	0.05579	94	239.67	0.000
성 변인 기울기 (U1)	0.04698	88	130.01	0.003
제1수준 잔여 변량	0.61815			

* t>1.5　　** t>2.0　　*** t>3.0

〈부록표 Ⅱ-13〉 성 변인과 학교 수준 변인의 상호작용 효과(2차 분석)

고정효과	계 수	표준오차	t-비율	자유도
절편(학교 조직 헌신 전체평균)	0.061	0.033	1.834*	97
성 기울기				
절편	−0.355	0.064	−5.533***	91
설립 유형(사립)	0.353	0.073	4.826***	91
학교 소재지(중소도시/읍면)	−0.069	0.067	−1.023	91
총 교사 수	−0.005	0.002	−2.258**	91
저소득층 학생비	−0.010	0.005	−1.922*	91
학교 경영 참여	0.162	0.049	3.323***	91
교장 지도성	0.060	0.039	1.545*	91
결혼여부 기울기	0.048	0.051	0.927	2885
교직경력 기울기	0.006	0.002	2.530**	2885
직위 기울기	0.187	0.037	5.005***	2885
학력 기울기	0.008	0.033	0.256	2885
개인적 교수 효능감 기울기	0.327	0.022	14.886***	2885
일반적 교수 효능감 기울기	0.043	0.016	2.692**	2885
긍정적 피드백 기울기	0.265	0.021	12.671***	2885

무선효과	변 량	자유도	χ^2	유의도
절편(U0)	0.05607	94	239.16	0.000
성 변인 기울기 (U1)	0.03582	88	123.89	0.007
제1수준 잔여 변량	0.61882			

* t>1.5   ** t>2.0   *** t>3.0

〈부록표 Ⅱ-14〉 교직경력과 학교 배경 변인의 상호작용 효과(1차 분석)

고정효과	계수	표준오차	t-비율	자유도
절편(학교 조직 헌신 전체평균)	0.042	0.034	1.251	97
성 기울기	−0.219	0.042	−5.152***	2886
결혼여부 기울기	0.043	0.050	0.858	2886
교직경력 기울기				
절편	0.012	0.004	3.258***	92
설립 유형(사립)	−0.018	0.004	−4.058***	92
학교 소재지(중소도시/읍면)	0.003	0.006	0.601	92
평준화 여부(비평준화)	−0.002	0.008	−0.226	92
총 교사 수	0.000	0.000	0.999	92
저소득층 학생비	0.000	0.000	−0.287	92
직위 기울기	0.204	0.036	5.683***	2886
학력 기울기	0.012	0.033	0.379	2886
개인적 교수 효능감 기울기	0.321	0.022	14.609***	2886
일반적 교수 효능감 기울기	0.044	0.016	2.837**	2886
긍정적 피드백 기울기	0.265	0.021	12.557***	2886

무선효과	변량	자유도	χ^2	유의도
절편(U0)	0.07345	97	444.98	0.000
교직경력 기울기 (U3)	0.00008	92	112.09	0.076
제1수준 잔여 변량	0.61819			

* t〉1.5   ** t〉2.0   *** t〉3.0

<부록표 Ⅱ-15> 교직경력과 학교 과정 변인의 상호작용 효과(1차 분석)

고정효과	계 수	표준오차	t-비율	자유도
절편(학교 조직 헌신 전체평균)	0.041	0.034	1.233	97
성 기울기	-0.217	0.042	-5.114***	2885
결혼여부 기울기	0.042	0.050	0.850	2885
교직경력 기울기				
절편	0.005	0.002	2.055**	91
자율성	0.001	0.002	0.233	91
학교 경영 참여	0.001	0.003	0.485	91
협력성	-0.004	0.004	-1.015	91
학생 행동 관리	0.000	0.002	0.066	91
학습 기회	0.008	0.004	2.189**	91
교장 지도성	0.002	0.002	0.899	91
직위 기울기	0.204	0.037	5.568***	2885
학력 기울기	0.015	0.032	0.472	2885
개인적 교수 효능감 기울기	0.323	0.022	14.587***	2885
일반적 교수 효능감 기울기	0.044	0.016	2.770**	2885
긍정적 피드백 기울기	0.265	0.021	12.452***	2885

무선효과	변 량	자유도	χ^2	유의도
절편(U0)	0.07311	97	445.45	0.000
교직경력 기울기 (U3)	0.00019	91	139.93	0.001
제1수준 잔여 변량	0.61845			

* t〉1.5　　** t〉2.0　　*** t〉3.0

〈부록표 Ⅱ-16〉 교직경력과 학교 수준 변인의 상호작용 효과(2차 분석)

고정효과	계 수	표준오차	t-비율	자유도
절편(학교 조직 헌신 전체평균)	0.044	0.034	1.313	97
성 기울기	−0.218	0.042	−5.172***	2889
결혼여부 기울기	0.039	0.050	0.783	2889
교직경력 기울기				
절편	0.012	0.003	4.191***	95
설립 유형(사립)	−0.013	0.004	−3.136***	95
학습 기회	0.004	0.002	1.701*	95
직위 기울기	0.202	0.036	5.548***	2889
학력 기울기	0.011	0.033	0.333	2889
개인적 교수 효능감 기울기	0.323	0.022	14.676***	2889
일반적 교수 효능감 기울기	0.044	0.016	2.826**	2889
긍정적 피드백 기울기	0.264	0.021	12.422***	2889

무선효과	변 량	자유도	χ^2	유의도
절편(U0)	0.07331	97	444.40	0.000
교직경력 기울기 (U3)	0.00008	95	117.16	0.061
제1수준 잔여 변량	0.61883			

* t>1.5   ** t>2.0   *** t>3.0

〈부록표 Ⅱ-17〉 일반적 교수 효능감과 학교 배경 변인의 상호작용 효과(1차 분석)

고정효과	계 수	표준오차	t-비율	자유도
절편(학교 조직 헌신 전체평균)	0.044	0.034	1.302	97
성 기울기	-0.232	0.042	-5.471***	2886
결혼여부 기울기	0.045	0.051	0.884	2886
교직경력 기울기	0.006	0.002	2.265**	2886
직위 기울기	0.202	0.038	5.363***	2886
학력 기울기	0.022	0.033	0.663	2886
개인적 교수 효능감 기울기	0.325	0.022	14.916***	2886
일반적 교수 효능감 기울기				
절편	0.035	0.032	1.106	92
설립 유형(사립)	0.044	0.032	1.380	92
학교 소재지(중소도시/읍면)	-0.048	0.037	-1.294	92
평준화 여부(비평준화)	0.048	0.047	1.037	92
총 교사 수	-0.001	0.001	-0.896	92
저소득층 학생비	0.000	0.002	-0.193	92
긍정적 피드백 기울기	0.268	0.021	13.029***	2886

무선효과	변 량	자유도	χ^2	유의도
절편(U0)	0.07301	97	440.19	0.000
교직경력 기울기 (U3)	0.00472	92	118.17	0.034
제1수준 잔여 변량	0.62195			

* t〉1.5   ** t〉2.0   *** t〉3.0

〈부록표 Ⅱ-18〉 일반적 교수 효능감과 학교 과정 변인의 상호작용 효과(1차 분석)

고정효과	계 수	표준오차	t-비율	자유도
절편(학교 조직 헌신 전체평균)	0.039	0.033	1.163	97
성 기울기	−0.228	0.042	−5.489***	2885
결혼여부 기울기	0.049	0.051	0.968	2885
교직경력 기울기	0.006	0.002	2.266**	2885
직위 기울기	0.198	0.037	5.374***	2885
학력 기울기	0.031	0.032	0.956	2885
개인적 교수 효능감 기울기	0.325	0.022	14.984***	2885
일반적 교수 효능감 기울기				
절편	0.052	0.018	2.961**	91
자율성	0.022	0.021	1.058	91
학교 경영 참여	0.018	0.021	0.857	91
협력성	0.021	0.027	0.759	91
학생 행동 관리	0.011	0.016	0.686	91
학습 기회	−0.080	0.028	−2.905**	91
교장 지도성	−0.041	0.019	−2.122**	91
긍정적 피드백 기울기	0.266	0.020	13.073***	2885

무선효과	변 량	자유도	χ^2	유의도
절편(U0)	0.07351	97	443.40	0.000
교직경력 기울기 (U3)	0.00898	91	131.48	0.004
제1수준 잔여 변량	0.62053			

* t〉1.5   ** t〉2.0   *** t〉3.0

〈부록표 Ⅱ-19〉 일반적 교수 효능감과 학교 수준 변인의 상호작용 효과(2차 분석)

고정효과	계 수	표준오차	t-비율	자유도
절편(학교 조직 헌신 전체평균)	0.041	0.033	1.239	97
성 기울기	-0.229	0.042	-5.517***	2889
결혼여부 기울기	0.047	0.051	0.927	2889
교직경력 기울기	0.006	0.002	2.307**	2889
직위 기울기	0.196	0.037	5.307***	2889
학력 기울기	0.028	0.033	0.864	2889
개인적 교수 효능감 기울기	0.325	0.022	15.019***	2889
일반적 교수 효능감 기울기				
절편	**0.049**	**0.017**	**2.856****	**95**
학습 기회	**-0.055**	**0.019**	**-2.898****	**95**
교장 지도성	**-0.027**	**0.016**	**-1.660***	**95**
긍정적 피드백 기울기	0.266	0.020	12.984	2889

무선효과	변 량	자유도	χ^2	유의도
절편(U0)	0.07365	97	442.94	0.000
교직경력 기울기 (U3)	0.00869	95	134.99	0.005
제1수준 잔여 변량	0.62063			

* t>1.5   ** t>2.0   *** t>3.0

· 저자 ·

홍창남　·약　력·
（洪昌男）　서울대학교 사범대학 영어교육과 졸업
　　　　　서울대학교 대학원 교육학 석사
　　　　　서울대학교 대학원 교육학 박사
　　　　　(전) 한국교육개발원 연구위원
　　　　　(현) 부산대학교 교육학과 조교수

　　　　　·주요논저·
　　　　　「학교경영컨설팅의 개념 모형 탐색」
　　　　　「학교 조직의 특성에 비추어 본 학교 컨설팅의 가능성 탐색」
　　　　　「교장의 변혁적 지도성이 교사 헌신에 미치는 효과」
　　　　　「교사 효능감의 제고 가능성에 대한 실증 분석」
　　　　　「학교조직의 특성에 비추어 본 학교컨설팅의 가능성 탐색」
　　　　　「재외동포교육의 실태와 개선방안 연구」
　　　　　외 다수

학교 특성과 교사 헌신의 구조적 관계

· 초판 인쇄	2007년 10월 30일
· 초판 발행	2007년 10월 30일
· 지 은 이	홍창남
· 펴 낸 이	채종준
· 펴 낸 곳	한국학술정보㈜
	경기도 파주시 교하읍 문발리 526-2
	파주출판문화정보산업단지
	전화　031) 908-3181(대표) · 팩스　031) 908-3189
	홈페이지　http://www.kstudy.com
	e-mail(e-Book사업부)　ebook@kstudy.com
· 등　　록	제일산-115호(2000. 6. 19)
· 가　　격	15,000원

ISBN　　978-89-534-7551-9　93370 (Paper Book)
　　　　978-89-534-7552-6　98370 (e-Book)